antropología social

Directores de colección
Mirtha Lischetti
María Rosa Neufeld
Hugo Trinchero

Pierre

Bourdieu

Intelectuales, política y poder

Eudeba
Universidad de Buenos Aires

1ª edición: diciembre de 1999

© 1999
Editorial Universitaria de Buenos Aires
Sociedad de Economía Mixta
Av. Rivadavia 1571/73 (1033)
Tel.: 4383-8025 Fax: 4383-2202
www.eudeba.com.ar

Diseño de colección y tapa: Ricardo Ludueña
Composición general: Eudeba
Traducción: Alicia Gutiérrez

ISBN 950-23-1043-8
Impreso en la Argentina
Hecho el depósito que establece la ley 11.723

No se permite la reproducción total o parcial de este libro, ni su almacenamiento en un sistema informático, ni su transmisión en cualquier forma o por cualquier medio, electrónico, mecánico, fotocopias u otros métodos, sin el permiso previo del editor.

Índice

Prólogo

La tarea y el compromiso del investigador social. Notas sobre Pierre Bourdieu

Alicia B. Gutiérrez

> "*...paradójicamente, la sociología libera al liberar de la ilusión de la libertad, o, más exactamente, de la creencia mal ubicada en las libertades ilusorias. La libertad no es algo dado, sino una conquista, y colectiva...*"[1]

Probablemente, a Pierre Bourdieu se lo reconoce especialmente por sus teorizaciones e investigaciones empíricas, donde plantea la necesidad de superar diferentes tipos de falsas dicotomías, a su juicio surgidas desde el origen mismo de las ciencias sociales.[2]

No es mi intención, en estas líneas, retomar todas estas problemáticas ni, mucho menos, hacer una presentación general de su trabajo.[3] Pierre Bourdieu

1. Pierre Bourdieu, "Fieldwork in philosophy", en: P. Bourdieu, *Cosas dichas*, Buenos Aires, Gedisa, 1989, p. 27.

2. En repetidas oportunidades, el autor ha insistido en que para una "ciencia social total" o "una antropología total" –designaciones que ha utilizado indistintamente en sus obras–, que pretende comprender y explicar las prácticas sociales, es imprescindible la ruptura con falsas dicotomías: teoría vs. empiria, individuo vs. sociedad, objetivismo vs. subjetivismo, reproducción vs. cambio, lo económico vs. lo no económico, métodos cuantitativos vs. métodos cualitativos, etc.

3. En otro trabajo he realizado una aproximación conceptual a la sociología de Pierre Bourdieu. Allí puede verse una explicitación de las principales líneas de construcción de la teoría del autor y un análisis detallado de los conceptos clave que estructuran su pensamiento, y de cómo se articulan entre sí en su lógica de funcionamiento (A. Gutiérrez, *Pierre Bourdieu: las prácticas*

es un autor que, por la riqueza y solidez de su construcción teórica, por la fecundidad que presenta para abordar empíricamente la realidad social, y por sus polémicos planteos, constituye en nuestro país un referente clave –para utilizar su perspectiva o para criticarla– dentro de la amplia gama temática y de las posibilidades de abordaje de las ciencias sociales y humanas.

Aquí me interesa destacar, especialmente, una de esas falsas dicotomías: la planteada entre el objetivismo y el subjetivismo. No tanto para explicitarlas, sino más bien como recurso metodológico, que me permite exponer aspectos que considero importantes como aportes al conocimiento de las ciencias sociales en general, a los productores de ese conocimiento, y a sus respectivos procesos de producción.

En primer lugar, tomaré esa falsa dicotomía como punto de partida y fundamento de ciertas cuestiones centrales que hacen a la construcción teórica de Bourdieu. En segundo lugar, y fundamentalmente, la retomaré para exponer algunas de las ideas del autor que permiten reflexionar acerca de ciertos problemas que son de especial importancia en el proceso de investigación. Por último, intentaré demostrar que este planteo no queda reducido al ámbito de la ciencia –o más precisamente al de las condiciones de posibilidad del conocimiento científico–, sino que implica, a la vez, una postura ética y política en relación con los productores de conocimiento social y los demás agentes sociales.

El elemento ontológico: lo social existe de doble manera

El hacer referencia al "objetivismo" y al "subjetivismo", y la necesidad de tomar lo mejor de ambas perspectivas, en la mayoría de los trabajos de Bourdieu, se perciben e interpretan sólo como dos momentos analíticos: un primer momento objetivista, en el cual el investigador reconstruye la estructura de relaciones que son independientes de la conciencia y de la voluntad de los agentes, y un segundo momento, donde se intenta captar representaciones, percepciones y vivencias de los protagonistas de las prácticas.

En consecuencia, se toman como dos pasos lógicos del análisis sociológico, que permitirían mayores posibilidades de explicar y comprender la realidad social.[4]

---

sociales, Buenos Aires, Centro Editor de América Latina, 1994 y segunda edición revisada, coedición de la Editorial Universitaria de Misiones y la Dirección de Publicaciones de la Universidad Nacional de Córdoba, Córdoba, 1995).

4. Especialmente, aunque también está explicitado en otros trabajos, el autor hace referencia a esta cuestión en "Espacio social y poder simbólico", en: P. Bourdieu, *op. cit.*, pp. 127-142.

Sin embargo, y retomando al propio autor, creo necesario explicitar que esos momentos, que esas mayores posibilidades, se fundan en una *ontología*: lo social existe de doble manera, en las cosas y en los cuerpos.[5] Y es precisamente una suerte de *complicidad ontológica*, entre un *habitus* y un campo, lo que constituye el fundamento de toda práctica social. Esta relación de complicidad ontológica, dice Bourdieu:

> "...*se instituye entre dos 'realidades', el habitus y el campo, que son dos modos de existencia de la historia, o de la sociedad, la historia hecha cosa, institución objetivada, y la historia hecha cuerpo, institución incorporada.*"[6]

En su construcción teórica, fundada en una epistemología bachelardiana ("el hecho científico se conquista, construye, comprueba")[7] y poniendo en marcha una forma de pensamiento relacional e histórico, Bourdieu señala que su filosofía de la acción es *disposicional,* que toma en cuenta,

> "...*las 'potencialidades' inscritas en los cuerpos de los agentes y en la estructura de las situaciones donde actúan, o más exactamente en su relación.*"[8]

Mi insistencia en tomar estos elementos ontológicos, en la teoría de Pierre Bourdieu, es porque creo que ello constituye el hilo conductor de su

5. Hablar de "lo social" en Bourdieu implica, simultáneamente, hablar de "lo histórico". Lo que el espacio social, los campos y los *habitus,* las instituciones y los cuerpos, son hoy, son el resultado de lo que han venido siendo.

6. P. Bourdieu, *Raisons pratiques. Sur la théorie de l'action*, París, Ed. du Seuil, 1994, p. 9. [*Razones prácticas, sobre la teoría de la acción*, Barcelona, Anagrama, 1997].

7. Cf. P. Bourdieu, J. C. Chamboredon y J. C. Passeron, *El oficio de sociólogo*, Buenos Aires, Siglo XXI, 1975.

8. P. Bourdieu, *Raisons pratiques, op. cit.*, p. 9 (destacado mío). Estos comentarios recuerdan, de alguna manera, a Anthony Giddens. Muy brevemente, puede decirse que, en dicho autor, las propiedades estructurales –de reglas y recursos– constituyen un orden virtual de relaciones transformadoras. Con ello, lo estructural no existe como espacio-temporal, sino cuando se actualizan en las prácticas que constituyen los sistemas y bajo la forma de huellas mnémicas, gracias a las cuales los actores sociales orientan sus conductas. En otras palabras, existen como *potencialidades* que se actualizan mediante las prácticas de los agentes, de manera reproductora o transformadora, según las *potencialidades* de los agentes (cf. A. Giddens, *Las nuevas reglas del método sociológico,* Buenos Aires, Amorrortu, 1987 y *La constitución de la sociedad,* Buenos Aires, Amorrortu, 1995. También I. Cohen, "Teoría de la estructuración y *Praxis* social", en: A. Giddens *et al.*, *La teoría social hoy*, Alianza, Madrid, 1991).

construcción teórica: ¿Cómo pensar entonces el tema del Poder? ¿Cómo explicar la *razonabilidad* de las prácticas sociales? ¿Cómo entender la relación sujeto-objeto de conocimiento? En definitiva, ¿cómo explicar y comprender las prácticas sociales desde esta perspectiva analítica?

Brevemente, puede decirse que el Poder es constitutivo de la sociedad y, ontológicamente, existe en las cosas y en los cuerpos, en los campos y en los *habitus*, en las instituciones y en los cerebros (como diría Marx). Por lo tanto, el poder existe físicamente, objetivamente, pero también simbólicamente.

Y aquí es necesario recordar que, si de la obra de Marx Bourdieu ha tomado que la realidad social es un conjunto de *relaciones de fuerzas* entre clases, históricamente en luchas unas con otras, de la obra de Weber ha tomado que la realidad social es también un conjunto de *relaciones de sentido*, y que toda dominación social (la de un individuo, de un grupo, de una clase, de una nación, etc.) a menos de recurrir pura y continuamente –lo que sería prácticamente imposible– a la violencia armada, debe ser *reconocida* –reconocida en cuanto se desconocen los mecanismos que hacen reconocerla–, aceptada como *legítima*, es decir, tomar un *sentido*, preferentemente positivo, de manera que los dominados adhieran al principio de su propia dominación y se sientan solidarios de los dominantes en un mismo consenso sobre el orden establecido.

Legitimar una dominación es dar toda la fuerza de la razón a la razón (el interés, el capital) del más fuerte. Esto supone la puesta en práctica de una *violencia simbólica*, violencia eufemizada y, por lo mismo, socialmente aceptable, que consiste en imponer significaciones, "de hacer creer y de hacer ver" para movilizar. La violencia simbólica, entonces, está relacionada con el poder simbólico, y con las luchas por el poder simbólico.[9]

Sin tener en cuenta todos estos elementos –poder físico y poder simbólico, violencia objetiva y violencia simbólica, condiciones objetivas y condiciones simbólicas–, ¿cómo entender la *razonabilidad* de las prácticas sociales que plantea Bourdieu?

Si no tenemos en cuenta que los *habitus* son esquemas de percepción, de apreciación y de acción interiorizados, sistemas de disposiciones a actuar, a pensar, a percibir, a sentir más de cierta manera que de otra, ligados a definiciones de tipo *lo posible y lo no posible* (porque objetivamente ha venido siendo

9. P. Bourdieu y L. Wacquant, *Réponses*, París, Ed. du Seuil, 1992. [*Respuestas. Por una antropología reflexiva*, México, Grijalbo, 1995].

posible o no posible), *lo pensable y lo no pensable, lo que es para nosotros y lo que no es para nosotros*...; y que son principios evaluativos de las posibilidades y limitaciones objetivas, incorporadas al agente por esas mismas condiciones objetivas, productos de un sentido práctico, que funcionan en la práctica y que tienden a pensar el mundo "tal cual es", como "yendo de suyo", a aceptarlo más que a intentar modificarlo...[10] ; entonces, no podríamos comprender por qué Bourdieu plantea una racionalidad limitada de la práctica social.

Ahora bien, no la concibe a la manera de Simon –porque el individuo nunca conoce totalmente su conjunto de oportunidades y porque el espíritu humano es limitado–, sino también, y especialmente, porque el agente social está socialmente limitado. Por ello, en todo caso, prefiere hablar de *prácticas razonables,* comprensibles y explicables por su sentido objetivo y su sentido vivido, entendidos dialécticamente.

"Sentido objetivo" y "sentido vivido" nos lleva nuevamente al planteo de la superación de la visión objetivista y de la visión subjetivista de cualquier problemática social, y, con ello, nos recuerda el elemento ontológico de la doble existencia de lo social.

Para Bourdieu, ambas maneras de abordar la realidad social son igualmente parciales: el modo de pensamiento objetivista rescata las relaciones objetivas que condicionan las prácticas (el *sentido objetivo*), pero no puede dar cuenta del sentido vivido de las mismas, ni de la dialéctica que se establece entre lo objetivo y lo subjetivo. El modo de pensamiento subjetivista toma en cuenta el *sentido vivido* de las prácticas, las percepciones y representaciones de los agentes, lo que ellos piensan y lo que sienten, sin considerar las condiciones sociales y económicas que constituyen el fundamento de sus experiencias.[11]

Analizar dialécticamente ambos sentidos es indispensable para el investigador que quiere explicar y comprender prácticas sociales. Para ello, debe aprehender el sentido práctico, captar el sentido del juego social, aquel que permite vivir como "evidente", como "natural", el sentido objetivado en las instituciones.

10. Es siempre necesario recordar que hablar de *habitus* implica tener en cuenta la historicidad del agente y de los sistemas de relaciones: el *habitus* se opone tanto a las explicaciones mecanicistas y a las que conciben las prácticas como ejecución de un modelo, cuanto a aquellas que suponen las acciones como el producto de una actividad racional que realiza cálculos explícitos en términos de costos-beneficios.

11. Cf. P. Bourdieu, *Le sens pratique*, París, Ed. de Minuit, 1980 [*El sentido práctico*, Madrid, Taurus, 1991].

En consecuencia, dado que las estructuras sociales existen dos veces, que lo social está conformado por relaciones objetivas, pero que también los individuos tienen un conocimiento práctico de esas relaciones –una manera de percibirlas, de evaluarlas, de sentirlas, de vivirlas–, e invierten ese conocimiento práctico en sus actividades ordinarias, se impone al cientista social una doble lectura de su objeto de estudio: "objetiva" y "subjetiva" a la vez, pero concebidas en una construcción teórica que supone una relación dialéctica entre ambas.

Los condicionamientos sociales de los productores de conocimiento social

Ahora bien, si tomamos todos estos elementos que he mencionado y nos ponemos –como investigadores– en el lugar de un agente social como cualquier otro, con condicionamientos objetivos, actuales e históricos, y con condicionamientos incorporados a lo largo de una trayectoria individual, que sólo es una variante estructural de una trayectoria de clase, ¿cómo explicar y comprender –nosotros mismos– las problemáticas sociales que nos preocupan?

Investigar prácticas sociales determinadas y, por lo tanto, comprenderlas y explicarlas, desde la construcción teórica de Bourdieu implica, también, poner en cuestión la propia práctica del investigador.

Y, con ello, entramos de lleno a la cuestión de la reflexividad y de la objetivación del sujeto objetivante.

Para Wacquant, si hay una característica que distingue especialmente a Bourdieu en "el paisaje de la teoría social contemporánea, es su preocupación constante por la reflexividad".[12]

Recuerda que Bourdieu sugiere tres tipos de sesgos capaces de oscurecer la mirada sociológica: el primero (que ha sido recordado por otros autores) se origina en las características personales del investigador: clase, sexo, etnia; el segundo, está ligado a la posición que el analista ocupa, no en la sociedad en sentido amplio sino en el microcosmo del campo académico; y el tercero, el más profundo y peligroso, es el sesgo intelectualista, aquel que lleva a concebir el mundo como un espectáculo a ser interpretado y no como conjunto de problemas concretos que reclaman soluciones prácticas.

12. L. Wacquant, "Introduction", en: P. Bourdieu y L. Wacquant, *op. cit.*, p. 34.

Sin estar en desacuerdo con ese planteo, sugiero que la reflexividad epistémica supone plantear una determinada manera de mirar y analizar los condicionamientos sociales que afectan al proceso de investigación, tomando, como punto especial de la mirada, al propio investigador y sus relaciones.

A mi juicio, objetivar al sujeto objetivante consiste, fundamentalmente, en ubicar al investigador en una posición determinada y analizar las relaciones que mantiene, por un lado, con la realidad que analiza y con los agentes cuyas prácticas investiga, y, por otro, las que a la vez lo unen y lo enfrentan con sus pares y las instituciones comprometidas en el juego científico.

Se trataría, pues, de un doble sistema de relaciones.

Sintéticamente, podría decirse que el primer tipo de relaciones alude a lo que Bourdieu llama "el sentido de las prácticas", y apunta a reflexionar sobre las posibilidades –e imposibilidades– de aprehender la lógica que ponen en marcha los agentes sociales que producen su práctica, que actúan en un tiempo y en un contexto determinado. Esta lógica es diferente a la "lógica científica", la lógica que el investigador implica en su intento de comprender y explicar la problemática que le preocupa, y supone, por supuesto, captar el sentido de las prácticas que el investigador analiza.

El segundo tipo de relaciones alude, en cambio, a la problemática fundamental que se plantea en sociología del conocimiento: la de los condicionamientos sociales que afectan la producción del investigador. Desde la mirada de Bourdieu, esos condicionamientos tienen ciertas características, y afectan la tarea del productor de conocimiento, en la medida en que éste forma parte de un espacio de juego: el campo científico.

Trataré de explicitar un poco más estas ideas que son, a mi juicio, aportes fundamentales de la teoría de Bourdieu al campo de las ciencias sociales en general y de la antropología y/o sociología en particular.

Con relación al primer aspecto señalado –separable del segundo sólo analíticamente–, diré en primer lugar que, para Bourdieu, tanto el objetivismo como el subjetivismo constituyen "modos de conocimiento teórico" (*savant*), es decir, modos de conocimiento de sujetos de conocimiento que analizan una problemática social determinada, igualmente opuestos al "modo de conocimiento práctico", que es aquel que tienen los individuos "analizados" –los agentes sociales que producen su práctica– y que constituye el origen de la experiencia sobre el mundo social.

Su propuesta consiste en reconocer que hay una especial relación que el investigador mantiene con su objeto (el grupo de agentes que estudia) y que esa relación tiene que ver concretamente con las prácticas que se pretenden explicar, y específicamente con las diferencias que existen entre la posición del investigador (como sujeto de conocimiento) y la de los agentes que analiza.

En ese sentido, la relación práctica que el investigador mantiene con su objeto es la del "que está excluido" del juego real de las prácticas que está analizando, de lo que allí se juega, de la *illusio*, de las apuestas; no tiene allí *su* lugar, ni tiene por qué hacerse allí un lugar: no comparte las experiencias vividas de ese espacio, ni las urgencias ni los fines inminentes de las acciones prácticas.[13]

No se trata aquí de una "distancia cultural" (es decir, compartir valores y tradiciones diferentes) sino, más bien, de una "distancia diferente respecto a la necesidad", de una separación de dos relaciones diferentes con el mundo, una de ellas teórica y la otra práctica:

> *"El intelectualismo está inscrito en el hecho de introducir, en el objeto, la relación intelectual con el objeto, de sustituir la relación práctica con la práctica por la relación que el observador mantiene con su objeto".*[14]

"Relación teórica con la práctica" y "relación práctica con la práctica" no deben, pues, confundirse, si se pretenden explicar y comprender prácticas sociales.

La práctica se desarrolla en el tiempo, y tiene, por ello, una serie de características: es irreversible. Tiene además una estructura temporal –un ritmo, un *tempo*–, y una orientación. Tiene un sentido: se juega *en* el tiempo, y se juega *estratégicamente con* el tiempo. El que está inmerso en el juego se ajusta a lo que puede prever, a lo que anticipa, tiene urgencias, y toma decisiones "en un abrir y cerrar de ojos, en el calor de la acción".

En relación con el tiempo de la práctica, el tiempo de la ciencia es "intemporal". Para el analista el tiempo se destruye: puede sincronizar, puede totalizar, puede jugar con el tiempo (volver a ver lo filmado, volver a escuchar lo grabado). El analista puede darse y puede dar una visión sinóptica de la totalidad y de la unidad de las relaciones, puede sincronizar, incluso, lo que no lo está en "estado práctico".

El investigador tiene, en definitiva, según las palabras de Bourdieu, "el privilegio de la totalización": neutraliza prácticamente las funciones prácticas

13. Cf. P. Bourdieu, *Le sens pratique, op. cit.*
14. *Ibid.*, p. 62.

(pone entre paréntesis sus usos prácticos) y está dotado de *instrumentos de eternización,* acumulados a lo largo de su trayectoria como investigador, y a costa de tiempo, esfuerzos, etc. (teorías, métodos, técnicas de registro, de análisis, etc.).

En consecuencia:

> *"...la construcción científica no puede asir los principios de la lógica práctica sino haciéndoles sufrir un cambio de naturaleza: la explicitación reflectante convierte una sucesión práctica en una sucesión representada, una acción orientada en relación con un espacio objetivamente constituido como estructura de exigencias (las cosas 'por hacer') en operación reversible, efectuada en un espacio continuo y homogéneo. Esta transformación inevitable está inscrita en el hecho de que los agentes no pueden dominar adecuadamente el* modus operandi *que les permite engendrar prácticas rituales correctamente formadas, sino haciéndolo funcionar prácticamente, en situación, y por referencia a* funciones prácticas."[15]

Ahora bien, recordemos que ese doble sistema de relaciones, en el que está inserto el investigador, sólo es separable analíticamente: el investigador desarrolla su investigación también en un tiempo determinado (la lógica práctica del investigador con su investigación), con un ritmo, con un *tempo*, con sus propias urgencias. También juega *en* el tiempo y juega *estratégicamente con* el tiempo: tiene informes, plazos y formatos; porque, parafraseando a Bourdieu, los investigadores no están fuera del juego.[16]

Como agente social que juega el juego de la ciencia, está objetivamente condicionado por el estado del juego, por la historia del juego, y por lo que ha incorporado a lo largo de una trayectoria social general y específica del juego. Pero existen herramientas que permiten liberarlo, al menos en parte, de esos condicionamientos, proporcionadas por la "sociología de la sociología":

> *"La sociología de la ciencia descansa sobre el postulado de que la verdad del producto –se trataría de ese producto muy particular que es la verdad científica–, reside en una especie particular de condiciones sociales de producción; es decir, más*

15. *Ibid.*, p. 152 (destacado del autor).
16. P. Bourdieu, "¿Los intelectuales están fuera del juego?", en: P. Bourdieu, *Sociología y cultura,* México, Grijalbo, 1990, pp. 95-100.

precisamente, en un estado determinado de la estructura y del funcionamiento del campo científico. El universo 'puro' de la ciencia más 'pura' es un campo social como cualquier otro, con sus relaciones de fuerza y sus monopolios, sus luchas y sus estrategias, sus intereses y sus beneficios, pero donde todos estos invariantes revisten formas específicas."[17]

En otras palabras, Bourdieu concibe al campo de las ciencias como un campo semejante a los otros campos sociales. Es decir, como lugar de relaciones de fuerza, como campo de luchas donde hay intereses en juego (a pesar de que las prácticas de los agentes pudieran parecer desinteresadas), donde los diversos agentes e instituciones ocupan posiciones diferentes según el capital específico que poseen, y elaboran distintas estrategias[18] para defender *su* capital –el que pudieron acumular en el curso de luchas anteriores–, capital simbólico, de reconocimiento y consagración, de legitimidad y de autoridad para hablar de la ciencia y en nombre de la ciencia.

Pero, además, el campo de las ciencias sociales –y sus sub-campos– está en una situación muy diferente con relación al universo general del campo de las ciencias, y esa diferencia deriva del hecho de tener por objeto al mundo social y de que todos los que participan en él pretenden producir una representación científica del mismo. Entonces, quienes juegan el juego del campo de las ciencias sociales, no sólo entran en concurrencia entre sí (los especialistas, los científicos), sino que también luchan con otros profesionales de la producción simbólica (escritores, políticos, periodistas) y, en un sentido más amplio, con todos los agentes sociales, quienes, con capitales o poderes muy diferentes, con mayor o menor éxito, trabajan también para imponer su visión sobre el mundo social. Y ésta es una de las razones por las cuales el cientista social no puede obtener tan fácilmente, como los otros sabios, el reconocimiento del monopolio del discurso legítimo sobre su objeto.[19]

Ahora bien, todos estos condicionamientos –objetivos y simbólicos– asociados a la inserción social de los productores de conocimiento social –y, con

17. P. Bourdieu, "Le champ scientifique", en: *Actes de la recherche en sciences sociales*, Nº 2-3, 1976, pp. 88-104 [incluido en este volumen].

18. Recordemos brevemente que la noción de estrategia, en Bourdieu, se concibe como líneas objetivas orientadoras de las prácticas y no supone necesariamente una explicitación consciente de los mecanismos por parte del agente social.

19. P. Bourdieu, "La cause de la science", en: Actes de la recherche en sciences sociales, Nº 106-107, 1995, pp. 3-10 [incluido en este volumen]

ello, el condicionamiento social de las producciones ligadas a la ciencia social–, no constituyen, a juicio de Bourdieu, un obstáculo epistemológico insuperable.

Sugiere que, en la medida en que la sociología del conocimiento proporciona instrumentos adecuados para analizar el condicionamiento social de las producciones científicas, poniendo en evidencia los mecanismos de competencia, las relaciones de fuerza y las estrategias utilizadas por los agentes sociales que las producen, estaría también en condiciones de señalar condiciones sociales de un control epistemológico que contribuyan a un mayor fortalecimiento de la comunidad científica, sus instituciones, y sus propias leyes de funcionamiento.

Ello estaría en relación, también, con el grado de autonomía relativa que lograre tener el campo científico en general y el de las ciencias sociales en particular: mientras logren obtener mayor peso sus propias leyes de funcionamiento y las instancias de consagración y legitimación específicas, mayor será su autonomía frente a la incidencia que pudieran tener otros campos (el político y el económico, por ejemplo) sobre el espacio de juego de la ciencia social, y más fácilmente se podrá jugar el juego de las ciencias sociales con las propias armas de la ciencia y no con otras.

De esta manera, la historia social de las ciencias sociales se constituye en el instrumento privilegiado de la reflexividad crítica, al proporcionar los principios de una *Realpolitik* científica, destinada a asegurar el progreso de la razón científica.

Cómo y para qué

"Contra la vieja distinción diltheyana, es necesario plantear que *comprender y explicar son una misma cosa.*"[20]

¿Cómo comprender y explicar las prácticas de los agentes sociales que nos preocupan? En primer lugar, recordando que ellas son el producto de una complicidad ontológica entre un *habitus* y un campo, o, dicho de otro modo, son el resultado de la relación dialéctica entre los dos estados de lo social-histórico: la historia hecha cosas y la historia hecha cuerpo.

20. P. Bourdieu, "Comprendre", en: P. Bourdieu *et al., La misère du monde,* París, Ed. du Seuil, 1993, p. 910 (destacado del autor) [*La miseria del mundo*, Madrid, FCE de Argentina S.A., 1999].

¿Cómo comprender y explicar nuestras propias prácticas, como investigadores? Recordando también que ellas son el producto de la misma historia que está fuera de nosotros y que está incorporada como una suerte de segunda naturaleza.

¿Cómo combinar ambas preguntas –y responderlas?

Desde la perspectiva de Bourdieu, la sociología misma –la sociología de la sociología– podría proporcionarnos herramientas que nos ayuden, si no a eliminar por completo nuestros condicionamientos, al menos a controlarlos y hacerlos controlables para nuestros pares.

Reflexividad epistémica, objetivación del sujeto objetivante, aparecen como los únicos caminos de libertad posibles.

En primer lugar, como una cuestión individual y a través de un proceso de autosocioanálisis; esto es, de autoexplicitación de los distintos mecanismos y condicionamientos que me separan (por la función que cumplo) de los agentes cuyas prácticas intento explicar y comprender. En segundo lugar, analizando mi posición como investigador, ligado a otros investigadores que ocupan otras posiciones y que me unen y me enfrentan en el juego científico.

Pero la verdadera conquista es colectiva... Y para ello es necesario explicitar los distintos mecanismos del juego, desentrañar –hasta donde ello sea posible– las reglas que regulan el juego y, de este modo, crear condiciones sociales de posibilidad para el conocimiento científico.

¿Y los agentes cuyas prácticas sociales investigo? Con ellos, en un proceso de entrevista, por ejemplo, puede ponerse en práctica un proceso de "autosocioanálisis asistido"; esto es, lograr que el entrevistado asocie sus problemas, sus malestares, sus miserias, no a cuestiones personales sino sociales, producto no de un Destino, sino de condiciones sociales determinadas, con la guía del entrevistador que, por supuesto, debe objetivarse como sujeto objetivante.[21]

Uno podría preguntar aquí... ¿para qué?... Y Bourdieu ya da, a mi juicio, una respuesta taxativa en "Post-scriptum":

"Llevar al nivel de la conciencia mecanismos que hacen la vida dolorosa, invivible, no es neutralizarlos; actualizar las contradicciones, no es resolverlas (...) pero uno no puede tener como nulo el efecto que puede ejercer sobre aquellos que sufren, descubrir la posibilidad de imputar su sufrimiento a causas sociales y de sentirse así disculpados."[22]

21. *Ibid.*

22. P. Bourdieu, "Post-scriptum", en: *La misère du monde, op. cit.*, p. 944.

Y más aún:

"...a pesar de las apariencias, lo que el mundo social ha hecho puede, armado de ese saber, deshacerlo. Lo que es seguro, en todo caso, es que nada es menos inocente que el laissez-faire *(...) toda política que no saque plenamente partido de las posibilidades –por reducidas que ellas fueran– que son ofrecidas a la acción, y que la ciencia puede ayudar a descubrir, puede ser considerada como culpable de no-asistencia a persona en peligro."*[23]

Si tuviera que resumir brevemente, en una fórmula, por ejemplo, lo que he intentado expresar en estas páginas, diría que Bourdieu nos propone lo siguiente:

Conocimiento de los mecanismos y de los sentidos + autosocioanálisis asistido + autosocioanálisis propio (objetivación del sujeto objetivante) = posibilidad de actuar y obligación de hacerlo...

23. *Ibid.*

Pierre
Bourdieu

Campo del poder, campo intelectual y habitus de clase*

Si la historia de la literatura, en su forma tradicional, queda encerrada en el estudio *ideográfico* de casos particulares capaces de resistir al desciframiento mientras son aprehendidos como "demandan" serlo, es decir, en sí mismos y por ellos mismos; y si ella ignora casi completamente el esfuerzo por reinsertar la obra o el autor singular que toma por objeto en el sistema de relaciones constitutivas de la clase de los hechos (reales o posibles) del que forma parte socio-lógicamente, es porque el obstáculo epistemológico con el que se choca toda aprehensión estructural –a saber, el individuo directamente perceptible, *ens realissimum* que exige con insistencia ser pensado en su existencia separada y que requiere por ello una aprehensión sustancialista– reviste aquí la forma de una individualidad "creadora", cuya originalidad deliberadamente cultivada está constituida para suscitar el sentimiento de la irreductibilidad y de la atención reverencial.[1] Dejándose imponer este objeto

* "Champ du pouvoir, champ intellectuel et habitus de classe", *Scolies*, Cahiers de recherches de l'École normale supérieure, 1, 1971, pp. 7-26.

1. R. Wellek y A. Warren abren así el capítulo que consagran a la biografía en su *Theory of Literature* (New York, Harcourt, Brace and Co.), 1956, p. 63. [*Teoría de la literatura*, Madrid, Gredos, 1968]: "La causa más evidente de una obra de arte es su creador, el autor; también la explicación por la personalidad y la vida del escritor es uno de los métodos más antiguos y mejor establecidos de la historia literaria".

preconstruido que es el artista individual o, lo que viene a ser lo mismo, bajo otras apariencias, la obra singular, la tradición positivista concede todavía lo esencial a la ideología romántica del genio creador como individualidad única e irreemplazable, y los biógrafos que, para darse las apariencias de la ciencia, exhiben infinitamente los documentos pacientemente exhumados se condenan al destino de esos geógrafos, cuya preocupación de fidelidad a lo "real" los condena, según la parábola de Borges, a producir un mapa tan grande como el país.

La ruptura con las prenociones, que es la condición de la construcción del objeto científico, no puede ser cumplida –en sociología del arte y de la literatura más que en cualquier otro dominio–, sino en y por la ciencia del objeto que es inseparablemente la ciencia de las prenociones, contra las cuales la ciencia construye su objeto. En efecto, las teorías espontáneas que se imponen a la investigación tradicional, al mismo tiempo que las normas de conveniencia social que rigen la relación "distinguida" con la obra de arte,[2] son el producto de las condiciones sociales de las que el sociólogo debe hacer la ciencia, de manera que los obstáculos a la construcción adecuada del objeto forman parte del objeto de la ciencia adecuada. Así, la teoría de la biografía como integración retrospectiva de toda la historia personal del artista en un proyecto puramente estético, o la representación de la "creación" como expresión de la persona del artista en su singularidad, pueden comprenderse completamente sólo si se las reinserta en el campo ideológico del cual forman parte y que expresa, bajo una forma más o menos transfigurada, la posición de una categoría particular de escritores en la estructura del campo intelectual, él mismo incluido en un tipo específico de campo político, que asigna una posición determinada a la fracción intelectual y artística.

2. Sería fácil mostrar todo lo que la manera tradicional de aproximarse y de tratar a los escritores y sus obras debe a las normas sociales que rigen la postura del aficionado ilustrado y del conocedor distinguido, y que excluyen, como faltas a las reglas del buen tono y del buen gusto, todas las tentativas de relacionar los escritores y sus obras a sus condiciones sociales de producción, y que condenan como reductoras y groseras (en el doble sentido del término) todas las tentativas de objetivación científica. La "crítica creadora" y la lectura estructural no recibirían hoy una acogida tan calurosa si no estuvieran menos libres de lo que podría hacerlo creer una cientificidad pomposa de las normas mundanas, que imponen tratar las obras y los autores como ellos piden ser tratados (al menos desde la época romántica), es decir, como "hijos de sus obras" (basta pensar por ejemplo en el debate, devenido un lugar común de las disertaciones, sobre las relaciones entre la biografía ideal, que se entrega sólo en la obra, y las peripecias anecdóticas de la existencia real).

Si bien el interés por la persona del escritor y del artista progresa paralelamente a la autonomización del campo intelectual y artístico y a la elevación correlativa del status (y del origen social) de los productores de bienes simbólicos,[3] es sólo en la época romántica que la vida del escritor, transformada ella misma en una suerte de obra de arte (basta pensar en Byron por ejemplo), entra, en cuanto tal, en la literatura: en efecto, viviendo, como bajo los ojos de la posteridad, una vida cuyos menores detalles son dignos de la recolección autobiográfica e integrando, con el género de las "memorias", todos los momentos de su existencia en la unidad reconstruida de un proyecto estético; en resumen, haciendo de su vida una obra de arte y la materia de la obra de arte, los escritores apelan a una lectura biográfica de su obra e invitan a concebir la relación entre la obra y el público como una comunión personal entre la "persona" del "creador" y la "persona" del lector. Pero, más profundamente, el culto romántico de la biografía es parte integrante de un sistema ideológico donde se inscriben, por ejemplo, la concepción de la "creación" como expresión irreductible de la "persona" del artista, o la utopía, grata tanto a Flaubert como a Renán o a Baudelaire, de un "mandarinato intelectual", que tiene por principios un aristocratismo de la inteligencia y una representación carismática de la producción y de la recepción de las obras simbólicas.[4] No habría dificultad

3. Así, desde el Renacimiento, a medida que se desarrolla la producción libre para un mercado y que el artista conquista su independencia con relación a las corporaciones, el interés se desplaza de la obra a la persona del artista y a su poder creador, que se manifiesta de modo más brillante en esbozos o fragmentos que en la obra acabada (cf. A. Hauser, *Social History of Art*, London, Routledge and Kegan Paul, 1962, Vol. 2, pp. 46-74) [*Historia social de la literatura y el arte*, Madrid, Guadarrama, 2ª. Ed., 1969). Una historia social de la biografía, de las condiciones sociales de su aparición, de los modelos y de las normas a las cuales ha obedecido en las diferentes épocas, de las teorías espontáneas de la producción literaria o artística que ella ha puesto en práctica –implícita o explícitamente–, y de las funciones que ha podido cumplir, constituiría una contribución muy importante a la sociología del conocimiento y también a la teoría del conocimiento científico del arte y de la literatura.

4. En efecto, bajo la apariencia de romper con la tradición romántica que establecía, entre la obra y la vida, una relación de simbolización recíproca, la escuela del arte por el arte no hace sino "racionalizar", si se puede decir, el proceso de estetización de toda la existencia que era ya manifiesta en el dandysmo, sometiendo cada vez más totalmente la vida a las exigencias de la obra y convirtiendo sistemáticamente las aventuras personales en "experiencias" estéticas ("no hay posibilidades –de éxito– sino cultivando su temperamento y exagerándolo" decía Flaubert), por el recurso a técnicas de concentración y de ascesis o por la acentuación de tendencias patológicas y por la explotación de las situaciones-límite, apropiadas para revelar aspectos originales de la personalidad o para procurar sentimientos insólitos.

para mostrar que es a partir de los mismos principios como se engendra todavía hoy la representación que los intelectuales se hacen del mundo social y de su función en este mundo, y no hay por qué asombrarse de que la casi totalidad de las investigaciones en materia de historia del arte y de la literatura mantienen con el "creador" y su "creación" la relación encantada que, desde la época romántica, la mayor parte de los "creadores" han mantenido con su "creación". Así, es todavía el rechazo de métodos sospechosos de disolver "la originalidad creadora", reduciéndola a sus condiciones sociales de producción, el que inspira el desdén que se tiene hoy por las investigaciones biográficas o el entusiasmo por los métodos de análisis interno de las obras: una investigación realmente inspirada por la preocupación de romper con la ideología carismática de la "creación" y de la lectura "creadora" se cuidaría de dejarse imponer, en la definición de su objeto, los límites que son los de la biografía y que implica la elección de tomar por unidad una obra individual o la obra de un autor particular o un aspecto particular de una u otra ("la filosofía política de Vigny", etc.), antes de haber situado el *corpus* así constituido en el campo ideológico del cual forma parte, y de haber establecido las relaciones entre la posición de ese *corpus* en ese campo y la posición en el campo intelectual del grupo de agentes que lo ha producido, o, lo que viene a ser lo mismo, antes de haber determinado las funciones que reviste ese *corpus* en el sistema de las relaciones de concurrencia y de conflicto entre grupos situados en posiciones diferentes, en el interior de un campo intelectual que ocupa, él mismo, una cierta posición en el campo del poder.

No se puede hacer del análisis estadístico un instrumento eficaz de ruptura, sino a condición de ser consciente de que la aplicación ingenuamente empirista de taxonomías preconstruidas o formales, a tal o cual población de escritores o de artistas concebida como simple colección de entidades separadas, neutraliza las relaciones más significativas entre las propiedades pertinentes de los individuos o de los grupos. La mayor parte de los análisis estadísticos se aplican a muestras preconstruidas, en las cuales los escritores "menores" o marginales (tanto desde el punto de vista estético como desde el punto de vista político, como "la bohemia") se encuentran parcial o totalmente eliminados, y se prohíben en el mismo acto volver a asir los principios de selección de los cuales es el producto esta población, es decir las leyes que rigen el acceso y el éxito en el campo intelectual y artístico, al mismo tiempo que comprender la significación real de las regularidades que ellas establecen; además, se exponen a dar la razón a los defensores más ingenuos del estudio idiográfico, consagrándose a asir solamente, y en el mejor de los casos solamente, las leyes tendenciales más generales del campo intelectual en su conjunto, como, por ejemplo, la elevación global del nivel de formación universitaria de los escritores durante el Segundo Imperio o el crecimiento de la porción de los escritores provenientes de las clases medias y que ocupan posiciones universitarias durante la Tercera República. En resumen, sería en vano esperar, aquí como en otra parte, que la estadística produzca por sí misma los principios de su construcción, y sólo un análisis estructural de los sistemas de relaciones que definen un estado dado del campo intelectual puede dar toda su eficacia y toda su verdad al análisis estadístico, proporcionándole los principios de un recorte de los hechos que tome en cuenta sus propiedades más pertinentes, es decir sus propiedades de posición.

Además, por hecho de que el análisis estadístico no puede fundarse, al menos en un primer momento, sino sobre las informaciones más directamente accesibles –es decir sobre la información recogida en las biografías o las autobiografías, en función de criterios de selección poco explícitos y poco sistemáticos, pero la mayoría de las veces conforme a los principios que definen la manera legítima de abordar la obra de arte–, corre siempre el riesgo de dejarse imponer, al menos en sus *lagunas*, la representación "dominante" de la "creación" artística: es, sin duda, la misma fe en la irreductibilidad de la creación y en la autonomía absoluta de las elecciones estéticas lo que lleva a las monografías universitarias a otorgar a la primera educación o, mejor, a las primeras experiencias –donde se develan, más de lo que allí se forman, las particularidades, enteramente dadas desde el origen, de una "invención creadora" irreductible a esas determinaciones–, un lugar infinitamente más grande que a la formación escolar y universitaria y a otorgar mucho menos interés a las tomas de posición políticas que a las tomas de posición estéticas, al omitir casi siempre reubicar unas y otras en el sistema de tomas de posición concurrentes en relación a las cuales se constituyen y se definen. Y el gusto por las correspondencias que las biografías más ingenuamente hagiográficas sugieren, con el modo metafórico y sin preocupación de sistematización –basta pensar en las variaciones literarias sobre las afinidades electivas entre "el alma" del escritor y las virtudes que la tradición literaria presta a un paisaje, a un terruño o a una descendencia–, puede inspirar aún la investigación semierudita de correlaciones directas entre tal característica de la biografía y tal característica de la obra, entre el gusto prerromántico de la meditación en el cementerio y la primera educación de hijos de pastores campesinos. Pero hay trampas más sutiles, y el análisis sociológico nunca se expone tanto a sucumbir a los errores impecables de una sociografía hiperempirista, como cuando la preocupación por escapar a la acusación de "reduccionismo" lo lleva a rivalizar con la historiografía tradicional sobre su terreno y a buscar en la multiplicación de las características sociológicamente pertinentes que toma en cuenta el sistema explicativo –capaz de dar razón de cada obra en su singularidad-, en lugar de construir la jerarquía de los sistemas de factores pertinentes, ya que se trata de dar cuenta de un campo ideológico que corresponde a un estado dado de la estructura del campo intelectual.[5]

Un análisis que, como el que Sartre consagra a Flaubert, se esfuerza por restituir las mediaciones a través de las cuales los determinismos sociales forman la individualidad singular del artista, no rompe sino en apariencia con la tradición dominante de la historia del arte y de la literatura. Dándose por proyecto retomar las condiciones sociales de posibilidad de un autor y de una obra tomada en su singularidad, Sartre se expone a imputar a los factores más directamente visibles –a partir del punto de vista particular que adopta–, es decir a los determinantes de clase tal como ellos se actualizan refractándose en las particularidades de una estructura familiar y de una historia individual, los efectos de sistemas de factores que determinan las prácticas y las ideologías de *todo* escritor, en tanto que pertenece a un campo intelectual dotado de una estructura determinada, él mismo incluido en un campo del poder dotado de una estructura determinada y, más precisamente, de todo escritor que ocupa en tal campo (presente, pasado o futuro) una posición estructuralmente equivalente a la del escritor considerado. Además, el esfuerzo por remontar el principio generador y unificador de las experiencias biográficas sería perfectamente legítimo si no se inspirara en una filosofía de la conciencia (visible en particular en el lenguaje del análisis),[6] a la

5. El proyecto (actualmente en curso de realización) de constituir progresivamente un fichero universal de los escritores y de los artistas, que podría ser sometido a un tratamiento estadístico, está particularmente expuesto a todos los peligros descritos anteriormente: en efecto, la necesidad de acumular bajo una forma manejable, y sin que sea necesario volver a las fuentes, todas las informaciones sociológicamente pertinentes (sin prejuzgar los sistemas explicativos en los cuales ellas podrían entrar) a propósito de artistas y de escritores que pertenecen a campos profundamente diferentes, impone que se acuerde *provisoriamente* una definición "semi-positivista" de los principios de selección y de clasificación de los datos disponibles, ya que se trata antes que nada de producir una información tan homogénea y tan exhaustiva como sea posible, por lo tanto, susceptible de un análisis comparativo. Pero va de suyo que sólo un análisis de la estructura de cada campo particular puede poner al abrigo de los errores a los cuales conduciría la aplicación mecánica a campos dotados de estructuras muy diferentes de un sistema de selección y de clasificación estandarizado.

6. Por ejemplo, a partir de las primeras páginas: "El *experimenta* (...) la burguesía como su clase de origen"; "ningún niño burgués puede *tomar conciencia* por sí mismo de su clase" (J. P. Sartre, "La conscience de classe chez Flaubert", *Les Temps modernes*, nº 240, mayo 1966, pp. 1921-1951 y nº 241, junio 1966, pp. 2113-2153). "Gustave *está convencido* de que su padre debe su fortuna a su

cual la potencia evocadora de una autobiografía por procuración puede sólo conferir una cierta credibilidad. El análisis sartreano se inspira, en efecto, en el proyecto interminable y desesperado de integrar en la unidad construida de un "proyecto original", suerte de inversión de una esencia leibniziana, toda la verdad objetiva de una condición, de una historia y de una obra singulares, y, en particular, todas las características ligadas a la pertenencia de clase mediatizada por la estructura familiar y a las experiencias biográficas que son correlativas de ellas: en esta lógica, no es la condición de clase la que determina el individuo, es el sujeto que se determina a partir de la toma de conciencia, parcial o total, de la verdad objetiva de su condición de clase. Esta filosofía de las relaciones entre las condiciones de existencia, la conciencia y las prácticas o las ideologías no se revela jamás tan bien como en la insistencia de Sartre en un momento de la historia biográfica –el período de crisis de los años 1837-1840–, una suerte de primer comienzo, esencia de todo el desarrollo ulterior. Pues ¿qué es esta crisis largamente analizada, sino una suerte de *cogito* sociológico, acontecimiento constitutivo, arrancado de la historia y capaz de arrancar a la historia las verdades que él funda: pienso burguesmente, luego soy burgués? "A partir de 1837 y en los años '40, Gustave tiene una *experiencia* capital para la orientación de su vida y el sentido de su obra: *experimenta* en él, y fuera de él, la burguesía como su clase de origen (...) Nos falta ahora volver a trazar el movimiento de este *descubrimiento* tan rico en consecuencias.[7] Uno puede ver cómo se está lejos de la teoría de las relaciones entre las estructuras sociales y las estructuras de la conciencia, que se expresaba en el tan

mérito"; "él *tiene dificultad para comprender* que los analfabetos puedan tener algún derecho para salir de su miseria (...); "el hijo de un *self-made man* está inclinado evidentemente *a pensar...*"; "el niño (...) *se siente* oscuramente rechazado"; "contra la segregación que lo amenaza, no deja de *exigir* la integración total"; "está en condiciones de *asir* esta comunidad que lo ha producido, que lo nutre y que lo exilia, como un cuasi-objeto cuyos vicios le *aparecen* poco a poco (...). En resumen, *vive* su condición con estrechez" (p. 1922) (destacado mío).

7. J. P. Sartre, *op. cit.*, p. 1921 (destacado mío). La marcha misma de la investigación, en su doble movimiento, expresa esta filosofía de la biografía como sucesión de acontecimientos en último análisis aparente, ya que está enteramente contenida en potencia en la crisis que le sirve de punto de partida: "Es necesario, para esclarecernos, recorrer, una vez más, esta vida desde la adolescencia hasta la muerte. Volveremos a continuación a los años de crisis –1838 a 1844–, que contienen en potencia todas las líneas de fuerza de este destino" (p. 1935). Al analizar la filosofía esencialista de la cual la monadología leibniziana le parecía realizar la forma ejemplar, Sartre observaba, en *El ser y la nada*, que ella aniquila el orden cronológico reduciéndolo al orden lógico: paradójicamente, su filosofía de la biografía produce un efecto del mismo tipo, pero a partir de un comienzo absoluto que consiste, en ese caso, en el "descubrimiento" producido por un acto de conciencia

célebre análisis de las relaciones "entre los *representantes políticos y literarios* de una clase y la clase que ellos representan": "Lo que los hace representantes de la pequeña burguesía es que su cerebro no puede *superar los límites* que el pequeño burgués mismo no supera en su vida y que, en consecuencia, están teóricamente impulsados a los mismos problemas y a las mismas soluciones a las cuales su interés material y su situación social impulsan prácticamente a los pequeños burgueses.[8] En resumen, haciendo como si la conciencia no tuviera otros límites que los que ella se da por la toma de conciencia de sus límites, Sartre contradice el principio de la teoría del conocimiento de lo social, según el cual las condiciones objetivas determinan las prácticas y los límites mismos de la experiencia que el individuo puede tener de sus prácticas y de las condiciones que las determinan.

Si las monografías de escritores o de artistas más exhaustivas en apariencia no entregan sino informaciones lagunosas y a veces incoherentes –tan pronto como uno les demanda los documentos necesarios para la construcción de la estructura de un estado del campo intelectual o político–, es porque, situándose de entrada en un lugar privilegiado, no perciben jamás sino una porción restringida del horizonte social y no pueden pues aprehender en su verdad el punto de vista desde donde son tomadas todas las visiones perspectivas del campo intelectual o político que ellas entregan o analizan, es decir, como una posición en un sistema de relaciones entre posiciones que confiere su particularidad a cada *posición* y a las *tomas de posición* que demandan. En efecto, es a condición de constituir el campo intelectual (que, por grande que pueda ser su autonomía, está determinado en su estructura y su función por la posición que ocupa en el interior del campo del poder) como sistema de posiciones predeterminadas que exigen, como puestos de un mercado de trabajo, clases de agentes provistos de propiedades (socialmente constituidas) de un tipo determinado, que se puede romper con la problemática tradicional (en la cual Sartre queda prisionero) y preguntarse, no cómo tal escritor ha

---

originaria: "Entre estas diferentes concepciones, no hay orden cronológico: desde su aparición en él, la noción de "burgués" entra en desagregación permanente y todos los avatares del burgués flaubertiano son dados a la vez: las circunstancias destacan uno u otro de entre ellos, pero es por un instante y sobre el fondo oscuro de esta indistinción contradictoria. A los diecisiete años como a los cincuenta, está contra la humanidad entera (...). A los veinticuatro años como a los cincuenta y cinco, reprocha al burgués no constituirse en orden privilegiado" (pp. 1949-1950).

8. K. Marx, *Le 18 brumaire de Louis-Napoleón Bonaparte*, París, Ed. Sociales, 1948, p. 199 (destacado mío). [*El dieciocho brumario de Luis Bonaparte*, Buenos Aires, Polémica, 1972, p. 53].

venido a ser lo que es, sino lo que debían ser, bajo la relación del habitus socialmente constituido, las diferentes categorías de artistas y de escritores de una época y de una sociedad determinadas, para que les fuera posible ocupar las posiciones que les reservaba un estado determinado del campo intelectual y adoptar, al mismo tiempo, las tomas de posición estéticas o ideológicas objetivamente ligadas a esas posiciones.

Quisiera aquí, sin presentar una exposición sistemática y, menos todavía, una puesta en práctica acabada de la teoría propuesta,[9] definir, a propósito del ejemplo de la escuela del arte por el arte (por lo tanto, de Flaubert), los principios de la inversión metodológica, que parece ser la condición de una ciencia rigurosa de los hechos intelectuales y artísticos. Tal ciencia comporta tres momentos necesarios que mantienen una relación de orden tan estricto como los tres niveles de la realidad social que aprehenden: en primer lugar, un análisis de la posición de los intelectuales y de los artistas en la estructura de la clase dirigente (o con relación a esta estructura, cuando ellos no pertenecen a esta clase ni por su origen ni por su condición); en segundo lugar, un análisis de la estructura de las relaciones objetivas entre las posiciones que los grupos ubicados en situación de concurrencia por la legitimidad intelectual o artística ocupan, en un momento dado del tiempo, en la estructura del campo intelectual; así, metódicamente, la construcción de la lógica propia de cada uno de los sistemas de relaciones relativamente autónomos (el campo del poder y el campo intelectual) es la condición previa de la construcción de la trayectoria social como sistema de *rasgos pertinentes* de una biografía individual o de una clase de biografías; y, en tercer lugar y último momento, de la construcción del habitus como sistema de las disposiciones socialmente constituidas que, como estructuras estructuradas y estructurantes, constituyen el principio generador y unificador del conjunto de las prácticas y de las ideologías características de un grupo de agentes, y a las que una posición y una trayectoria determinada en el interior del campo intelectual –que ocupa él mismo una posición determinada en la estructura de la clase dominante–, proporcionan una ocasión más o menos favorable de actualizarse.

En otras palabras, la información más importante, al tratar de explicar las propiedades específicas de una clase de obras, reside en la forma particular de

9. Estas hipótesis teóricas orientan un conjunto de investigaciones sobre el campo intelectual en Francia entre 1830 y 1914 que han sido dirigidas, en colaboración con J. C. Chamboredon, en el marco de un seminario de la Escuela Normal Superior y que serán objeto de una publicación posterior.

la relación que se establece objetivamente entre la fracción de los intelectuales y de los artistas, en su conjunto, y las diferentes fracciones de las clases dominantes. A medida que el campo intelectual y artístico gana en autonomía y que, correlativamente, el status social de los productores de bienes simbólicos se eleva, los intelectuales y los artistas tienden a entrar progresivamente por su propia cuenta, y ya no solamente por procuración o por delegación, en el juego de los conflictos entre las fracciones de la clase dominante.[10] Ubicados en situación de dependencia material y de impotencia política con relación a las fracciones dominantes de la burguesía, de la cual provienen en su mayoría y en la cual participan, si no por sus relaciones de familia y por sus compañías, al menos por su estilo de vida, infinitamente más próximo al de la burguesía que al de las clases medias –incluso en las categorías más desposeídas de la *intelligentsia* proletaroide, condenada a las formas menos electivas de la vida bohemia–, los escritores y los artistas constituyen, al menos desde la época romántica, una *fracción dominada de la clase dominante*, necesariamente inclinada, en razón de la ambigüedad estructural de su posición en la estructura de la clase dominante, a mantener una relación ambivalente, tanto con las fracciones dominantes de la clase dominante ("los burgueses") como con las clases dominadas ("el pueblo"), y a formar una imagen ambigua de su posición en la sociedad y de su función social. Más precisamente, la relación que mantienen con el mercado literario y artístico, cuyas sanciones anónimas, imprevisibles y cambiantes pueden crear entre ellos disparidades sin precedentes, constituye el principio de la representación ambivalente que los escritores y los artistas –forzados a percibirse, más o menos claramente, en su verdad objetiva, es decir como productores de mercancías– se hacen de ese "gran público", a la vez fascinante y despreciado, en el cual confunden, la mayoría de las veces, el "burgués" sometido a las preocupaciones vulgares del negocio y el "pueblo" entregado al embrutecimiento de las actividades productivas.

Si, a medida que el campo intelectual y artístico gana en autonomía con relación a las coacciones y a las demandas directas de las fracciones dominan-

10. Los análisis de Frédérick Antal muestran que cuando los artistas están ubicados en una relación de dependencia estrecha con respecto a su público, como en Florencia durante los siglos XIV y XV, las diferencias de estilo que separan sus obras son casi completamente reductibles a las diferencias que separan las visiones del mundo, propias de los diferentes consumidores de sus obras, es decir, a las diferentes fracciones de la clase dominante (F. Antal, *Florentine Painting and its Social Background*, Londres, Kegan Paul, 1947, p. 4).

tes de la burguesía –es decir, a medida que se desarrolla un mercado de bienes simbólicos–, las características propiamente intelectuales o artísticas de los productores de bienes simbólicos –es decir, el sistema de los factores asociados a la posición que ocupan en el campo intelectual–, ganan en fuerza explicativa, queda que la acción de esos factores no hace sino especificar la acción del factor fundamental que constituye la posición de la fracción de los intelectuales y de los artistas en la estructura de las clases dominantes. Así, las tres posiciones en torno a las cuales se organiza el campo intelectual y artístico entre 1830 y 1850 (y, con alguna translación, todo a lo largo del siglo XIX), a saber "el arte social", "el arte por el arte" y "el arte burgués", entregan completamente su significación, que es siempre indisociablemente estética y política (aunque la autonomía de las tomas de posición estéticas por relación a las tomas de posición políticas sea más o menos grande según las épocas, es decir, según el estado de las relaciones entre la fracción de los artistas y el poder, según la posición en el campo y según la función en la división del trabajo intelectual); sólo si allí se ven otras tantas especificaciones de la posición genérica de la relación fundamental de pertenencia y de exclusión que caracteriza a la fracción dominante-dominada de los intelectuales y de los artistas: a cada una de las posiciones típicas en el campo corresponde una forma típica de la relación entre la fracción dominante-dominada y las fracciones dominantes; más precisamente, es a través de la relación que las categorías de agentes ligadas a cada una de esas posiciones mantienen con el mercado, y a través de los diferentes tipos de gratificaciones económicas y simbólicas que corresponden a las diferentes formas de esta relación, que se encuentran definidos el grado en el cual está puesto objetivamente el acento en la pertenencia o en la exclusión y, correlativamente, la forma de la experiencia que cada categoría de agente puede tener de la relación objetiva entre la fracción de los artistas y las fracciones dominantes (y, secundariamente, las clases dominadas). Mientras que los artistas y los escritores "burgueses" (DOMINANTES-dominados) encuentran, en el reconocimiento que les concede el público "burgués" y que les asegura a veces condiciones de existencia cuasi-burguesas, todas las razones de asumirse como los portavoces de su clase, a la cual su obra se dirige directamente,[11] los sostenedores del "arte social" (dominantes-DOMINADOS) encuentran, en su condición económica y en su exclusión social, los fundamentos de una

11. Sin duda, no hay mejor indicador de la relación que las diferentes categorías de escritores mantienen con las fracciones dominantes que su actitud con respecto al teatro, forma por excelencia

solidaridad con las clases dominadas que tiene siempre por primer principio la hostilidad respecto a las fracciones dominantes de las clases dominantes y a sus representantes en el campo intelectual. Los sostenedores del "arte por el arte" ocupan en el campo intelectual una posición *estructuralmente ambigua* que les condena a sentir de manera redoblada las contradicciones inherentes a la posición ambigua de la fracción intelectual y artística en la estructura de las fracciones de las clases dominantes. Porque su posición en el campo los coacciona a pensar su identidad estética y política simultánea o sucesivamente (según la coyuntura política) por oposición a los "artistas burgueses" –homólogos de los "burgueses" en la lógica relativamente autónoma del campo–, o por oposición a los artistas "socialistas" o a la bohemia –homólogos del "pueblo"–, están condenados a formar imágenes contradictorias, tanto de su propio grupo como de los grupos a los cuales se oponen. Al dividir al mundo social según criterios estrictamente estéticos, lo que los conduce a arrojar en la misma clase despreciada al "burgués" cerrado al arte y al "pueblo" encerrado en las preocupaciones materialistas de la existencia cotidiana ("llamo burgués, dice Flaubert, a todo aquel que piensa de manera baja"), ellos pueden simultánea o alternativamente identificarse con el "pueblo" o con una nueva aristocracia: "Comprendo, con el término burgués, tanto a los burgueses en mangas de camisa como a los burgueses con levita. Somos nosotros, y sólo nosotros, es decir los letrados, quienes somos el pueblo o, para hablar mejor, la tradición de la humanidad".[12] "Uno debe inclinarse ante los mandarines; la Academia de las Ciencias debe reemplazar al Papa". "¿Usted cree que si Francia, en lugar de estar gobernada, en definitiva, por la muche-

---

del "arte burgués". Así, las empresas teatrales de los sostenedores del arte por el arte fueron en general desafortunadas: "Sólo Bouilhet y Th. de Banville obtuvieron algunos éxitos. Unos como Flaubert o los Goncourt fracasaron ruidosamente; otros como Gautier o Baudelaire, casi se abstuvieron, aunque dejaron, en sus cajas de libretos, argumentos que testimonian el deseo que ellos habían tenido de triunfar sobre el escenario; o, como Leconte de Lisle, compusieron en el ocaso de su vida obras honorables, pero que agregaron poco a su reputación; o quienes, como Renan, hicieron dramas de alto alcance, pero imposibles de representar" (A. Cassagne, *La théorie de l'art por l'art en France*, París, Hachette, 1906, p. 140).

12. G. Flaubert, "Lettre à George Sand", mayo 1867, citado por P. Lidsky, *Les écrivains contre la Commune*, París, Maspéro, 1970, p. 21. O incluso: "Los burgueses eran casi todo el mundo, los banqueros, los agentes de cambio, los notarios, los comerciantes, los tenderos y otros, cualquiera que no formara parte del misterioso cenáculo y ganara prosaicamente su vida" (Théophile Gautier, *Histoire du romantisme*, citado por P. Lidsky, *op. cit.*, p. 20.

dumbre, estuviera en el poder de los mandarines, estaríamos donde estamos? Si, en lugar de haber querido ilustrar a las clases bajas, se hubiesen ocupado de instruir a las altas."[13] Obligados a acercarse a los "burgueses" cuando se sienten amenazados –como artistas o como burgueses– por los "desclasados" de la bohemia, gritan su solidaridad con todos aquellos a quienes la brutalidad de los intereses y de los prejuicios burgueses rechaza o excluye: el bohemio, el pintorcillo, el saltimbanqui, el noble arruinado, "la sirvienta de gran corazón" y especialmente, quizás, la prostituta, suerte de realización simbólica de la relación del artista con el mercado. Y su odio al "burgués" –ese cliente inhallable, a la vez llamado y despreciado, que les rechaza tanto como ellos lo rechazan, a quien no rechazan sino por tanto que él les rechaza– se reactiva, en el interior mismo del campo intelectual –horizonte primero de todos los conflictos estéticos y políticos–, en y por el odio a los "artistas burgueses", concurrentes desleales que no obtienen el éxito inmediato y las consagraciones burguesas sino renegando como escritores: "Hay una cosa mil veces más peligrosa que los burgueses, dice Baudelaire en las *Curiosités esthétiques*, es el artista burgués, que ha sido creado para interponerse entre el artista y el genio, que los oculta a uno y a otro (...) Si se lo suprimiera, el almacenero aclamaría triunfalmente a Eugène Delacroix". Incluso, es el desprecio de "profesionales" del trabajo artístico por el proletariado literario celoso de sus éxitos y de su arte lo que, *en otros momentos*, inspira la imagen que los sostenedores del arte por el arte se hacen del "populacho": "He comprendido que nuestro prefacio a Henriette Maréchal había matado la obra. Y bien ¡qué importa! Tengo conciencia de haber dicho la verdad, de haber señalado la tiranía de las cervecerías y de la bohemia con respecto a todos los trabajadores pulcros, a toda la gente de talento que no se ha arrastrado por los bodegones, de haber señalado al socialismo nuevo que en las letras retoma en voz alta la manifestación del 20 de marzo y lanza su grito de guerra: '¡Abajo los guantes!' ".[14] "Es quizás un prejuicio, pero yo creo que es necesario ser un hombre honesto y un burgués honorable para ser un hombre de talento. Estimo esto por Flaubert y por nosotros y por la comparación con los grandes hombres de la bohemia, su novelista Mürgier, su historiador

13. G. Flaubert, *Correspondance*, *passim*, citado por A. Cassagne, *op. cit.*, p. 181. Según Maxime Ducamp (*Souvenir littéraires*, citado en A. Cassagne, *ibid.*), Flaubert "hubiera querido una suerte de mandarinato que hubiera llamado a la cabeza del país a los hombres más inteligentes".
14. E. y J. Goncourt, *Journal*, 5 de marzo de 1865, citado por P. Lidsky, *op. cit.*, p. 27.

Monselet, su poeta Banville".[15] El principio de sus balanceos y de sus palinodias, de su traslación hacia el compromiso o la simpatía revolucionaria en 1848, hacia el indiferentismo o el conservadurismo políticos bajo el Segundo Imperio y, sobre todo, durante la Comuna, no es otro que la transformación de la estructura de las relaciones entre la fracción intelectual y las fracciones dominantes, que es correlativa de la transformación de la estructura de las relaciones de fuerza entre las clases y que su naturaleza es a determinar, en una categoría de dominantes-dominados, caracterizada por su equilibrio inestable entre la posición de DOMINANTE-dominado y la posición de dominante-DOMINADO, el deslizamiento hacia una u otra de esas posiciones y hacia las tomas de posición, conservadoras o "revolucionarias", que son solidarias de ellas.

Artistas que se oponen al "arte burgués" de Paul de Kock, Octave Feuillet, Scribe o Casimir Delavigne tan resueltamente como a la "patanería socialista" (según el término de Flaubert, a propósito de los escritos de Proudhon sobre el arte) no pueden encontrar sino, en el arte por el arte y en la escritura por la escritura, una manera de resolver la contradicción inherente al proyecto de escribir *rechazando toda función social*, es decir, todo contenido socialmente marcado, al mismo tiempo que una manera de realizar sobre el terreno simbólico, por la afirmación de su dominio *exclusivo* (en el doble sentido del término) sobre su arte y por la reivindicación del monopolio absoluto de la competencia propiamente artística, la inversión de la relación objetiva entre las fracciones dominantes y la fracción de los artistas y de los intelectuales, forzados a pagar la autonomía que les es concedida por su relegación a prácticas consagradas a permanecer simbólicas, fueran simbólicamente revolucionarias o revolucionariamente simbólicas.[16] El culto del estilo por el estilo, que es el equivalente en el dominio de la estética del indiferentismo político y del rechazo desligado y distante de todo "compromiso", se constituye originariamente *contra* las tomas de posición de los escritores y de los artistas que

15. E. y J. Goncourt, *Journal*, 17 de noviembre de 1868, *ibid.*

16. Arrojando a las fracciones no-intelectuales de la burguesía al filisteísmo y condenándolas a la indignidad cultural –lo que jamás había hecho, a ese grado al menos, el arte de las épocas anteriores–, el arte puro afirma la pretensión del artista a un reinado exclusivo sobre el arte, al mismo tiempo que una intención de revancha simbólica: "¡No sé si existe en francés una página de prosa más bella! ¡Es espléndida! ¡Y estoy seguro de que el burgués no comprende nada. Tanto mejor!" (G. Flaubert, carta a Renan, a propósito de la oración sobre la Acrópolis, *Correspondance*, IV, citado por A. Cassagne, *op. cit.*, p. 394).

entienden asumir explícitamente una función social, ya se trate de glorificar los valores burgueses o de instruir a las masas en los principios republicanos o socialistas.[17]

El arte por el arte, es decir el arte para el artista, el arte en el que el arte del artista constituye la única materia y en el cual la comunidad artística es el único destinatario, es un arte para nada, un arte sobre nada, como lo dice expresamente un texto frecuentemente citado de Flaubert: "Lo que me parece bello, lo que quisiera hacer, es *un libro sobre nada, un libro sin lazo exterior*, que se mantuviera a sí mismo por la fuerza interna de su estilo, como la tierra sin ser sostenida se mantiene en el aire, un libro que no tuviera casi tema, o al menos donde el tema fuera casi invisible, si esto se puede. Las obras más bellas son aquellas en las que hay menos materia (...), siendo el estilo por sí solo una manera absoluta de ver las cosas".[18] Como lo revela la metáfora, la utopía de "la *intelligentsia* sin ataduras ni raíces" supone la ignorancia del campo de las fuerzas de gravitación que comandan también las prácticas y las ideologías de los intelectuales, y que no se develan jamás tan manifiestamente como en el esfuerzo desesperado por negarlas produciendo un *discurso socialmente utópico*. ¿Cuál es, en efecto, el principio de la escritura reducida a un puro ejercicio de estilo sino la voluntad encarnizada por desterrar del discurso todas las *marcas sociales*, comenzando por las "ideas recibidas", lugares comunes donde todo un grupo se reúne para reafirmar su unidad reafirmando sus valores y creencias propias y donde se revelan infaliblemente la posición social y la identificación satisfecha a esta posición de los que las profesan? El arte "puro" es el resultado inevitable del esfuerzo por vaciar el discurso de todo lo social no-pensado, tanto de los automatismos del lenguaje

17. "Yo me meto en mi agujero y, aunque el mundo se desplome, no me muevo de ahí. La acción (cuando no es furiosa) se me torna cada vez más antipática" (G. Flaubert, carta del 4 de setiembre de 1850, citada por P. Lidsky, p. 34). "Los ciudadanos que se enardecen por o contra el Imperio o la República me parecen tan útiles como los que discutían sobre la gracia eficaz o la gracia eficiente. ¡La política está muerta, como la teología!" (G. Flaubert, carta a George Sand, fines de junio de 1869, citada por P. Lidsky, *ibid.*).

18. G. Flaubert, *Correspondance*, carta a Louise Colet, 16 de enero de 1852. Se lee lo mismo en una carta del 15 de julio de 1839: "¡Pensaba que me iban a venir pensamientos, y no me ha venido nada, ya ya, sí sí! Estoy francamente molesto pero no es mi culpa, no tengo el espíritu filosófico como Cousin, o Pierre Leroux, Brillat-Savarin o Lacenaire". O aún: "La tontería consiste en querer concluir. ¿Cuál es el espíritu un poco fuerte que haya concluido? Contentémonos del cuadro, es también bueno" (citado por A. Cassagne, *op. cit.*, p. 263).

cuanto de las significaciones reificadas que él vehiculiza; el rechazo de lo que Flaubert llama la "tontería" (y, Sartre, en la época de *El ser y la nada*, "el espíritu serio") –es decir, la adhesión indiscutida y asegurada a las banalidades, católicas o volterianas, materialistas o espiritualistas, en las cuales y por las cuales las diferentes fracciones dominantes se reconocen–, conduce necesariamente a un discurso que, al excluir todo objeto, no puede tener otro objeto que el discurso mismo: pretender hablar rechazando decir algo, es condenarse a hablar para no decir nada, a hablar para decir nada, a hablar por hablar, en resumen, al culto puro de la forma.[19] Desde ese momento, la carrera está abierta a una investigación propiamente estética, estimulada o determinada por la concurrencia entre los artistas por el reconocimiento de la originalidad y, de ese modo, de la rareza y del valor propiamente estéticos del producto y del productor; y la lógica de la disimilación que caracteriza el campo intelectual y artístico condena a los escritores y a los artistas a romper continuamente con las normas estéticas en vigor, las únicas que son efectivamente dominadas por los consumidores potenciales, si uno exceptúa a los otros artistas, predispuestos a comprender, si no las nuevas obras así producidas, al menos la intención de la ruptura con las normas establecidas. Cuanto más obedece la producción artística sólo a las exigencias internas de la comunidad de los artistas, más las obras ofrecidas –que, en cuanto bienes simbólicos tienen por característica específica no poder ser consumidas sino por los detentadores del código necesario para descifrarlas (es decir, los detentadores de las categorías de percepción y de apreciación adquiridas en y por la frecuentación a obras producidas conforme a esas categorías) y que han sido producidas al precio de la negación de las normas de producción anteriores y de las categorías de percepción correspondientes–, exceden las capacidades de recepción de los consumidores potenciales (es decir, de los "burgueses") y más posibilidades de ser mayor tiene el desfasaje temporal entre la oferta y la demanda. La mística de la salvación en el más allá y el tema del "artista maldito" podrían no ser sino la retraducción ideológica de la contradicción que habita en este nuevo modo de producción y de circulación de los bienes artísticos, y que condena a los sostenedores del arte por el

19. Es una lógica análoga la que conduce a la pintura moderna a inscribir en el lenguaje mismo de la obra una interrogación sobre el lenguaje de la obra, sea por la destrucción sistemática de las formas convencionales del lenguaje, sea por un uso ecléctico y cuasi-paródico de formas de expresión tradicionalmente exclusivas, sea simplemente por el desencantamiento que produce la atención dirigida a la forma en sí misma.

arte, forzados a producir de alguna manera su propio mercado, a una remuneración diferida, a diferencia de los "artistas burgueses", asegurados por un mercado inmediato.

Así como los sostenedores del arte por el arte estaban predispuestos, por su posición en la estructura del campo intelectual, a sentir y a expresar de manera particularmente aguda las contradicciones inherentes a la posición de la fracción de los artistas en la estructura de las clases dominantes, igualmente Flaubert –cuyas tomas de posición políticas y estéticas son literalmente intercambiables con las de los escritores situados en la misma posición[20] y que tiene en común, con ellos, todas o parte de las características fundamentales de origen y de formación–,[21] estaba de alguna manera predispuesto a entrar en el campo del arte por el arte, en razón de la homología evidente que se establece entre la estructura de la relación entre la fracción de los artistas y las fracciones dominantes de la clase dominante y la estructura de la relación que él mantiene desde la infancia con su familia y, más tarde, con su clase de origen y con el porvenir objetivo que deriva de ella, bajo la forma de la relación vivida con su padre y con su hermano mayor. De ese modo se explica que las informaciones más pertinentes sociológicamente, que Sartre desprende de la biografía de Flaubert, aparezcan de alguna manera como redundantes, hasta en los detalles, con relación a las que construye un análisis de la posición y de las tomas de posición de la Escuela del arte por el arte *en su conjunto*. Redundante, la relación que Flaubert mantiene con su medio familiar, con su clase de origen y, en general, con sus educadores, y

20. Por el único efecto del agrupamiento temático, la admirable obra de Albert Cassagne (ya citada) da una prueba aplastante de ello (cf., por ejemplo, los juicios sobre el sufragio universal o sobre la instrucción del pueblo, en pp. 195-198).

21. Sólo la hipótesis de "la armonía preestablecida" entre la posición y el que la ocupa, entre el profesional y su profesión, permite comprender las muy numerosas "coincidencias" que se observan entre las características sociales y escolares de los miembros de la Escuela del arte por el arte: casi todos provenientes de familias de grandes médicos de provincia (Bouilhet, Flaubert, Fromentin) o de pequeños nobles provincianos (Théodore de Banville, Barbey d'Aurevilly, les Goncourt), casi todos han seguido o emprendido estudios de derecho (Banville, Barbey d'Aurevilly, Baudelaire, Flaubert, Fromentin, Leconte de Lisle) y los biógrafos observan para tal o cual de ellos que su padre "quería para él una alta posición social" o "quería que él fuese médico". Estas pocas indicaciones deberán, evidentemente, ser precisadas por análisis más profundos. Pero se puede observar también que los "artistas burgueses" parecen provenir más bien de la burguesía "de negocios" que de la burguesía "intelectual", mientras que los sostenedores del "arte social", sobre todo desde 1850, provienen en buena parte de las clases medias e incluso populares.

que tiene por principio, según Sartre, el resentimiento del hijo o del colegial desconocido: "El está fuera y dentro (...). Mientras esta burguesía se le manifiesta como medio familiar, él no deja de exigir, al mismo tiempo, que ella lo *reconozca* y lo *integre*".[22] "Excluido y comprometido, víctima y cómplice, sufre a la vez de su exclusión y de su complicidad".[23] He aquí la relación de la fracción de los artistas y, particularmente, de los sostenedores del arte por el arte, con las fracciones dominantes. Redundante, la relación que Gustave mantiene con su hermano Achille, realización objetiva de la probabilidad objetiva de carrera acorde a su categoría: "Es el hermano mayor Achille, cubierto de honores, es el joven heredero imbécil que se felicita de una herencia que no merece, es el médico serio que razona en la cabecera de un moribundo que no sabe salvar, es el ambicioso que quiere el poder y se contentará con la legión de honor (...) Pasará a ser Henry al fin de la primera *Education* (...): 'El porvenir es suyo, esa es la gente que deviene poderosa' ".[24] He aquí la relación de los sostenedores del arte por el arte con los "artistas burgueses", "a los cuales envidian a veces los éxitos, la fama ruidosa y también las ganancias".[25]

Si uno se pregunta más bien cuáles eran las condiciones más específicas que debían cumplir los miembros de la Escuela del arte por el arte para ocupar la posición que les reservaba el campo, se ve que, de todas las características biográficas, la más importante es, sin duda, que ellos eran burgueses, y burgueses "descarriados", más que desclasados. Era necesario ser burgués, por lo tanto disponer de los recursos necesarios para poder resistir a la solicitud directa de la demanda[26] y esperar las remuneraciones materiales y simbólicas *necesariamente diferidas* (a veces hasta los últimos años de la vida y aún más allá) que el mercado de los bienes simbólicos puede ofrecer a los artistas que rechazan plegarse a las exigencias inmediatas del público burgués: "Flaubert, dice Théophile Gautier a Feydeau, ha tenido más ingenio que nosotros, ha tenido la inteligencia de venir al mundo con un cierto patrimonio, *cosa que es*

22. J. P. Sartre, *op. cit.*, p. 1933.
23. *Ibid.*, p. 1949.
24. *Ibid.*, pp. 1943-1944.
25. A. Cassagne, *op. cit.*, p. 139.
26. Todo parece indicar que por no disponer de las protecciones y de las seguridades de las cuales estaban dotados los escritores del arte por el arte, muchos escritores de la bohemia, provenientes de las clases medias o populares y provistos de una formación escolar menos completa, han terminado por ceder a las solicitaciones del mercado y por sacrificarse a formas de artes menos exigentes, pero más remuneradoras.

absolutamente indispensable para quien quiere hacer arte".[27] Si, como los escritores, los pintores más innovadores del siglo XIX provienen en su mayoría de las clases privilegiadas, es quizás porque sus familias y ellos mismos eran más aptos y estaban más dispuestos a realizar esta suerte de inversión muy azarosa y a muy largo plazo que representa el hecho de entrar en una carrera de artista. En efecto, ¿no es significativo que Manet y Degas, provenientes de la burguesía parisina, no hayan tenido que sufrir de sus padres las amonestaciones y las amenazas apenas veladas con las cuales los padres de Cézanne y sobre todo de Monet, que pertenecen respectivamente a la mediana y a la pequeña burguesía de provincia, acompañaban sus entregas de fondos? En efecto, era necesario también ser burgués "descarriado", es decir, en ruptura con las normas y los valores de su clase y, sobre todo, con las posibilidades de carrera objetivamente ligadas a su posición, para, a la vez, estar poco dispuesto a responder a las expectativas del público burgués y quizás, en todo caso, ser poco capaz de satisfacerlas –como lo testimonian por ejemplo, los fracasos de los sostenedores del arte por el arte en teatro.

Para dar razón de esta suerte de armonía preestablecida entre las posiciones ofrecidas por el campo y los que las han tomado, no hay necesidad de invocar el trabajo de la conciencia o la iluminación de la intuición que uno pone comúnmente bajo el término de "vocación", simple transfiguración ideológica de la relación que se establece objetivamente entre una categoría de agentes y un estado de la demanda objetiva o, si se quiere, del mercado de trabajo, y que se realiza en una carrera por la intermediación del sistema de disposiciones producidas por la interiorización de un tipo determinado de condiciones objetivas, que encierran un tipo determinado de posibilidades objetivas. Las prácticas más deliberadas o las más inspiradas siempre toman en cuenta objetivamente el sistema de las posibilidades y de las imposibilidades objetivas que define el porvenir objetivo y colectivo de una clase, y que vienen a especificar los factores secundarios que determinan un tipo particular de *desviación* por relación al haz de trayectorias características de la clase, por ejemplo, en el caso de Flaubert, "burgués descarriado", la *relación con*

27. Citado por A. Cassagne, *op. cit.*, p. 218. "Flaubert, Th. Gautier, Th. De Banville son gente de familias de buena posición, con un nivel de vida cómodo, y cuando no son, como Baudelaire y Th. Gautier, mediocres o malos administradores de su buena posición, casi ricos. Sin duda, Leconte de Lisle, Louis Ménard, Bouilhet, tuvieron muchos días muy duros y una juventud difícil, pero su situación se mejoró" (A. Cassagne, *op. cit.*, p. 333).

el padre en la cual se sintetizan todas las características específicas de sus condiciones primarias de formación (su posición de hijo menor, su éxito escolar juzgado mediocre con relación al de su hermano, etc.), y a través de la cual se constituye el principio inconsciente de su relación práctica con sus posibilidades individuales, con sus posibilidades objetivamente ligadas a su clase social y con el desfasaje a la vez rechazado y asumido, escandaloso y reivindicado, entre unas y otras. El principio unificador y generador de todas las prácticas y, en particular, de esas orientaciones que se describen comúnmente como "elecciones" de la "vocación", cuando no como efectos de la "toma de conciencia", no es otra cosa que el habitus, sistema de disposiciones inconscientes, que es el producto de la interiorización de las estructuras objetivas y que, en tanto que lugar geométrico de los determinismos objetivos y de una determinación del porvenir objetivo y de las esperanzas subjetivas, tiende a producir prácticas y, por ello, carreras objetivamente ajustadas a las estructuras objetivas.[28]

28. Es aquí donde un análisis estadístico rigurosamente subordinado al análisis estructural toma todo su valor: si consideramos sólo la posición, se nos presentan dificultades para mostrar de qué manera o, más exactamente, siguiendo cuál manera de marchar.

Una interpretación de la teoría de la religión según Max Weber*

Por una paradoja, enteramente conforme a la teoría weberiana de la relación entre las intenciones de los agentes y el sentido histórico de sus acciones, la contribución más importante que Max Weber haya aportado a la sociología de la religión se sitúa, sin duda, sobre un terreno muy diferente que el que eligió para su enfrentamiento de toda una vida con Marx. Si, en su esfuerzo obstinado por establecer la eficacia histórica de las creencias religiosas contra las expresiones más reductoras de la teoría marxista, Max Weber es conducido a veces a una exaltación del carisma que, como se ha observado, evoca una filosofía "heroica" de la historia a la manera de Carlyle, por ejemplo, cuando designa el jefe carismático como "la fuerza revolucionaria específicamente 'creadora' de la historia",[1] no es menos cierto que él mismo proporciona el medio para escapar de la alternativa simplista de la cual son el producto sus análisis más inseguros; es decir, de la oposición entre la ilusión de la autonomía absoluta que lleva a concebir el mensaje religioso como surgimiento inspirado, y la teoría reductora que hace de él el reflejo directo de las condiciones económicas y sociales: pone en evidencia, en efecto, lo que

* "Une intérpretation de la théorie de la religion selon Max Weber", *Archives européennes de sociologie*, XII, 1, 1971, pp. 3-21.

1. Max Weber, *Wirtschaft und Gesallschaft*, Cologne/Berlín, Kiepenheuer und Witsch, 1964, Tomo II, p. 837. [*Economía y Sociedad*, México, FCE, 1944].

las dos posiciones opuestas y complementarias olvidan por igual, a saber, el *trabajo religioso* que realizan los agentes y los portavoces especializados, investidos del poder, institucional o no, de responder, con un tipo determinado de prácticas o de discurso, a una categoría particular de necesidades propias de grupos sociales determinados.

Pero, para ir hasta el fin de la vía que indica Max Weber (quedando deliberadamente en los límites de una *interpretación*, tan libre como sea), en primer lugar es necesario allanar las dificultades que encuentra en su tentativa por definir los "protagonistas" de la acción religiosa, profeta, mago y sacerdote. Estas dificultades, de las cuales testimonian sus largas enumeraciones de excepciones, tienen todas por principio su concepción del "tipo ideal", que lo lleva ya a contentarse con definiciones universales pero de una extrema pobreza (por ejemplo, "el ejercicio regular del culto" como signo distintivo del sacerdocio), ya a acumular las características discriminantes reconociendo que "ellas no son claramente definibles" y que jamás se encuentran universalmente (incluso en estado separado) y a admitir todas las transiciones reales entre tipos conceptuales reducidos a simples sumas de rasgos distintivos.[2] Sin embargo, basta con ver otra cosa que simples transiciones retóricas, en las últimas líneas de cada uno de los parágrafos que dividen el capítulo "Tipos de comunidad religiosa" de *Wirtchaft und Gesellschaft*, para asir la intención profunda de la investigación weberiana.[3] Sea, al final del parágrafo 2, consagrado al mago y al profeta:

> *"Este desarrollo presupone más bien –no sin excepción– que intervienen fuerzas extrasacerdotales: por un lado, el portador de 'revelaciones' metafísicas o ético-religiosas: el profeta; por otro, la colaboración de todos los que participan*

2. *W.G.*, t. I, p. 355: "La oposición es en la realidad bastante fluida, como para todos los fenómenos sociológicos. Los criterios de diferenciación conceptual no son claramente definibles (...). Esta oposición, clara sobre el plano conceptual, es 'fluida' en la realidad. (...) La distinción deberá ser encontrada cualitativamente, caso por caso (...)".

3. Este análisis se apoya principalmente en el capítulo de *Wirtschaft und Gesellschaft*, que está expresamente consagrado a la religión (*W.G.*, pp. 317-488), y en la sección VII de la sociología del poder, titulada "Poder político y poder hierocrático" (*W.G.*, pp. 874-922), textos que han sido escritos entre 1911 y 1913; y también, secundariamente, en textos posteriores a 1928, como el parágrafo 8 del capítulo I, titulado "El concepto de lucha" (*W.G.*, pp. 27-29) o el parágrafo 17 del mismo capítulo, titulado "Grupo político y grupo hierocrático" (*W.G.*, pp. 39-43). Se ha renunciado, para evitar sobrecargar el análisis, remitir, en particular para ilustraciones históricas, a los *Gesammelte Aufsätze zur Religionssoziologie* (Trad. esp. *Ensayos sobre sociología de la religión*, Madrid, Taurus, 1986).

del culto sin ser sacerdotes: los 'laicos'. Antes de examinar cómo, bajo la influencia de estos factores extrasacerdotales, las religiones han llegado a superar, en su desarrollo, los diferentes grados de magia que se observan en todas partes bajo formas completamente semejantes, debemos considerar algunas tendencias de evolución típicas, que están determinadas por la presencia de sacerdotes interesados en un culto" (pp. 336-337).[4]

Asimismo, al final del parágrafo 3:

"Profetas y sacerdotes son los dos agentes de la sistematización y de la racionalización de la ética religiosa. Pero un tercer factor muy importante interviene también en este proceso; se trata de la influencia de aquellos sobre quienes los profetas y el clero buscan actuar éticamente, es decir los laicos. Debemos examinar, de modo general, las acciones paralelas y opuestas de estos tres factores" (p. 346).

Al final del parágrafo 4, consagrado al profeta, Max Weber insiste todavía sobre la necesidad de captar las diferentes instancias en su interacción: "Es por esta razón que debemos examinar las relaciones recíprocas entre los sacerdotes, los profetas y los no-sacerdotes" (p. 355). En fin, en el parágrafo 5 consagrado a la comunidad (*Gemeinde*), se lee:

"Las tres fuerzas que actúan en la esfera de los laicos y con las cuales el clérigo debe contar son la profecía, el tradicionalismo laico y el intelectualismo laico. En sentido opuesto a estas fuerzas, se ejercen las necesidades y las tendencias de la profesión sacerdotal, en cuanto tal, en cierto modo como una fuerza codeterminante esencial" (p. 359).

Basta relacionar estos diferentes pasajes y darles su plena significación para extraer, por una primera ruptura con la metodología explícita de Max Weber, una representación que se puede llamar *interaccionista* (en el sentido en que actualmente se habla de *symbolic interactionism*) de las relaciones entre los agentes religiosos. Si esta representación debe ser descubierta entre líneas, con una lectura que tiende a modificar el peso relativo que el autor mismo

4. Los números de páginas puestos entre paréntesis sin otra indicación remiten a *Wirtschaft und Gesellschaft*, edición citada.

confiere a los diferentes aspectos de su análisis, es porque, aparentemente, los instrumentos de pensamiento de los que disponía Max Weber obstaculizaban la toma de conciencia completa y sistemática de los principios que ponía en juego (al menos con intermitencia) en su investigación, y que, por ello, no podían ser objeto de una utilización metódica y sistemática. La reformulación de los análisis weberianos en el lenguaje del interaccionismo simbólico es tanto más fácil y, parece, legítimo cuanto que no habría dificultad para desprender de los escritos teóricos de Max Weber los principios, explícitamente expresados, de una teoría de la interacción simbólica.

Pero, para ver desaparecer completamente las dificultades que Max Weber ha encontrado, es necesario operar una segunda ruptura y *subordinar* el análisis de la *lógica de las interacciones* –que pueden establecerse entre agentes directamente en presencia– y, en particular, las estrategias que ellos se oponen, a la construcción de la estructura de las relaciones objetivas entre las posiciones que ellos ocupan en *el campo religioso*, estructura que determina la forma que pueden tomar sus interacciones y la representación que pueden tener de ellas. En la medida en que apunta a asir *de golpe*, en las prácticas y las representaciones mismas, todo lo que esas prácticas y esas representaciones deben a la lógica de las interacciones simbólicas y, especialmente, a la representación que los agentes pueden hacerse, por anticipación o por experiencia, de la acción de los otros agentes a los cuales están directamente confrontados, la visión estrictamente interaccionista de las relaciones sociales constituye, sin ninguna duda, el obstáculo epistemológico más temible, que impide el acceso a la construcción de las relaciones objetivas, en la medida en que rebaja las relaciones entre posiciones al plano de las relaciones "intersubjetivas" o "interpersonales" entre los agentes que ocupan esas posiciones.[5] Por el contrario, la construcción del sistema completo de las relaciones objetivas entre las posiciones (cf. el esquema) conduce al principio de las relaciones directas entre los agentes, sin dispensar, sin embargo, someter la forma que revisten esas

5. Entre las omisiones que resultan del hecho de que, al no haber construido el campo religioso en cuanto tal, Max Weber presenta una serie de puntos de vista yuxtapuestos que son tomados cada vez a partir de la posición de un agente particular. La más significativa es, sin duda, la ausencia de toda referencia explícita a la relación estrictamente objetiva (ya que se establece más allá del tiempo y del espacio) entre el sacerdote y el profeta de origen y, al mismo tiempo, de toda distinción clara y explícita entre los dos tipos de profecías con las cuales todo sacerdocio debe contar, la profecía de origen, de la cual perpetúa el mensaje y de la cual tiene su autoridad, y la profecía concurrente, que combate.

relaciones, y las estrategias en las cuales se realizan, a un análisis que en lo sucesivo no está más amenazado por la abstracción psicológica.

1. Las interacciones simbólicas que se instauran en el campo religioso deben su forma específica a la naturaleza particular de los *intereses* que allí se encuentran en juego o, si se prefiere, a la especificidad de las *funciones* que cumple la acción religiosa, por una parte para los laicos (y, más precisamente, para las diferentes categorías de laicos), y, por otra parte, para los diferentes agentes religiosos.

2. El campo religioso tiene por función específica la de satisfacer un tipo particular de interés: i. e. el *interés religioso* que lleva a los laicos a esperar de ciertas categorías de agentes que realicen "acciones mágicas o religiosas", acciones fundamentalmente "mundanas" y prácticas, realizadas "a fin de que todo vaya bien para ti y que vivas largo tiempo sobre la tierra", como dice Weber.[6]

No puede darse de la necesidad religiosa sino una definición muy pobre y muy vaga, mientras no se especifique esa necesidad (y la función correspondiente del campo religioso) en función de los diferentes grupos o clases y de sus intereses religiosos. Max Weber no ha elaborado una teoría semejante de las "constelaciones de interés", específicas en materia de religión, y esto aunque, en el análisis de los casos particulares, no pueda contentarse con una definición tan reducida de la función de la actividad religiosa y esté obligado a precisarla tomando en cuenta los intereses propios de cada grupo profesional o de cada clase.[7]

2.1 Los *intereses mágicos* se distinguen de los intereses propiamente religiosos por su carácter *parcial* e *inmediato*, y, cada vez más frecuentes a medida que se desciende en la jerarquía social, se encuentran sobre todo en las clases populares y, especialmente, entre los campesinos ("cuya suerte está estrechamente ligada a la naturaleza, fuertemente dependiente de los procesos orgánicos y poco disponible, desde el punto de vista económico, para una sistematización racional").

6. Según los términos de la promesa hecha a los que honran a sus parientes: *W.G.*, p. 317.

7. Es en particular el objeto del parágrafo 7, titulado "Grupos de status (*Stände*), clases y religión" *W.G.*, pp. 368-404. Se encontrará, también, otro análisis de las diferencias entre los intereses religiosos de los campesinos y de los pequeños burgueses ciudadanos, en el capítulo titulado "Poder hierocrático y poder político". *W.G.*, t. II, pp. 893-895.

Cuanto más grande es el peso de la tradición campesina en una civilización, más se orienta hacia la magia la religiosidad popular: el campesinado, que está comúnmente encerrado en el ritualismo meteorológico o animista, tiende a reducir la religiosidad ética a una moral estrictamente formalista del *do ut des* (tanto con respecto al dios como con respecto al sacerdote), salvo cuando está amenazado de esclavitud o de proletarización (pp. 368-369). Al contrario, la ciudad y las profesiones urbanas constituyen las condiciones más favorables para la "racionalización" y la "moralización" de las necesidades religiosas. "La existencia económica de la burguesía descansa, como lo observa Weber, sobre un trabajo más *continuo* (comparado al carácter estacional del trabajo agrícola) y más *racional* (o, al menos, más racionalizado sobre el modo empírico)... Eso permite esencialmente prever y 'comprender' la relación entre fin, medios y éxito o fracaso". A medida que desaparece "la relación inmediata con la realidad plástica y vital de las potencias naturales", "estas potencias, al dejar de ser inmediatamente inteligibles, se transforman en problemas" y "la cuestión racionalista del 'sentido' de la Existencia" comienza a plantearse, mientras que la experiencia religiosa se depura y las relaciones directas con el cliente introducen valores morales en la religiosidad del artesano (p. 893).

2.1.1 El proceso de moralización y de sistematización que conduce de la magia a la religión o, si se quiere, del tabú al pecado, depende no solamente de los intereses de los "dos protagonistas de la sistematización y de la racionalización que son el profeta y el clérigo", sino también de las transformaciones de la condición económica y social de los laicos.

Así, el progreso hacia el monoteísmo se encuentra frenado, según Max Weber, por dos factores: por una parte, los "poderosos intereses ideales y materiales del clero, interesado en el culto de los dioses particulares", por eso hostiles al proceso de "concentración" que hace desaparecer las pequeñas empresas de salvación; y, por otra parte, "los intereses religiosos de los laicos por un objeto religioso próximo, que puede ser influenciado mágicamente" (p. 332). Inversamente, es porque la acción de un conjunto de factores convergentes ha podido superar estos obstáculos, que el culto de Yahvé ha terminado por triunfar sobre las tendencias al sincretismo que parecían prevalecer en la antigua Palestina: las condiciones políticas que devienen cada vez más difíciles, los judíos que no podían esperar más que su conformidad a los mandantes divinos un mejoramiento futuro de su suerte, vinieron a juzgar poco satisfactorias las diferentes formas tradicionales del culto y, particularmente, los oráculos a las respuestas ambiguas y enigmáticas, de manera que se hizo sentir la necesidad de métodos más racionales para conocer la voluntad divina, y de sacerdotes capaces de practicarlos; en este caso, el conflicto entre esta demanda colectiva –que coincidía de hecho con el interés objetivo de los Levitas, ya que tendía a excluir todos los cultos concurrentes– y los intereses particulares de los sacerdotes de los numerosos santuarios privados, encontró en la organización centralizada y jerarquizada del sacerdocio una solución, encaminada a preservar los derechos de todos los sacerdotes sin contradecir la instauración de un monopolio del culto de Yahvé en Jerusalem.

2.2 Se puede hablar de intereses propiamente religiosos (definidos todavía en términos genéricos) cuando, al lado de las demandas mágicas que siempre subsisten, al menos en ciertas clases, aparece una demanda propiamente *ideológica*: la expectativa de un mensaje sistemático capaz de dar un *sentido unitario* a la vida, proponiendo a sus destinatarios privilegiados una visión coherente del mundo y de la existencia humana, y dándole los medios de realizar la integración sistemática de su conducta cotidiana, así pues, capaz de proporcionarles *justificaciones de existir* como existen: es decir, *en una posición social determinada.*[8]

Si hay funciones sociales de la religión y si, en consecuencia, la religión es susceptible de análisis sociológico, es porque los laicos no esperan –o no solamente– justificaciones de existir adecuadas para separarlos de la angustia existencial de la contingencia y del desamparo, o incluso de la miseria biológica, de la enfermedad, del sufrimiento o de la muerte, sino también, y sobre todo, justificaciones sociales de existir en cuanto ocupante de una posición determinada en la estructura social. Esta definición de la función de la religión no es sino la forma más general de aquella que Max Weber aplica, implícitamente, en sus análisis de las religiones universales: la transmutación simbólica del ser en deber ser que la religión cristiana opera, según Nietzsche,[9] y proponiendo la esperanza de un mundo invertido, donde los últimos serán los primeros, transformando al mismo tiempo los estigmas visibles –tales como la enfermedad, el sufrimiento, la malformación o la debilidad– en

8. *W.G.*, p. 385: "Toda demanda de redención es una expresión de una 'necesidad', y la opresión económica y social es la más importante, si no la única causa de su constitución".

9. F. Nietzsche, *La généalogie de la morale*, París, Mercure de France, 1948 (trad. esp. *La genealogía de la moral*, Madrid, Alianza, 1989); Weber, *W.G.*, pp. 386-391 y II, p. 685.

signos enunciatorios de la elección religiosa, es el principio de todas las teodiceas sociales, que justifican el orden establecido de manera directa e inmediata, como la doctrina del *karma*, justificando la calidad social de cada individuo en el sistema de las castas por su grado de calificación religiosa en el ciclo de las transmigraciones o, de manera más indirecta, como las soteriologías del más allá, prometiendo una subversión póstuma de este orden.

2.2.1 En tanto que los intereses religiosos (por lo menos en lo que tienen de pertinente para la sociología) tienen por principio la necesidad de justificaciones de existir en una posición social determinada, los mismos están directamente determinados por la situación social, y el mensaje religioso más capaz de satisfacer la demanda religiosa de un grupo –por lo tanto, de ejercer sobre él su acción propiamente simbólica de movilización–, es aquel que le aporta un (cuasi) sistema de justificaciones de existir como ocupante de una posición social determinada.

La armonía casi milagrosa que se observa siempre entre el contenido del mensaje religioso que llega a imponerse y los intereses más estrictamente temporales –es decir, políticos– de sus destinatarios privilegiados, se deduce de la definición propiamente sociológica del mensaje religioso, en la medida en que constituye una condición *sine qua non* de su éxito. Así, por ejemplo, Max Weber observa que "conceptos tales como 'culpa', 'redención', 'humildad' religiosas son no sólo extraños sino antinómicos al sentimiento de dignidad propios de todas las capas políticamente dominantes y en particular de la nobleza guerrera" (p. 371).

> *"Si se quiere caracterizar con una palabra a los grupos sociales que han sido los propagadores de las religiones universales, se puede indicar: para el confucionismo, el burócrata ordenador del mundo; para el hinduismo, el mago ordenador del mundo; para el budismo, el monje mendigo errante por el mundo; para el Islam, el guerrero conquistador del mundo; para el judaísmo, el comerciante ambulante; para el cristianismo, el artesano itinerante: todos estos grupos actúan, no como los portavoces de sus 'intereses de clase' profesionales o materiales, sino en cuanto* portadores ideológicos (ideologische Träger) *del tipo de ética o de doctrina de la salvación que armonizaba mejor con su posición social" (pp. 400-401).*[10]

10. Destacado mío.

2.2.2 Las demandas religiosas tienden a organizarse alrededor de dos grandes tipos, que corresponden a los dos grandes tipos de situaciones sociales: las *demandas de legitimación* del orden establecido propias de las clases privilegiadas, y las *demandas de compensación* propias de las clases desfavorecidas (religiones de salvación).

Max Weber encuentra el principio de los sistemas de intereses religiosos en la representación que las clases privilegiadas y las clases "negativamente privilegiadas" se hacen de su posición en la estructura social: mientras que entre unas el sentimiento de la dignidad se arraiga en la convicción de su propia "excelencia", de la perfección de su modo de vida, "expresión de su *'ser' cualitativo* que es por sí mismo su propio fundamento y no requiere de ningún otro", entre los otros no puede reposar sino sobre una promesa de redención del sufrimiento, y sobre un llamado de la providencia capaz de dar sentido a lo que son a partir de lo que han de ser (p. 385). No es por azar que, en las grandes burocracias políticas, la función de legitimación encuentra su realización al mismo tiempo que su formulación casi explícita y cínica: "La burocracia se caracteriza por un profundo desprecio a toda religiosidad irracional junto a la conciencia de que ella puede ser utilizada como medio de domesticación" (p. 374). Y Max Weber indica en otra parte, casi en los mismos términos, que las grandes potencias hierocráticas (iglesias) están predispuestas a proporcionar al poder político una "fuerza de legitimación" (*legitimierende Macht)* completamente irreemplazable, y que ellas constituyen "un medio inigualable de domesticación de los dominados (*das unvergleichliche Mittel der Domestikation der Beherrschten*)" (p. 891).

2.2.3 Se puede considerar como una variable independiente de la precedente (con la cual es suficiente combinarla para dar razón de demandas religiosas más especificadas, las del "intelectual proletaroide", por ejemplo), la *necesidad de sistematización* que, casi ausente en el campesino, alcanza su intensidad máxima en las capas intelectuales.

> *"En la medida en que está inspirada en una 'necesidad interior', la búsqueda de la salvación presenta, entre los intelectuales, un carácter por un lado más exterior de la vida, por otro más radical y más sistemático que el esfuerzo por liberarse de una 'necesidad externa' tal como se encuentra en las capas no privilegiadas (...). Con el intelectual, y sólo con él, la concepción del mundo se convierte en un problema de* sentido. *Cuanto más rechaza el intelectualismo las creencias mágicas y desencanta el mundo (que, despojado de su sentido mágico, se contenta con*

'ser' y con 'aparecer' en lugar de 'significar'), más se refuerza y se hace sentir la exigencia de que el mundo y el modo de vida como totalidades estén ordenados de manera significante y dotados de sentido" (p. 396).

3. La concurrencia por el poder religioso debe su especificidad (respecto a la competencia que se establece en el campo político, por ejemplo) al hecho de que pone en juego el *monopolio del ejercicio legítimo del poder de modificar en forma durable y profunda la práctica y la visión del mundo de los laicos,* imponiéndoles e inculcándoles un *habitus religioso* particular: es decir una disposición durable, generalizada y transferible para actuar y para pensar conforme a los principios de una visión (cuasi) sistemática del mundo y de la existencia.

3.1 La naturaleza y la forma de las interacciones directas entre los agentes o las instituciones que están comprometidos en esta concurrencia, los instrumentos y las estrategias que ponen en práctica en esta lucha, dependen del sistema de intereses y de *la autoridad propiamente religiosa* que cada uno debe: (a) a su posición en la división del trabajo de manipulación simbólica de los laicos, y (b) a su posición en la estructura objetiva de las relaciones de autoridad propiamente religiosas que definen el campo religioso.

Por no haber establecido la distinción entre las interacciones directas y la estructura de las relaciones que se establecen objetivamente –en ausencia de toda interacción directa– entre las instancias religiosas, y que dominan la forma que pueden tomar las interacciones (y las representaciones que los agentes pueden hacerse de ellas), Max Weber reduce la legitimidad a las *representaciones de legitimidad.*

3.2 Entre los factores de diferenciación ligados a la división del trabajo religioso, el más poderoso es el que opone los *productores* de los principios de una visión (cuasi) sistemática del mundo y de la existencia: los profetas, a las *instancias de reproducción* (iglesia) organizadas en vistas a ejercer durablemente la acción durable necesaria para inculcar tal visión e investidas de la legitimidad propiamente religiosa que es la condición del ejercicio de esta acción.

3.2.1 El profeta se opone al cuerpo sacerdotal como lo *discontinuo* a lo *continuo,* lo extraordinario (*Ausseralltäglich*) a lo ordinario, lo extra-cotidiano a lo cotidiano, o trivial, en particular en lo que concierne al modo de ejercicio de la acción religiosa, es decir, la estructura temporal de la acción de imposición y de inculcación y los medios que pone en práctica (p. 180).

Se puede leer el parágrafo 10, titulado "Las vías de la redención y su influencia sobre el modo de vida (*Lebensführung*)" como un análisis de los diferentes modos de ejercicio del poder propiamente religioso (pp. 413-447). La acción carismática del profeta se ejerce fundamentalmente por la virtud de la palabra profética, extraordinaria y discontinua, mientras que la acción del sacerdote se ejerce por la virtud de un "método religioso de tipo racional" que debe sus características más importantes al hecho de que se ejerce continuamente, cotidianamente. Correlativamente, "el aparato" del profeta se opone a un aparato administrativo de tipo burocrático tal como la Iglesia, como cuerpo de funcionarios del culto dotados de una formación especializada. Reclutados según criterios carismáticos, los "discípulos" ignoran la "carrera" y las "promociones", las "nominaciones" y las "distinciones", las jerarquías y los límites de competencia.

3.2.2 La profecía no puede cumplir completamente con la pretensión (que implica necesariamente) de poder de modificar durable y profundamente el modo de vida y la visión del mundo de los laicos, sino en la medida en que llega a fundar una "comunidad", ella misma capaz de perpetuarse en una institución apta para ejercer una acción de imposición y de inculcación durable y continua (relación entre la profecía de origen y el cuerpo sacerdotal).

Es necesario que la profecía muera en cuanto tal, es decir, como mensaje de ruptura con la rutina y de contestación del orden ordinario, para sobrevivir en el *hábeas* doctrinal del sacerdocio, moneda cotidiana del capital original del carisma (pp. 355-360).

3.3 La fuerza material o simbólica que las diferentes instancias (agentes o instituciones) pueden movilizar en la lucha por el monopolio del ejercicio legítimo del poder religioso es función, en cada estado del campo, de su *posición en la estructura objetiva de las relaciones de autoridad propiamente religiosa*, es decir, de la autoridad y de la fuerza que han conquistado en esa lucha.

4. La *legitimidad religiosa* en un momento dado del tiempo no es otra cosa que el estado de las relaciones de fuerza propiamente religiosas en ese momento: es decir, el resultado de las luchas pasadas por el monopolio del ejercicio legítimo de la violencia religiosa.

4.1 El *tipo de legitimidad religiosa* que una instancia religiosa puede invocar es función de la posición que ocupa en un estado determinado de las relaciones de fuerza religiosas, en la medida en que esta posición domina la naturaleza y la fuerza de las armas materiales o simbólicas (como el anatema profético y la excomunión sacerdotal) que los diferentes agentes en concurrencia por el monopolio del ejercicio legítimo de la violencia religiosa pueden comprometer en las relaciones de fuerza religiosas.

4.1.1 Mientras que la autoridad del *profeta*, *auctor* cuya *autorictas* requiere ser siempre conquistada o reconquistada, depende de la relación que se establece en cada momento entre la oferta de servicio religioso y la demanda religiosa del público, el *sacerdote* dispone de una *autoridad de función* que le dispensa de conquistar y de confirmar continuamente, y lo pone incluso al abrigo de las consecuencias del fracaso de su acción religiosa.

"En oposición con el profeta, el sacerdote dispensa de los bienes de salvación en virtud de su función. Si la función del sacerdote no excluye un carisma personal, incluso en ese caso, el sacerdote queda legitimado por su función, en cuanto miembro de una asociación de salvación" (p. 337).

Entre todas las características de la práctica y de las ideologías de los diferentes agentes religiosos que derivan de esta oposición, será suficiente mencionar los efectos muy diferentes que puede tener el fracaso de una empresa religiosa (en el sentido amplio) según la posición del agente que lo sufre en las relaciones de fuerza religiosas.

"El fracaso del mago puede ser penado con la muerte. En relación con él, el sacerdote está en posición ventajosa, ya que está en condiciones de arrojar la responsabilidad del fracaso sobre el dios mismo. Pero, al mismo tiempo que el prestigio del dios, es el suyo propio el que disminuye; a menos que los sacerdotes no encuentren un medio de explicar de modo convincente que la responsabilidad del fracaso no incumbe al dios sino al comportamiento de sus fieles. Esto se hace posible mediante la sustitución de la concepción del 'servicio divino' (Gottesdienst) *por la concepción de la 'coerción del dios'* (Gotteszwang) *" (p. 337).*

4.2. Las grandes oposiciones que dividen las potencias sobrenaturales, y las relaciones de fuerza que se establecen entre ellas, expresan, en la lógica propiamente religiosa, las oposiciones entre los diferentes tipos de acción religiosa (que corresponden ellas mismas a posiciones diferentes en la estructura del campo religioso) y las relaciones de fuerza que se establecen en el campo religioso.

La oposición entre los dioses y demonios reproduce la oposición entre la magia como "coerción mágica", y la religión como "servicio divino".

"Se puede designar con el nombre de 'religión' y de 'culto' a las formas de relación con las potencias sobrenaturales que se manifiestan bajo la forma de plegarias, sacrificio, veneración, por oposición a la 'brujería' como 'coerción mágica', y, correlativamente, se pueden llamar 'dioses' los seres que son venerados y conjurados religiosamente, y 'demonios' aquellos que son objeto de una coacción y de una evocación mágica" (p. 334).

Asimismo, la historia de los dioses sigue las fluctuaciones de la historia de sus servidores:

"El desarrollo histórico de esta división (entre la religión y la magia) es debido frecuentemente al hecho de que la supresión de un culto, bajo la acción de un poder mundano o sacerdotal, a favor de una nueva religión, ha reducido los antiguos dioses al estado de 'demonios'" (p. 335).

Otra ilustración: si los sacerdotes tienen el poder de hacer recaer la responsabilidad del fracaso sobre el dios sin devaluarse devaluándolo, y haciendo recaer la responsabilidad sobre los laicos, puede ocurrir que "una veneración renovada y reforzada no sea suficiente y que los dioses del enemigo permanezcan más fuertes" *(p. 337).*

5. Siendo el poder religioso el producto de una transacción entre los agentes religiosos y los laicos, en la cual los sistemas de intereses propios de cada categoría de agentes y de cada categoría de laicos deben encontrar satisfacción, todo el poder que los diferentes agentes religiosos detentan sobre los laicos, y toda la autoridad que detentan en las relaciones de concurrencia objetiva que se establecen entre ellos, encuentran su principio en la estructura de las relaciones de fuerza simbólica entre los agentes religiosos y las diferentes categorías de laicos sobre las cuales se ejerce su poder.

5.1 El poder del profeta tiene por fundamento la fuerza del grupo que moviliza por su aptitud para *simbolizar*, en una conducta ejemplar y/o en un discurso (cuasi) sistemático, los intereses propiamente religiosos de laicos que ocupan una posición determinada en la estructura social.

Además de llegar a caer en la representación ingenua del carisma como cualidad misteriosa de la persona o don natural ("el poder carismático subsiste en virtud de una sumisión afectiva a la persona del amo y a sus dones de gracia –carisma–, cualidades mágicas, revelaciones o heroísmo, potencia del espíritu o del discurso"), Max Weber, incluso en sus escritos más rigurosos, no propone sino una teoría psico-sociológica del carisma como relación vívida del público con el personaje carismático: "Por 'carisma' debe entenderse una cualidad *considerada como* extraordinaria (...) que es *atribuida* a una persona. Esta es *considerada como* dotada de fuerza y de propiedades sobrenaturales o sobrehumanas o al menos excepcionales" (p. 179). La legitimidad carismática no tiene otro fundamento, puede verse, que un acto de "reconocimiento". Para romper con esta definición, es necesario considerar la relación entre el profeta y los discípulos laicos como un caso particular de la relación que se establece, según Durkheim, entre un grupo y sus símbolos religiosos: el emblema no es un simple signo que expresa "el sentimiento que la sociedad tiene de sí misma", "constituye" ese sentimiento. Como el emblema, la palabra y la persona proféticas simbolizan las representaciones colectivas, porque han contribuido a constituirlas. Porque lleva al nivel del discurso o de la conducta ejemplar representaciones, sentimientos y aspiraciones que le preexistieron pero en estado implícito, semiconsciente o inconsciente, en resumen, porque realiza en su discurso y en su persona como *palabras ejemplares*, el reencuentro de un significante y de un significado preexistentes ("Tú no me buscarías si no me hubieras encontrado"), el profeta, ese individuo aislado, sin pasado, desprovisto de toda otra fianza que él mismo ("Está escrito (...) pero yo le digo (...)"), puede actuar como fuerza organizadora y movilizadora.[11]

Es, pues, a condición de pensar el profeta en su relación con los laicos (relación evidentemente inseparable de su relación con el sacerdocio que él impugna) que se puede resolver el problema de la *acumulación inicial del capital de poder simbólico* que Max Weber resolvía por la invocación (paradojal de su parte) de la naturaleza. Pero, por otra parte, no es legítimo reducir el éxito de la profecía a la cuestión de la comunicación entre el profeta y los laicos y del efecto propio de la toma de conciencia y de la explicitación proféticas, sino a condición de interrogarse sobre las condiciones económicas y sociales de la instauración y de la eficacia de este tipo particular de comunicación.

11. Sobre el "carisma de la palabra" y sus efectos en diferentes contextos sociales y en particular en la democracia electoral, ver *W.G.*, t. II, p. 849.

En cuanto discurso de ruptura y de crítica –que no puede encontrar sino en la invocación de su inspiración carismática la *justificación ideológica* de su pretensión a impugnar la autoridad de las instancias detentadoras del monopolio del ejercicio legítimo del poder simbólico–, el discurso profético tiene mayores probabilidades de aparecer en los períodos de crisis abierta o larvada, que afectan, ya sea a sociedades enteras, ya sea a ciertas clases, es decir, en los períodos en que las transformaciones económicas o morfológicas determinan, en tal o cual parte de la sociedad, el hundimiento, el debilitamiento o la obsolescencia de las tradiciones o de los sistemas de valores que proporcionaban los principios de la visión del mundo y del modo de vida. Así, como los observaba Marcel Mauss, "hambres, guerras, suscitan profetas, herejías; contactos violentos afectan incluso la distribución de la población, la naturaleza de la población, mestizajes de sociedades enteras (es el caso de la colonización) hacen surgir fuerte y precisamente nuevas ideas y nuevas tradiciones (...). No es necesario confundir estas causas colectivas, orgánicas, con la acción de los individuos que son los *intérpretes* más que los amos. No hay pues que oponer la invención individual a la costumbre colectiva. *Constancia y rutina pueden ser cosa de los individuos, innovación y revolución pueden ser obra de los grupos*, de los sub-grupos, de las sectas, de los individuos que actúan por y para los grupos".[12] Y, para terminar completamente con la representación del carisma como propiedad ligada a la naturaleza de un individuo singular, sería necesario todavía determinar, en cada caso particular, las características sociológicamente pertinentes de una biografía singular que hacen que tal individuo se encuentre *socialmente* predispuesto a experimentar y a expresar con una fuerza y una coherencia particulares disposiciones éticas o políticas ya presentes, en estado implícito, entre todos los miembros de la clase o el grupo de sus destinatarios.

5.1.1 Por el hecho de que el discurso profético es producido en y para una transacción directa con los laicos, la (cuasi) sistematización que realiza está "dominada no por exigencias de coherencia lógica sino por *evaluaciones prácticas*" (p. 354).

Si, agrupándolas en un (cuasi) sistema dotado de sentido y donante de sentido, la profecía legitima prácticas y representaciones que no tienen en

12. Marcel Mauss, *Oeuvres*, París, Ed. de Minuit, 1969, t. III, "Cohesión social y divisiones de la sociología", pp. 333-334. (Destacado mío.)

común más que el ser engendradas por el mismo habitus (propio de un grupo o una clase) y que, por ello, pueden ser vividas en la experiencia común como discontinuas y dispares, es porque ella misma tiene por principio generador y unificador un habitus objetivamente acorde con el habitus de sus destinatarios. La ambigüedad que, como se lo ha observado frecuentemente, caracteriza el mensaje profético se encuentra en todo discurso que, aunque se dirige más directamente a un público socialmente especificado, apunta a ganar adhesiones, y sus alusiones y elipsis están hechas justamente para favorecer el entendimiento en el malentendido y el sobreentendido, es decir, las percepciones reinterpretadoras que importan en el mensaje todas las expectativas de los receptores.

5.2 El desenlace de la lucha entre el cuerpo sacerdotal y el profeta concurrente (con sus discípulos laicos) depende no solamente de la fuerza propiamente simbólica del mensaje profético (efecto movilizador y crítico –"desbanalizante"– de nueva revelación, etc.) sino también de la *fuerza de los grupos movilizados* por las dos instancias concurrentes en las relaciones de fuerza extra-religiosas.

Como lo indica Max Weber, la manera como se resuelve la tensión entre el profeta y sus discípulos, por una parte, y el cuerpo sacerdotal, por otra, es una "cuestión de fuerza" (p. 359), y todas las soluciones son posibles, desde la supresión física del profeta hasta la anexión de la profecía, pasando por todas las formas de concesiones parciales.

5.3 La práctica sacerdotal y la sistematización que los sacerdotes hacen sufrir al mensaje original son la resultante de la acción de las *fuerzas externas,* que revisten pesos desiguales según la coyuntura histórica, y con las cuales el cuerpo sacerdotal debe contar, a saber: (a) las demandas de los laicos (y, en particular, el tradicionalismo laico y el intelectualismo laico), (b) la concurrencia del profeta y del mago y (c) *tendencias internas* ligadas a la posición del cuerpo sacerdotal en la división del trabajo religioso y a la estructura propia de la iglesia como institución permanente que reivindica, con más o menos éxito, el monopolio de la *administración de los bienes de salvación (extra ecclesiam nulla salus),* y como burocracia de funcionarios que pretenden el "monopolio de la coerción hierocrática legítima", y encargados de organizar, en lugares y en momentos determinados, el culto público del dios: la plegaria y el sacrificio (por oposición a la coerción mágica), al mismo tiempo que la predicación y la cura de las almas.

Hay iglesia, dice más o menos Max Weber, cuando existe un cuerpo de profesionales (sacerdotes) distinto del "mundo" y burocráticamente organizado en lo que concierne a la carrera, la remuneración, los deberes profesionales y el modo de vida extraprofesional; cuando los dogmas y los cultos están racionalizados, consignados en libros sagrados, comentados e inculcados por una enseñanza sistemática y no solamente bajo la forma de una preparación técnica, en fin, cuando todas estas tareas se cumplen en una comunidad institucionalizada. Y él ve el principio de esta institucionalización en el proceso por el cual el carisma se separa de la persona del profeta para ligarse a la institución, y más precisamente, a la *función*: "El proceso de transferencia de lo sagrado carismático a la institución en cuanto tal (...) es característico de todo proceso de formación de una Iglesia y esto constituye su esencia específica".

De ello se deriva que la Iglesia, en cuanto depositaria y gestionaria de un carisma de función (o de institución), se opone a la secta entendida como "comunidad de personas calificadas carismáticamente de modo estrictamente personal".[13]

Se deriva también que la empresa burocrática de salvación es incondicionalmente hostil al carisma "personal": profético, místico o extático que pretende indicar una vía original hacia Dios: "El que realiza milagros por el modo carismático, y no en el ejercicio de sus funciones, es condenado como herético o mago".

En la medida en que la Iglesia es el producto de la burocratización progresiva de la administración religiosa o, mejor, de la "transformación del carisma en práctica cotidiana", de la "banalización" (*Veralltäglichung*)[14] del carisma, ella presenta todas las características de las instituciones "cotidianas";

13. Inversamente, la secta "rechaza la gracia institucional y el carisma de institución". Ella se liga al principio de la "predicación de los laicos" y del "sacerdocio universal" (que "toda Iglesia consecuente prohíbe"), de "la administración democrática directa" ejercida por la comunidad misma (los funcionarios eclesiásticos son considerados como los "servidores" de la comunidad), de la "libertad de conciencia" que una Iglesia con pretensión universalista no puede acordar (*W.G.*, t. II, pp. 920-922).

14. El neologismo de "banalización" no traduce exactamente (en el juego de palabras) los dos aspectos del concepto weberiano de *Veralltäglichung*, sino que se lo entiende en el doble sentido de "proceso que consiste en devenir banal, cotidiano, ordinario" por oposición a lo extraordinario o a lo extra-cotidiano (*Ausseralltäglichkeit*) y en el sentido de "efecto ejercido por el proceso que consiste en devenir banal, cotidiano, ordinario".

"competencias de función estrictamente delimitadas y jerárquicamente ordenadas, serie de instancias, reglamentos, emolumentos, beneficios, orden disciplinario, racionalización de la doctrina y de la actividad de función" (pp. 879-881).

5.3.1 La práctica sacerdotal y, al mismo tiempo, el mensaje que impone e inculca, deben siempre la parte más importante de sus características a las *transacciones* incesantes entre la Iglesia –que, en cuanto dispensadora *permanente* de la gracia (sacramentos), dispone del poder de coerción correlativo a la posibilidad de conceder o de negar los bienes sagrados–,[15] y las demandas de los laicos, que entiende dirigir religiosamente, y de los cuales espera su poder (temporal tanto como espiritual).

5.3.1.1 "Cuanto más el clero se esfuerza en reglar el modo de vida de los laicos conforme a la voluntad divina (y, en primer lugar, en aumentar por ello su fuerza y sus ingresos), más está obligado a hacer concesiones en sus teorías y sus acciones" (p. 367), al estilo de vida y a la visión del mundo de la fracción de los laicos de la cual espera primordialmente sus ingresos y su poder.

Max Weber dice, en realidad, "concesiones, en sus teorías y sus acciones, a la visión tradicional de los laicos", y comenta, algunas líneas después: "Cuanto más las vastas masas devienen el objeto de la acción de influencia ejercida por los sacerdotes y el fundamento de su fuerza, más el trabajo de sistematización debe tomar en cuenta las formas de representación y de prácticas religiosas más tradicionales, es decir mágicas".

En la forma general que le es dada aquí, esta proposición define la forma particular de la relación que se establece entre la actividad sacerdotal, y su "público-meta", cualquiera que sea, popular o burgués, campesino o ciudadano.

5.3.1.2 Cuanto más el cuerpo de los sacerdotes está próximo a detentar, en una sociedad dividida en clases, el *monopolio de hecho* de la administración de los bienes de salvación, más son divergentes, incluso contradictorios, los intereses religiosos a los cuales debe responder su acción de predicación y de cura de las almas, y más esta acción y los agentes encargados de ejercerla tienden a diversificarse (del sacerdote de la corte al cura rural, del fideísmo místico al ritualismo mágico), al mismo tiempo que se elabora un mensaje socialmente

15. *W.G.*, p. 39 (coerción hierocrática); p. 435 (gracia institucional, *Autsaltagnade*).

indiferenciado que debe sus características, y en particular su ambigüedad, al hecho de que es el producto de la búsqueda del mayor denominador religioso entre las diferentes categorías de receptores.

La ambigüedad de la profecía de origen la hace disponible para las reinterpretaciones conscientes o inconscientes que operan los utilizadores sucesivos, llevados a leer el mensaje original "con los anteojos de toda su actitud", como decía Max Weber a propósito de Lutero; y los intérpretes profesionales, que son los sacerdotes, contribuyen en parte muy importante a este trabajo incesante de adaptación y de asimilación que permite establecer la comunicación entre el mensaje religioso y receptores renovados sin cesar, y profundamente diferentes de los destinatarios originales, tanto en sus intereses religiosos cuanto en su visión del mundo.

5.3.2 Para replicar a los ataques proféticos o a la crítica intelectualista de los laicos, el sacerdocio debe "fundar y delimitar sistemáticamente la nueva doctrina victoriosa o defender la antigua (...), establecer lo que tiene y lo que no tiene valor sagrado", en resumen, dotarse de instrumentos de lucha simbólica a la vez *homogénea* ("banalizados"), *coherentes y distintivos*, y ello en el orden del ritual tanto como en materia de dogma (corpus doctrinal). Las necesidades de la defensa contra las profecías concurrentes y contra el intelectualismo laico contribuyen a favorecer la producción de instrumentos "banalizados" de la práctica religiosa, como lo testimonia el hecho de que la producción de los escritos canónicos es acelerada cuando el contenido de la tradición se encuentra amenazado (p. 361).

Es también la preocupación de definir la originalidad de la comunidad respecto a las doctrinas concurrentes, lo que conduce a valorizar los *signos distintivos* y las *doctrinas discriminantes*, a la vez para luchar contra el indeferentismo y para hacer difícil el pasaje a la religión concurrente (p. 362).

5.3.2.1 La competencia del mago, pequeño empresario independiente, alquilado si llega el caso por los particulares, ejerciendo su oficio fuera de toda institución comúnmente reconocida y, la mayoría de las veces, de manera clandestina, contribuye a imponer al cuerpo sacerdotal la "ritualización" de la práctica religiosa y la anexión de las creencias mágicas (v.g. culto de los santos o morabitismo).

5.3.3 "La sistematización casuística-racional" y la "banalización" que el cuerpo sacerdotal hace sufrir a la profecía de origen –(cuasi) sistematización establecida "sobre la base de valores unitarios"– responde a exigencias convergentes: (a) la búsqueda típicamente burocrática de la *economía de carisma* que lleva a confiar el ejercicio de la acción sacerdotal –actividad necesariamente banal y "banalizada", porque cotidiana y repetitiva, de predicación y de cura de las almas–, a funcionarios del culto *intercambiables* y dotados de una cualificación profesional homogénea, adquirida por un aprendizaje específico, e instrumentos homogéneos, apropiados para sostener una acción homogénea y homogeneizante (producción de un habitus religioso); (b) la búsqueda de la adaptación a los intereses de los laicos, directamente detectados en la actividad sacerdotal por excelencia, la cura de las almas, "instrumento de fuerza del sacerdote";[16] y (c) la lucha contra los concurrentes.

La "sistematización casuística-racional" y la "banalización" constituyen las condiciones fundamentales del funcionamiento de una burocracia de la manipulación de los bienes de salvación en cuanto permiten a agentes *cualesquiera* (intercambiables) ejercer de manera continua la actividad sacerdotal, proporcionándoles los instrumentos prácticos, escritos canónicos, breviarios, sermonarios, catequismos, etc., que les son indispensables para cumplir su función al menor costo en carisma (para ellos mismos) y al menor riesgo (para la institución), sobre todo cuando les es necesario "tomar posición sobre problemas que no han sido resueltos en la revelación" (p. 366). El breviario y el sermonario juegan, a la vez, el rol de una ayuda-memoria y de una barrera protectora, destinados a asegurar la economía de la improvisación al mismo tiempo que a prohibirla.

16. *W.G.*, p. 365. Max Weber observa que la parte dedicada a la predicación (por oposición a la cura de las almas) varía en sentido inverso de la introducción de elementos mágicos en la práctica y las representaciones (como lo testimonia el ejemplo del protestantismo).

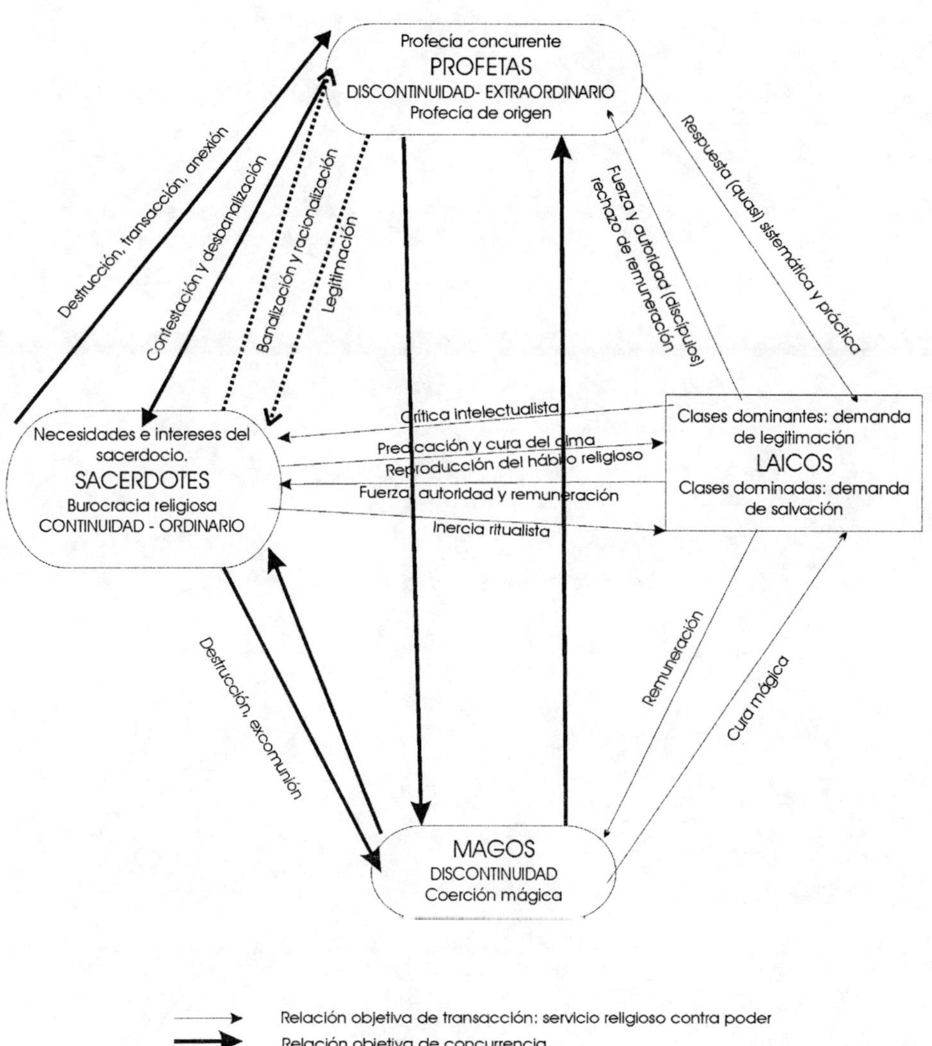
Profecía concurrente
PROFETAS
DISCONTINUIDAD- EXTRAORDINARIO
Profecía de origen
Destrucción, transacción, anexión
Contestación y desbanalización
Banalización y racionalización
Legitimación
Fuerza y autoridad (discípulos) rechazo de remuneración
Respuesta (quasi) sistemática y práctica
Necesidades e intereses del sacerdocio.
SACERDOTES
Burocracia religiosa
CONTINUIDAD - ORDINARIO
Crítica intelectualista
Predicación y cura del alma
Reproducción del hábito religioso
Fuerza, autoridad y remuneración
Inercia ritualista
Clases dominantes: demanda de legitimación
LAICOS
Clases dominadas: demanda de salvación
Destrucción, excomunión
Remuneración
Cura mágica
MAGOS
DISCONTINUIDAD
Coerción mágica
Relación objetiva de transacción: servicio religioso contra poder
Relación objetiva de concurrencia

Sobre el poder simbólico*

Nacido del esfuerzo por presentar el balance de un conjunto de investigaciones sobre el simbolismo en una situación escolar de un tipo particular, el de la conferencia en una universidad extranjera (Chicago, abril de 1973), este texto no debe ser leído como una historia –incluso escolar– de las teorías del simbolismo, ni menos aún como una suerte de reconstrucción seudohegeliana de los pasos que habrían conducido, por superaciones sucesivas, hacia la "teoría final".

Si la "inmigración de las ideas", como dice Marx, se hace raramente sin perjuicios, es porque ella separa las producciones culturales del sistema de referencias teóricas, en relación a las cuales son definidas, consciente o inconscientemente; es decir, del campo de producción jalonado por nombres propios o conceptos en *-ismo*, para cuya definición ellas contribuyen menos de lo que él las define. Por esta razón, las situaciones de "inmigración" imponen, con una fuerza particular, la actualización del horizonte de referencia que, en las situaciones ordinarias, puede permanecer en estado implícito. Pero va de suyo que el hecho de *repatriar* ese producto de exportación implica graves peligros de ingenuidad y de simplificación –y también grandes riesgos, puesto que entrega un instrumento de objetivación.

* "Sur le pouvoir simbolique ", *Annales*, 3, mayo-junio de 1977, pp. 405-411.

Sin embargo, en un estado del campo en el que se ve el poder por todas partes, como en otros tiempos se rechazaba reconocerlo allí donde salta a los ojos, no es inútil recordar –sin hacer jamás, como otra manera de disolverlo, una suerte de "círculo cuyo centro está por todas partes y en ninguna parte" , que es necesario saber descubrirlo allí donde menos se ofrece a la vista, allí donde está más perfectamente desconocido, por tanto reconocido: el poder simbólico es, en efecto, ese poder invisible que no puede ejercerse sino con la complicidad de los que no quieren saber que lo sufren o incluso que lo ejercen.

1. Los "sistemas simbólicos" (arte, religión, lengua) como estructuras estructurantes

La tradición neokantiana (Humboldt-Cassirer o, variante americana, Sapir-Whorf para el lenguaje) trata a los diferentes universos simbólicos, mito, lengua, arte, ciencia, como instrumentos de conocimiento y de construcción del mundo de los objetos, como "formas simbólicas", reconociendo, como lo señala Marx (*Tesis sobre Feuerbach*), el "aspecto activo" del conocimiento. En la misma línea, pero con una intención más propiamente histórica, Panofsky trata la perspectiva como una *forma histórica,* sin llegar sin embargo hasta reconstruir sistemáticamente las *condiciones sociales* de producción.

Durkheim se inscribe explícitamente en la tradición kantiana. Sin embargo, por el hecho de que él entiende dar una respuesta "positiva" y "empírica" al problema del conocimiento, escapando a la alternativa del apriorismo y del empirismo, sienta los fundamentos de una *sociología de las formas simbólicas* (Cassirer dirá expresamente que él utiliza el concepto de "forma simbólica" como un equivalente de forma de clasificación: Cf. E. Cassirer, *The Myth of the State*, New Haven, Yale University Press, 1946, p. 16). Con Durkheim, las formas de clasificación dejan de ser formas universales (transcendentales) para devenir (como implícitamente en Panofsky) *formas sociales,* es decir arbitrarias (relativas a un grupo particular) y socialmente determinadas.[1]

En esta tradición idealista, la objetividad del sentido del mundo se define por el acuerdo de las subjetividades estructurantes (*sensus = consensus*).

1. Uno piensa en el sentido etimológico de *kategoreisthai* tal como lo recuerda Heidegger: acusar públicamente; y, al mismo tiempo, en la terminología del parentesco, ejemplo por excelencia de categorías sociales (términos de tratamiento).

2. Los "sistemas simbólicos" como estructuras estructuradas (susceptibles de un análisis estructural)

El análisis estructural constituye el instrumento metodológico que permite realizar la ambición neokantiana de asir la lógica específica de cada una de las "formas simbólicas": al proceder, según el deseo de Schelling, a una lectura propiamente *tautegórica* (por oposición a *alegórica*) que no refiere el mito a otra cosa que a sí mismo, el análisis estructural apunta a desprender la estructura inmanente de cada producción simbólica. Pero, a diferencia de la tradición neokantiana, que ponía el acento sobre el *modus operandi*, sobre la actividad productora de la conciencia, la tradición estructuralista privilegia el *opus operatum*, las estructuras estructuradas. Esto se ve bien en la representación que Saussure, el fundador de esta tradición, se hace de la lengua: sistema estructurado, la lengua es fundamentalmente tratada como condición de inteligibilidad del habla, como médium estructurado que se debe construir para dar razón de la relación constante entre el sonido y el sentido. (Por la oposición que establece entre la iconología y la iconografía y que es el equivalente exacto de la oposición entre la fonología y la fonética, Panofsky –y todo aspecto de su obra que apunta a desprender las estructuras profundas de las obras de arte– se sitúa en esta tradición.)

Primera síntesis

Instrumentos de conocimiento y de comunicación, los "sistemas simbólicos" no pueden ejercer un poder estructurante sino porque son estructurados. El poder simbólico es un poder de construcción de la realidad que tiende a establecer un orden *gnoseológico*: el sentido inmediato del mundo (y, en particular, del mundo social) supone lo que Durkheim llama el *conformismo lógico*, es decir "una concepción homogénea del tiempo, del espacio, del número, de la causa, que hace posible el acuerdo entre las inteligencias". Durkheim –o, después de él, Radcliffe-Brown, que hace descansar la "solidaridad social" en el hecho de compartir un sistema simbólico– tiene el mérito de señalar explícitamente la *función social* (en el sentido del estructural-funcionalismo) del simbolismo, auténtica función política que no se reduce a la función de comunicación de los estructuralistas. Los símbolos son los instrumentos por excelencia de la "integración social": en cuanto instrumentos de conocimiento y de comunicación (cf. el análisis durkheimiano de la festividad), hacen posible el *consenso* sobre el sentido del mundo social, que contribuye fundamentalmente a la reproducción del orden social: la integración "lógica" es la condición de la integración "moral".[2]

3. Las producciones simbólicas como instrumentos de dominación

La tradición marxista privilegia las *funciones políticas* de los "sistemas simbólicos" en detrimento de su estructura lógica y de su función gnoseológica (aunque Engels habla de "expresión sistemática" a propósito del derecho): este funcionalismo (que no tiene nada en común con el estructural-funcionalismo a la manera de Durkheim o de Radcliffe-Brown) da razón de las producciones simbólicas relacionándolas a los intereses de la clase dominante. Por oposición al mito, producto colectivo y colectivamente apropiado, las ideologías sirven a los intereses particulares que ellas tienden a presentar como intereses universales, comunes al conjunto del grupo. La cultura dominante contribuye a la integración real de la clase dominante (asegurando una comunicación inmediata entre todos sus miembros y distinguiéndolos de las otras clases); a la integración ficticia de la sociedad en su conjunto, así pues, a la desmovilización (falsa conciencia) de las clases dominadas; a la legitimación del orden establecido por el establecimiento de distinciones (jerarquías) y la legitimación de esas distinciones. A este efecto ideológico, la cultura dominante lo produce disimulando la función de división bajo la función de comunicación: la cultura que une (medio de comunicación) es también la cultura que separa (instrumento de distinción) y que legitima las distinciones constriñendo a todas las culturas (designadas como sub-culturas) a definirse por su distancia con la cultura dominante.

Segunda síntesis

Contra todas las formas del error "interaccionista" que consiste en reducir las relaciones de fuerza a relaciones de comunicación, no es suficiente señalar que las relaciones de comunicación son siempre, inseparablemente, relaciones de poder

2. La tradición neo-fenomenológica (Schütz, Peter Berger) y ciertas formas de la etnometodología aceptan los mismos presupuestos por el solo hecho de omitir la cuestión de las condiciones sociales de la posibilidad de la *experiencia dóxica* (Husserl) del mundo (y en particular del mundo social), es decir, de la experiencia del mundo social como yendo de suyo (*taken for granted*, como dice Schütz).

que dependen, en su forma y contenido, del poder material o simbólico acumulado por los agentes (o las instituciones) comprometidos en esas relaciones y que, como el don o el potlatch, pueden permitir acumular poder simbólico. En cuanto instrumentos estructurados y estructurantes de comunicación y de conocimiento, los "sistemas simbólicos" cumplen su función política de instrumentos de imposición o de legitimación de la dominación, que contribuyen a asegurar la dominación de una clase sobre otra (violencia simbólica) aportando el refuerzo de su propia fuerza a las relaciones de fuerza que las fundan, y contribuyendo así, según la expresión de Weber, a la "domesticación de los dominados".

Las diferentes clases y fracciones de clase están comprometidas en una lucha propiamente simbólica para imponer la definición del mundo social más conforme a sus intereses, el campo de las tomas de posición ideológicas que reproduce, bajo una forma transfigurada, el campo de las posiciones sociales.[3] Pueden plantear esta lucha ya sea directamente, en los conflictos simbólicos de la vida cotidiana, ya sea por procuración, a través de la lucha que libran los especialistas de la producción simbólica (productores de tiempo completo) y que tienen por apuesta el monopolio de la violencia simbólica legítima (cf. Weber), es decir, del poder de imponer (ciertamente de inculcar) instrumentos de conocimiento y de expresión (taxonomías) arbitrarias (pero ignoradas como tales) de la realidad social. El campo de producción simbólica es un microcosmo de la lucha simbólica entre las clases: sirviendo a sus propios intereses en la lucha interna del campo de producción (y en esta medida solamente), los productores sirven a los intereses de los grupos exteriores al campo de producción.

La clase dominante es el lugar de una lucha por la jerarquía de los principios de jerarquización: las fracciones dominantes, cuyo poder descansa sobre el capital económico, apuntan a imponer la legitimidad de su dominación, ya sea por su propia producción simbólica, ya sea por la intermediación de las ideologías conservadoras que no sirven verdaderamente jamás a los intereses de los dominantes sino *por añadidura* y que amenazan siempre desviar a su beneficio el poder de definición del mundo social que detienen por delegación; la fracción dominada (clérigos o "intelectuales" y "artistas", según la época) tiende siempre a ubicar el capital específico, al cual debe su posición, en la cima de la jerarquía de los principios de jerarquización.

3. Las tomas de posición ideológicas de los dominantes son estrategias de reproducción que tienden a reforzar *en* la clase y fuera de la clase, la creencia en la legitimidad de la dominación de la clase.

4. Instrumentos de dominación estructurantes porque son estructurados, los sistemas ideológicos que los especialistas producen por y para la lucha por el monopolio de la producción ideológica legítima, reproducen bajo una forma irreconocible, por la intermediación de la homología entre el campo de producción ideológica y el campo de las clases sociales, la estructura del campo de las clases sociales.

Los "sistemas simbólicos" se distinguen, fundamentalmente, según sean producidos y al mismo tiempo apropiados por el conjunto de un grupo o, al contrario, sean producidos por un cuerpo de *especialistas* y, más precisamente, por un campo de producción y de circulación relativamente autónomo: la historia de la transformación del mito en religión (ideología) no es separable de la historia de la constitución de un cuerpo de productores especializados en discurso y en ritos religiosos, es decir del progreso de la *división del trabajo religioso* –siendo él mismo una dimensión del progreso de la división del trabajo social, por tanto, de la división en clases– que conduce, entre otras consecuencias, a *desposeer* a los laicos de los instrumentos de producción simbólica.[4]

Las ideologías deben su estructura y sus funciones más específicas a las condiciones sociales de su producción y de su circulación, es decir, a las funciones que cumplen inicialmente para los especialistas en concurrencia por el monopolio de la competencia considerada (religiosa, artística, etc.) y, secundariamente y por añadidura, para los no-especialistas. Recordar que las ideologías están siempre *doblemente determinadas* –que deben sus características más específicas no solamente a los intereses de las clases o de las fracciones de clase que expresan (función de sociodicea), sino también a los intereses específicos de los que las producen y a la lógica específica del campo de producción (comúnmente transfigurada en ideología de la "creación" y del "creador")– es darse el medio de escapar a la reducción brutal de los productos ideológicos a los intereses de las clases que ellos sirven (efecto de "cortocircuito" frecuente en la crítica "marxista"), sin sucumbir a la ilusión idealista que consiste en tratar las producciones ideológicas como totalidades autosuficientes y auto-engendradas susceptibles de un análisis puro y puramente interno (semiología).[5]

4. La existencia de un campo de producción especializado es la condición de la aparición de una lucha entre la ortodoxia y la heterodoxia, que tienen en común distinguirse de la *doxa*, es decir de lo indiscutido.

5. Es escapar también al etnologismo (visible en particular en el análisis del pensamiento arcaico) que consiste en tratar a las ideologías como mitos, es decir, como productos indiferenciados de un

La función propiamente ideológica del campo de producción ideológica se cumple de manera casi automática, sobre la base de la homología de estructura entre el campo de producción ideológica y el campo de la lucha de las clases. La homología entre los dos campos hace que las luchas por lo que está en juego, específicamente en el campo autónomo, produzcan automáticamente formas *eufemizadas* de las luchas económicas y políticas entre las clases: es en la correspondencia de estructura a estructura que se cumple la función propiamente ideológica del discurso dominante, medio estructurado y estructurante tendiente a imponer la aprehensión del orden establecido como natural (ortodoxia) a través de la imposición enmascarada (por tanto, desconocida como tal) de sistemas de clasificación y de estructuras mentales objetivamente ajustadas a las estructuras sociales. El hecho de que la correspondencia no se efectúe sino de sistema a sistema enmascara, tanto a los ojos de los productores mismos cuanto a los ojos de los profanos, que los sistemas de clasificación internos reproducen, bajo una forma irreconocible, las taxonomías directamente políticas, y que la axiomática específica de cada campo especializado es la forma transformada (conforme a las leyes específicas del campo) de los principios fundamentales de la división del trabajo (por ejemplo, el sistema de clasificación universitaria, que moviliza bajo una forma irreconocible las divisiones objetivas de la estructura social y, especialmente, la división del trabajo –teórico y práctico–, convierte propiedades sociales en propiedades de naturaleza). El efecto propiamente ideológico consiste precisamente en la imposición de sistemas de clasificación políticos bajo las apariencias legítimas de taxonomías filosóficas, religiosas, jurídicas, etc. Los sistemas simbólicos deben su fuerza propia al hecho de que las relaciones de fuerza que allí se expresan no se manifiestan sino bajo la forma irreconocible de relaciones de sentido (desplazamiento).

El poder simbólico como poder de constituir lo dado por la enunciación, de hacer ver y de hacer creer, de confirmar o de transformar la visión del mundo y, por ello, la acción sobre el mundo, por lo tanto el mundo; poder casi mágico que permite obtener el equivalente de lo que es obtenido por la fuerza (física o económica), gracias al efecto específico de movilización, no se ejerce sino si él es *reconocido*, es decir, desconocido como arbitrario. Esto significa que el poder simbólico no reside en los "sistemas simbólicos" bajo la

---

trabajo colectivo, y de silenciar, así, todo lo que ellas deben a las características del campo de producción (e.g. en la tradición griega, las reinterpretaciones esotéricas de las tradiciones míticas).

forma de una "*illocutionary force*", sino que se define en y por una relación determinada entre los que ejercen el poder y los que lo sufren, es decir, en la estructura misma del campo donde se produce y se reproduce la *creencia.*[6] Lo que hace el poder de las palabras y de las palabras de orden, poder de mantener el orden o de subvertirlo, es la creencia en la legitimidad de las palabras y de quien las pronuncia, creencia cuya producción no es competencia de las palabras.

El poder simbólico, poder subordinado, es una forma transformada –es decir, irreconocible, transfigurada y legitimada–, de las otras formas de poder: no se puede superar la alternativa de los modelos energéticos que describen las relaciones sociales como relaciones de fuerza y de los modelos cibernéticos que hacen, de ellas, relaciones de comunicación, sino a condición de describir las leyes de transformación que rigen la transmutación de las diferentes especies de capital en capital simbólico, y, en particular, el trabajo de disimulación y de transfiguración (en una palabra, de *eufemización*) que asegura una verdadera transubstanciación de las relaciones de fuerza haciendo desconocer-reconocer[7] la violencia que ellas encierran objetivamente, y transformándolas así en poder simbólico, capaz de producir efectos reales sin gasto aparente de energía.[8]

6. Los símbolos del poder (vestidura, cetro, etc.) no son sino capital simbólico *objetivado* y su eficacia está sometida a las mismas condiciones.

7. "Méconnaître-reconnaître", en el texto original (N. del T.).

8. La destrucción de este poder de imposición simbólica, fundado sobre el desconocimiento, supone la *toma de conciencia* de lo arbitrario, es decir, el develamiento de la verdad objetiva y el aniquilamiento de la creencia: es en la medida en que destruye las falsas evidencias de la ortodoxia –restauración ficticia de la *doxa*– y neutraliza allí el poder de desmovilización, que el discurso heterodoxo encierra un poder simbólico de movilización y de subversión, poder de actualizar el poder potencial de las clases dominadas.

INSTRUMENTOS SIMBÓLICOS

Como	Como	Como
estructuras estructurantes	**estructuras estructuradas**	**Instrumentos de dominación**
Instrumentos de conocimiento y de construcción del mundo objetivo	Medios de comunicación (lengua o cultura, vs. discurso o comportamiento)	Poder División del trabajo (clases sociales) División del trabajo ideológico (manual/intelectual) Función de dominación
Formas simbólicas estructuras subjetivas (*modus operandi*) Kant - Cassirer	*Objetos simbólicos* estructuras objetivas (*opus operatum*) Hegel - Saussure	*Ideologías* (vs. mitos, lenguas) Marx Weber
Sapir - Whorf Culturalismo Durkheim - Mauss Formas *sociales* de clasificación	Lévi-Strauss (semiología)	Cuerpos de especialistas en concurrencia por el monopolio de la producción cultural legítima
Significación: objetividad como acuerdo de los sujetos (consenso)	Significación: sentido objetivo en cuanto producto de la comunicación que es la condición de la comunicación	

sociología de las formas simbólicas: contribución del poder simbólico al orden gnoseológico. Sentido = consenso, i. e. doxa

Poder ideológico como contribución específica de la violencia simbólica (ortodoxia), a la violencia política (dominación)
División del trabajo de dominación

El campo científico*

Habiendo intentado describir, en otra parte, la lógica del funcionamiento de los campos de producción simbólica (campo intelectual y artístico, campo religioso, campo de la alta costura, etc.), quisiera determinar aquí cómo esas leyes se especifican en el caso particular del campo científico; más precisamente, en qué condición (es decir, en qué condiciones sociales) mecanismos genéricos, como los que rigen en todo campo la aceptación o la eliminación de los nuevos ingresantes o la concurrencia entre los diferentes productores, pueden determinar la aparición de esos productos sociales relativamente independientes de sus condiciones sociales de producción, que son las verdades científicas. Ello en nombre de la convicción, producto de una historia, de que es en la historia donde es necesario buscar la razón del progreso paradójico de una razón en todo histórica y, sin embargo, irreductible a la historia.

La sociología de la ciencia descansa sobre el postulado de que la verdad del producto –se trataría de ese producto muy particular que es la verdad científica–, reside en una especie particular de condiciones sociales de producción; es decir, más precisamente, en un estado determinado de la estructura y del funcionamiento del campo científico. El universo "puro" de la ciencia más "pura" es un campo social como cualquier otro, con sus relaciones de fuerza y sus

* "Le champ scientifique", *Actes de la recherche en sciences sociales*, 2-3, junio de 1976, pp. 88-104.

monopolios, sus luchas y sus estrategias, sus intereses y sus beneficios, pero donde todos estos *invariantes* revisten formas específicas.[1]

La lucha por el monopolio de la competencia científica

El campo científico como sistema de las relaciones objetivas entre las posiciones adquiridas (en las luchas anteriores) es el lugar (es decir, el espacio de juego) de una lucha de concurrencia, que tiene por apuesta *específica* el monopolio de la *autoridad científica,* inseparablemente definida como capacidad técnica y como poder social, o, si se prefiere, el monopolio de la *competencia científica*, entendida en el sentido de capacidad de hablar y de actuar legítimamente (es decir, de manera autorizada y con autoridad) en materia de ciencia, que está socialmente reconocida a un agente determinado.

Dos observaciones rápidas, para descartar malentendidos posibles. En primer lugar, es necesario cuidarse de reducir las relaciones objetivas que son constitutivas del campo al conjunto de las *interacciones*, en el sentido del interaccionismo, es decir, al conjunto de las *estrategias* que en realidad él determina, como veremos más adelante (cf. P. Bourdieu, "Une interprétation de la théorie de la réligion selon Max Weber", *Archives européennes de sociologie*, 12, 1, 1971, pp. 3-21). Por otra parte, será necesario precisar lo que quiere decir "socialmente reconocido": veremos que el grupo que otorga este reconocimiento tiende siempre a reducirse más al conjunto de los sabios, es decir, de los concurrentes, a medida que se incrementan los recursos científicos acumulados y, correlativamente, la autonomía del campo.

Decir que el campo es un lugar de luchas, no es solamente romper con la imagen pacífica de la "comunidad científica" tal como la describe la hagiografía científica –y frecuentemente después de ella la sociología de la ciencia–, es decir, con la idea de una suerte de "reino de los fines" que no conocería otras leyes que la de la concurrencia pura y perfecta de las ideas, infaliblemente marcada por la fuerza intrínseca de la idea verdadera. Es, también, recordar que el funcionamiento mismo del campo científico *produce y supone una forma específica de interés* (las prácticas científicas no aparecen como "desinteresadas" sino por referencia a intereses diferentes, producidos y exigidos por otros campos).

1. Este texto ha aparecido bajo una forma ligeramente diferente en *Sociologie et Sociétés* 7 (1), 1975, pp. 91-118.

Hablando de interés científico y de autoridad (o de competencia) científica, se pretende descartar de entrada distinciones que frecuentan, en estado implícito, las discusiones sobre la ciencia: así, intentar disociar en la competencia (o la autoridad) científica lo que sería pura representación social, poder simbólico, marcado por todo un "aparato" (en el sentido de Pascal) de emblemas y de signos, y lo que sería pura capacidad técnica, es caer en la trampa constitutiva de toda competencia, *razón social* que se legitima presentándose como pura razón técnica (como se ve, por ejemplo, en los usos tecnocráticos de la noción de competencia).[2] De hecho, el "aparato augusto" del cual están rodeadas aquellas que se llamaban las "capacidades" en el siglo pasado y en la actualidad las "competencias", togas rojas y armiños, sotanas y gorros cuadrados de los magistrados y de los doctores en otro tiempo, títulos escolares y distinciones científicas de los investigadores hoy, toda esta "muestra tan auténtica", como decía Pascal, toda esta ficción social que no tiene socialmente nada de ficticio, modifica la percepción social de la capacidad propiamente técnica. Así, los juicios sobre las capacidades científicas de un estudiante o de un investigador están *siempre contaminados*, en todos los niveles de la carrera, por el conocimiento de la posición que él ocupa en las jerarquías instituidas (la de las grandes escuelas en Francia o la de las universidades en los Estados Unidos, por ejemplo).

Por el hecho de que todas las prácticas están orientadas hacia la adquisición de la autoridad científica (prestigio, reconocimiento, celebridad, etc.), apuesta intrínsecamente *doble*, lo que se llama comúnmente "el interés" por una actividad científica (una disciplina, un sector de esta disciplina, un método, etc.) es siempre de doble faz; y lo mismo ocurre con las estrategias que tienden a asegurar la satisfacción de este interés.

2. El conflicto que relata Sapolsky entre los partidarios de la fluoridación, es decir, entre los detentadores de la autoridad oficial (*healt officials*) que se estiman únicos "competentes" en materia de salud pública, y los adversarios de esta innovación, entre los cuales se cuentan muchos científicos, pero quienes, a los ojos de los oficiales, sobrepasan "los límites de su dominio propio de competencia", permite percibir claramente la verdad social de la competencia, como palabra autorizada y palabra de autoridad que es lo que está en juego en una lucha entre los grupos (cf. H. M. Sapolsky, "Science, Voters and the Fluoridation Controversy", *Science*, Vol. 162, 25 de octubre de 1968, pp. 427-433). El problema de la competencia no se plantea jamás con tanta agudeza y claridad como en la relación con los "profanos" (cf. S. B. Barnes, "On the Reception of Scientific Beliefs, in B. Barnes (ed.), *Sociology of Science*, London, Penguin, 1972, pp. 269-291; L. Boltanski y P. Maldidier, "Carrière scientifique, morale scientifique et vulgarisation", *Information sur les sciences sociales*, (9), 3, 1970, pp. 99-118).

Un análisis que intentara aislar una dimensión puramente "política" en los conflictos por la dominación del campo científico sería tan radicalmente falso como el prejuicio inverso, más frecuente, de no retener sino las determinaciones "puras" y puramente intelectuales de los conflictos científicos. Por ejemplo, la lucha que opone hoy a los especialistas por la obtención de créditos y de instrumentos de investigación, no se reduce jamás a una simple lucha por el poder propiamente "político": aquellos que se encuentran a la cabeza de las grandes burocracias científicas sólo pueden imponer su victoria como una victoria de la ciencia, si se muestran capaces de imponer una definición de la ciencia que implique que la buena manera de hacer ciencia supone la utilización de los servicios de una gran burocracia científica, provista de créditos, de equipamientos técnicos poderosos, de una mano de obra abundante; y constituyen en metodología universal y eterna los procedimientos de la encuesta por sondeo de grandes muestras, las operaciones del análisis estadístico de los datos y de la formalización de los resultados, instaurando así como medida de toda práctica científica el patrón más favorable a sus capacidades personales e institucionales. Recíprocamente, los conflictos epistemológicos son siempre, inseparablemente, conflictos políticos: así, una investigación sobre el poder en el campo científico podría perfectamente incluir sólo cuestiones de índole epistemológica.

De una definición rigurosa del campo científico como espacio objetivo de un juego donde se encuentran comprometidas apuestas científicas, se desprende que es en vano distinguir entre determinaciones propiamente científicas y determinaciones propiamente sociales de prácticas esencialmente *sobredeterminadas*. Es necesario citar la descripción de Fred Reif, que deja ver, casi a pesar suyo, hasta qué punto es artificial –y hasta imposible– la distinción del interés intrínseco y del interés extrínseco, de lo que es importante para un investigador determinado y de lo que es importante para los otros investigadores: "Un científico busca realizar las investigaciones que considera importantes. Pero *la satisfacción intrínseca y el interés no son sus únicas motivaciones*. Esto aparece claramente cuando se observa lo que ocurre cuando un investigador descubre la publicación por otra persona de un resultado que él estaba a punto de alcanzar. Se siente casi siempre trastornado, aunque el *interés intrínseco* de su trabajo no esté de ningún modo afectado. Es que su trabajo *no debe ser interesante solamente para él, sino que debe también ser importante para los otros*".[3] Lo que es

3. F. Reif, "The Competitive Word of de Pure Scientist", *Science*, 15 de diciembre de 1961, 134 (34-94), pp. 1957-1962.

percibido como importante e interesante, es lo que tiene posibilidades de ser reconocido como importante e interesante para los otros, por lo tanto, de hacer aparecer al que lo produce como importante e interesante a los ojos de los otros (será necesario examinar de nuevo esta dialéctica y las condiciones en las cuales funciona, en beneficio de la acumulatividad científica y no como un simple círculo de legitimación mutua).

Aún a riesgo de volver a la filosofía idealista que otorga a la ciencia el poder de desarrollarse según su lógica inmanente (como lo hace todavía Kuhn cuando sugiere que las "revoluciones científicas" no sobrevienen sino a continuación del agotamiento de los "paradigmas"), es necesario suponer que las inversiones se organizan por referencia a una anticipación –consciente o inconsciente– de las posibilidades medias de beneficio (que se especifican también en función del capital detentado). Así, la tendencia de los investigadores a concentrarse sobre los problemas considerados como los más importantes (por ejemplo, porque han sido constituidos como tales, por productores dotados de un alto grado de legitimidad) se explica por el hecho de que un aporte o un descubrimiento que concierne a estas cuestiones está encaminado a aportar un beneficio simbólico más importante. La competencia intensa que se encuentra así desencadenada tiene todas las posibilidades de determinar una baja de las tasas medias de beneficio material y/o simbólico y, por este medio, la dirección de una fracción de los investigadores hacia otros objetos menos prestigiosos pero alrededor de los cuales la competencia es menos fuerte y, por ello, adecuados para ofrecer beneficios, al menos, igualmente importantes.[4]

La distinción que hace Merton (al hablar de las ciencias sociales) entre conflictos "sociales" (que tratan sobre "la asignación de los recursos intelectuales entre diferentes clases de trabajo sociológico" o sobre "el rol que conviene al sociólogo") y conflictos "intelectuales", "oposiciones de ideas sociológicas estrictamente formuladas" (R. K. Merton, *The Sociology of Science*, Chicago and London, The University of Chicago Press, 1973, p. 55), constituye ella misma *una estrategia*, a la vez social e intelectual, que tiende a imponer una delimitación del campo de los objetos de discusión legítimos. En efecto, se habrá reconocido, en esta distinción, una de esas estrategias por las cuales la

4. Es necesario comprender en la misma lógica las transferencias de capital de un campo determinado a un campo socialmente inferior, donde una competencia menos intensa promete posibilidades de beneficios más altas al detentador de un capital científico determinado.

sociología americana oficial tiende a asegurarse la respetabilidad académica y a imponer una delimitación de lo científico y de lo no-científico adecuada para prohibir, como falta a la conveniencia científica, toda interrogación destinada a poner en cuestión los fundamentos de su respetabilidad.[5]

Una ciencia auténtica de la ciencia no puede constituirse sino a condición de rechazar radicalmente la oposición abstracta (que se encuentra también en otra parte, en historia del arte, por ejemplo) entre un análisis inmanente o interno, que incumbiría propiamente a la epistemología y que restituiría la lógica según la cual la ciencia engendra sus propios problemas, y un análisis externo, que relaciona esos problemas con sus condiciones sociales de aparición. Es el campo científico el que, en cuanto lugar de una lucha política por la dominación científica, asigna a cada investigador, en función de la posición que ocupa, sus problemas –indisociablemente políticos y científicos–, y sus métodos –estrategias científicas que, por el hecho de que se definen expresa u objetivamente por referencia al sistema de las posiciones políticas y científicas constitutivas del campo científico, son al mismo tiempo estrategias políticas–. No hay "elección" científica –elección del dominio de investigación, elección de los métodos empleados, elección del lugar de publicación, elección, que describe Hagstrom,[6] entre la publicación rápida de resultados parcialmente verificados o la publicación tardía de resultados plenamente controlados–, que no sea, en alguno de sus aspectos, el menos confesado y el menos confesable evidentemente, una estrategia política de ubicación al menos objetivamente orientada hacia la maximización del beneficio propiamente científico, es decir del reconocimiento susceptible de ser obtenido de los pares-concurrentes.

5. De entre las innumerables expresiones de este credo neutralista, ésta es particularmente típica: "En cuanto profesionales –como universitarios o en el ejercicio de su profesión– los sociólogos se consideran especialmente capaces de separar, en nombre del sentido de su responsabilidad social, su ideología personal de su rol profesional en sus relaciones con sus clientes, sus públicos y sus pares. Es claro que esto es el resultado más cabal de la aplicación del concepto de profesionalización en la sociología, particularmente en el período de activismo universitario que comienza en 1965 (Ben-David, 1972). Desde la organización inicial de la sociología como disciplina, muchos sociólogos han tenido ideologías personales tan intensas que los empujaban a tratar de poner sus conocimientos al servicio del cambio social, mientras que, como universitarios, debían afrontar el problema de las normas que se imponen al docente y al investigador". M. Janowitz, *The American Journal of Sociology*, 78 (1), julio de 1972, pp. 105-135.

6. W. D. Hagstrom, *The Scientific Community*, New York, Basic Books, 1965, p. 100.

La acumulación del capital científico

La lucha por la autoridad científica, especie particular de *capital social* que asegura un poder sobre los mecanismos constitutivos del campo y que puede ser reconvertido en otras especies de capital, debe lo esencial de sus características al hecho de que los productores tienden (tanto más cuanto el campo es más autónomo) a no tener otros clientes posibles que sus concurrentes. Esto significa que en un campo científico fuertemente autónomo, un productor particular no puede esperar el reconocimiento del valor de sus productos ("reputación", "prestigio", "autoridad", "competencia", etc.) sino de los otros productores, quienes, siendo también sus concurrentes, son los menos propensos a otorgárselo sin discusión ni examen. En primer lugar, de hecho: sólo los sabios comprometidos en el mismo juego tienen los medios para apropiarse simbólicamente de la obra científica y de evaluar sus méritos. Y también de derecho: el que apela a una autoridad exterior al campo no puede atraerse sino el descrédito[7] (totalmente similar en esto a un campo artístico fuertemente autónomo, el campo científico debe su especificidad, entre otras cosas, al hecho de que los concurrentes no pueden contentarse con *distinguirse* de sus antecesores ya reconocidos, sino que están forzados, so pena de ser superados y "desclasados", a integrar sus logros en la construcción distinta y distintiva que los supera).

La lucha en la cual cada uno de los agentes debe comprometerse para imponer el valor de sus productos y su propia autoridad de productor legítimo, tiene, de hecho, siempre en juego el poder de imponer la definición de la ciencia (i. e. la delimitación del campo de los problemas, de los métodos y de las teorías que pueden ser consideradas como científicas) más conforme a sus intereses

7. Fred Reif recuerda que aquellos que, con la preocupación de ver su trabajo publicado lo más rápidamente posible, recurren a la prensa cotidiana (descubrimientos importantes en física han podido así ser anunciados en el *New York Times*), se atraen la reprobación de sus pares-concurrentes, en nombre de la distinción entre *publicación* y *publicidad* que dirige también las actitudes respecto a ciertas formas de vulgarización, siempre sospechosas de no ser sino formas eufemizadas de autodivulgación. Será suficiente citar los comentarios del editor del diario oficial de los físicos americanos: "Por cortesía respecto a sus colegas, los autores tienen la costumbre de impedir toda forma de divulgación pública de sus artículos antes de que éstos hayan aparecido en la revista científica. Los descubrimientos científicos no poseen las características sensacionalistas que interesan a los diarios y todos los medios de comunicación de masas deben poder tener acceso simultáneamente a la información. En adelante, rechazaremos pues los artículos cuyo contenido hubiera sido ya publicado en la prensa cotidiana". F. Reif, *op. cit.*

específicos, es decir la más adecuada para permitirle ocupar con total legitimidad la posición dominante, asegurando la posición más alta, en la jerarquía de los valores científicos, a las capacidades científicas de las cuales es el detentador a título personal o institucional (por ejemplo, como detentador de una especie determinada de capital cultural, como antiguo alumno de una institución de enseñanza particular, como miembro de una institución científica determinada, etc.).[8]

Así, los debates sobre la prioridad de los descubrimientos oponen, en más de un caso, al que ha descubierto el fenómeno desconocido bajo la forma frecuente de una simple anomalía, de un fallo de las teorías existentes, y al que hace de ello un *hecho* científico nuevo, insertándolo en una construcción teórica que es irreductible al simple dato bruto: esas discusiones políticas sobre el derecho de propiedad científica –que son, al mismo tiempo, debates científicos sobre el sentido de lo que es descubierto y discusiones epistemológicas sobre la *naturaleza del descubrimiento* científico–, oponen en realidad, a través de esos protagonistas particulares, dos principios de jerarquización de las prácticas científicas, uno que confiere la primacía a la observación y a la experimentación, y, por lo tanto, a las disposiciones y a las capacidades correspondientes; el otro que privilegia la teoría y los "intereses" científicos correlativos, debate que jamás ha dejado de ocupar el centro de la reflexión epistemológica.

Así, la definición de lo que está en juego en la lucha científica forma parte de lo que está en juego en la lucha científica, y los dominantes son aquellos que llegan a imponer la definición de la ciencia según la cual la realización más acabada de la ciencia consiste en tener, ser y hacer, lo que ellos tienen, son o hacen. Es decir que la *comunis doctorum opinio*, como decía la escolástica, no es jamás sino una *ficción oficial* que no tiene nada de ficticio, porque la eficacia simbólica que le confiere su legitimidad le permite cumplir una función semejante a aquella que la ideología liberal hace jugar a la noción de opinión pública. La ciencia oficial no es lo que en general hace de ella la sociología de la ciencia, es decir, el sistema de las normas y de los valores que

8. En cada momento, hay una jerarquía social de los campos científicos –las disciplinas– que orienta fuertemente las prácticas y particularmente las "elecciones" de "vocación" –y al interior de cada uno de ellos, una jerarquía social de los objetos y de los métodos de tratamiento. (Sobre este punto, cf. P. Bourdieu, "Méthode scientifique et hiérarchie sociale des objets", *Actes de la Recherche en Sciences Sociales*, 1, 1975, pp. 4-6.) (Las autorreferencias, muy numerosas en este texto, tienen una función estrictamente estenográfica.)

la "comunidad científica", grupo indiferenciado, impondría e inculcaría a todos sus miembros, considerando la anomia revolucionaria sólo imputable a fallas de la socialización científica.[9] Esta visión "durkheimiana" del campo científico podría no ser sino la transfiguración de la representación del universo científico que los sostenedores del orden científico tienen interés en imponer, y en primer lugar, a sus concurrentes.

Nunca se terminarían de enumerar los ejemplos de este "funcionalismo", incluso en un autor que, como Kuhn, da lugar al conflicto en su teoría de la evolución científica: "Una comunidad de especialistas (de las ciencias) *se esmerará* por asegurar la progresión de la acumulación de los datos que ella puede utilizar con precisión y en detalle" (T. Kuhn, *The Structure of Scientific Revolutions*, Chicago, The University of Chicago Press, 1962, p. 168) [*La estructura de las revoluciones científicas*, México, FCE, 1980] Porque la "función", en el sentido del "funcionalismo" de la escuela americana, no es otra cosa que el *interés de los dominantes* (de un campo determinado o del campo de la lucha de clases –la clase dominante–), es decir, el interés que los dominantes tienen en la perpetuación de un sistema conforme a sus intereses (o la *función* que el sistema cumple para esta clase particular de agentes), basta con silenciar los intereses (i. e. las funciones diferenciales), haciendo de la "comunidad científica" el sujeto de prácticas, para caer en el "funcionalismo".

Y precisamente porque la definición de lo que está en juego en la lucha es objeto de lucha, incluso en ciencias –como las matemáticas– donde el consenso aparente sobre lo que está en juego es muy alto, uno se enfrenta sin cesar a las antinomias de la legitimidad. (El interés apasionado que los investigadores en ciencias sociales manifiestan por las ciencias de la naturaleza no se comprendería de otro modo: es la definición de los principios de evaluación de su propia práctica lo que está en juego en su pretensión de imponer, en nombre de la epistemología o de la sociología de la ciencia, la definición legítima de la forma más legítima de la ciencia, es decir, la ciencia de la naturaleza.) En el

9. Como la filosofía social de inspiración durkheimiana que describe el conflicto social en el lenguaje de la marginalidad, de la desviación o de la anomia, esta filosofía de la ciencia tiende a reducir las relaciones de competencia entre dominantes y dominados a las relaciones entre un "centro" y una "periferia", al reencontrar la metáfora emanatista, cara a Halbwachs, de la distancia al "foco" de los valores centrales (cf., por ejemplo, J. Ben David, *The Scientist's Role in Society*, Englewood Cliffs (N. J.), Prentice Hall Inc., 1971, y E. Shills, "Center and Peripheria", en: *The Logic of Personal Knowledge, Essays Presented to Michael Polanyi on His Seventieth Birthday*, London, Routledge and Kegan Paul Ltd., 1961, pp. 117-130).

campo científico, como en el campo de las relaciones de clases, no existe instancia que legitime las instancias de legitimidad; las reivindicaciones de legitimidad obtienen su legitimidad de la fuerza relativa de los grupos cuyos intereses ellas expresan: en la medida en que la definición misma de los criterios de juicio y de los principios de jerarquización es el objeto de una lucha, nadie es *buen* juez, porque no hay juez que no sea juez y parte.

Puede verse la ingenuidad de la técnica de los "jueces", a la cual la tradición sociológica ha recurrido muy comúnmente para definir las jerarquías características de un campo determinado (jerarquía de los agentes o de las instituciones –las universidades en los Estados Unidos–, jerarquía de los problemas, de los dominios o de los métodos, jerarquía de los campos mismos, etc.). Es la misma filosofía ingenua de la objetividad la que inspira el recurso a "expertos internacionales". Como si su posición de observadores extranjeros pudiera ponerlos al abrigo de las posiciones tomadas y de las tomas de partido, en un momento en que la economía de los intercambios ideológicos admite tantas sociedades multinacionales, y como si sus análisis "científicos" del estado de la ciencia pudieran ser otra cosa que la justificación científicamente enmascarada del estado particular de la ciencia o de las instituciones científicas de las que ellos forman parte. Se verá luego que la sociología de la ciencia escapa muy raramente a esta estrategia del peritaje como imposición de legitimidad que prepara una conquista de mercado.[10]

La autoridad científica es, pues, una especie particular de capital que puede ser acumulado, transmitido e, incluso, reconvertido en otras especies bajo ciertas condiciones. Se puede pedir prestada a Fred Reif la descripción del proceso de acumulación del capital científico y de las formas que toma su reconversión. Ello en el *caso particular* del campo de la física contemporánea, donde la posesión de un capital científico tiende a favorecer

10. Detrás de las problemáticas de expertos sobre el valor relativo de los regímenes universitarios, se oculta, inevitablemente, la cuestión de las condiciones óptimas para el desarrollo de la ciencia y por ello del mejor régimen político, puesto que los sociólogos americanos tienden a hacer de la "democracia liberal" a la manera americana la condición de la "democracia científica". Cf., por ejemplo, R. K. Merton, "Science and Technology in a Democratic Order", *Journal of Legal and Political Sociology*, Vol. I, 1942, publicado nuevamente en R. K. Merton, *Social Theory and Social Structure* [*Teoría y estructura sociales,* Buenos Aires-México, FCE, 1964] edición revisada, Free Press, 1967, pp. 550-551; bajo el título "Science and Democratic Social Structure", B. Barber, *Science and de Social Order*, Glencoe, The Free Press, 1952, pp. 73 y 83.

la adquisición de capital suplementario y donde la carrera científica "exitosa" se presenta, por esta razón, como un proceso *continuo* de acumulación, en el cual el capital inicial, representado por el título escolar, juega un rol determinante: "Desde la 'high school', el futuro hombre de ciencia tiene conocimiento del rol de la competencia y del prestigio en su éxito futuro. Debe esforzarse por obtener las mejores notas para ser admitido en el 'college' y más tarde en la 'graduate school'. Se da cuenta de que el pasaje por un 'college' prestigioso tiene una importancia decisiva para él (...). En fin, debe ganar la estima de sus profesores para asegurarse las cartas de recomendación que le ayudarán a entrar al 'college' y a obtener las becas y los premios (...). Cuando esté en la búsqueda de un empleo, estará en mejor posición si viene de una institución conocida y si ha trabajado con un investigador renombrado. En todo caso, es esencial para él que en el mundo de los hombres de primer rango se acepte aportar comentarios favorables sobre su trabajo (...). El acceso a niveles universitarios superiores está sometido a los mismos criterios. La universidad exige nuevamente cartas de recomendación, dadas por expertos del exterior, y puede a veces suscitar la formación de un comité de examen antes de tomar la decisión de promover a alguien a un puesto de profesor titular". Este proceso se continúa con el acceso a los puestos administrativos, a las comisiones gubernamentales, etc. Y el investigador depende, también, de su reputación entre sus colegas, para obtener fondos de investigación, para atraer estudiantes de calidad, para asegurarse *grants* y becas, invitaciones y consultas, distinciones (i. e. Premio Nobel, National Academy of Science). El reconocimiento socialmente marcado y garantizado (por todo un conjunto de signos específicos de consagración que el grupo de los pares-concurrentes otorga a cada uno de sus miembros) es función del *valor distintivo* de sus productos y de la *originalidad* (en el sentido de la teoría de la información) colectivamente reconocida a la contribución que él aporta a los recursos científicos ya acumulados. El hecho de que el capital de autoridad proporcionado por el descubrimiento esté monopolizado por el primero en haberlo hecho o, al menos, en haberlo hecho conocer y reconocer, explica la importancia y la frecuencia de las *cuestiones de prioridad.* Si ocurre que muchos nombres están ligados al primer descubrimiento, el prestigio atribuido a cada uno de ellos se encuentra disminuido otro tanto. Aquel que llega al descubrimiento algunas semanas o algunos meses después de otro ha dilapidado todos sus esfuerzos, sus trabajos se encuentran así reducidos al status de duplicación carente de interés de un trabajo ya reconocido (lo que explica la precipitación con que algunos publican para evitar ser aventajados).[11] El concepto de *visibility* que emplean frecuentemente los autores americanos (se trata, a menudo, de una noción de uso corriente entre los universitarios) expresa bien el *valor diferencial, distintivo*, de esta especie particular de capital social: acumular capital es "hacerse un *nombre*", un nombre propio (y, para algunos, un nombre de pila), un nombre conocido y reconocido, marca que distingue de entrada a su portador, al recortarlo como forma visible del fondo indiferenciado, desapercibido, oscuro, en el cual se pierde la mayoría (de allí, sin duda, la importancia de las metáforas perceptivas, de las cuales la oposición entre *brillante* y *oscuro* es el paradigma, en la mayor parte de las taxonomías escolares).[12] La lógica de la distinción funciona a pleno en el caso de las firmas múltiples que, en cuanto tales, reducen el *valor distintivo* impartido a cada uno de los signatarios. Se puede así comprender el conjunto de las observaciones de Harriet A. Zuckerman[13] sobre los "modelos de rango de

11. Así se explican las estrategias muy diferentes que los investigadores ponen en práctica en la difusión de las *preimpresiones* y de las *reimpresiones*. Sería fácil mostrar que todas las diferencias observadas según la disciplina y la edad de los investigadores o la institución a la cual pertenecen pueden ser comprendidas a partir de las funciones muy diferentes que cumplen estas dos formas de comunicación científica; la primera, que consiste en difundir muy rápidamente, escapando a las demoras de la publicación científica (ventaja importante en los sectores altamente competitivos), entre un número restringido de lectores que son también, frecuentemente, los concurrentes más competentes, productos que no están protegidos por la publicación oficial contra la apropiación fraudulenta, pero que son susceptibles de ser mejorados por la circulación; la segunda, que consiste en divulgar más ampliamente, entre el conjunto de los colegas o de los interesados, productos marcados y socialmente imputados a un nombre propio (cf. W. Hagstrom, "Factors Related to de Use of Different Modes of Publishing Research in Four Scientific Fields", en: C. E. Nelson y D. K. Pollok, eds., *Communication Among Scientists and Engineers*, Lexington (Mass.), Health Lemington Books, D. C. Heath and Co., 1970).

12. De allí las dificultades que se encuentran en las investigaciones sobre los intelectuales, los sabios o los artistas, tanto en la investigación misma como en la publicación de los resultados: proponer el *anonimato* a personas que están totalmente ocupadas en hacerse un nombre, es hacer desaparecer la motivación principal de la participación en una investigación (cf. El modelo de la encuesta literaria o del *interview*); no proponerlo es prohibirse plantear cuestiones "indiscretas", es decir, objetivantes y reductoras. La publicación de los resultados plantea problemas equivalentes, aunque no fuera sino porque el anonimato tiene por efecto tornar el discurso ininteligible o transparente según el grado de información de los lectores (tanto más cuanto, en este caso, muchas posiciones no cuentan sino con un elemento, un nombre propio).

13. H. A. Zuckerman, "Patterns of Name Ordering among Authors of Scientifics Papers: A Study of Social Simbolism and its Ambiguity", *American Journal of Sociology*, 74 (3), noviembre de 1968, pp. 276-291.

nominación entre los autores de artículos científicos" como el producto de estrategias que apuntan a *minimizar la pérdida de valor distintivo* que está impuesta por las necesidades de la nueva división del trabajo científico. Así, para explicar que los laureados con el premio Nobel no sean nombrados más frecuentemente que los otros en el primer rango –como debería esperarse, dado que los autores son normalmente nombrados en el orden del valor relativo de su contribución–, no hay necesidad de invocar una moral aristocrática de la "nobleza obliga"; en efecto, es suficiente suponer que la visibilidad de un nombre en una serie es función, en primer lugar, de su *visibilidad relativa*, definida por el rango que ocupa en la serie y, en segundo lugar, de su *visibilidad intrínseca*, que resulta del hecho de que, ya conocido, es más fácilmente reconocido y retenido (uno de los mecanismos que hacen que, aquí también, el capital vaya al capital) para comprender que la tendencia a abandonar a otros el primer rango crezca a medida que crece el capital poseído, con lo que el beneficio simbólico está automáticamente asegurado a su poseedor, independientemente del rango de nominación.[14] El mercado de los bienes científicos tiene sus leyes, que no tienen nada que ver con la moral. Y con el riesgo de hacer entrar en la ciencia de la ciencia, bajo diversos nombres "eruditos", lo que los agentes llaman a veces "los valores" o "las tradiciones" de la "comunidad científica", es necesario reconocer como tales las estrategias que, en los universos en los cuales se tiene interés en el desinterés, tienden a disimular las estrategias.

Estas estrategias de segundo orden, con las cuales uno *se pone en regla,* transfigurando la sumisión a las leyes (que es la condición de la satisfacción de los intereses) en obediencia electiva a las normas, permiten acumular las satisfacciones del interés bien comprendido y los beneficios casi universalmente prometidos a acciones que no tienen otra determinación aparente que el respeto puro y desinteresado de la regla.

Capital científico y propensión a invertir

La estructura del campo científico es definida, en cada momento, por el estado de la relación de fuerzas entre los protagonistas de la lucha, agentes o

14. El modelo propuesto aquí da cuenta perfectamente –sin apelar a ningún determinante moral– del hecho de que los laureados ceden el primer rango más frecuentemente luego de la obtención del premio y de que su contribución a la investigación premiada sea más visiblemente marcada que la parte que ellos han tomado en sus otras investigaciones colectivas.

instituciones; es decir, por la estructura de la distribución del capital específico, resultado de las luchas anteriores que se encuentra objetivado en instituciones y disposiciones, y que dirige las estrategias y las posibilidades objetivas de los diferentes agentes o instituciones en las luchas presentes. (Basta aquí, como en otra parte, con percibir la relación dialéctica que se establece entre las estructuras y las estrategias –por intermedio de las disposiciones– para hacer desaparecer la antinomia de la sincronía y la diacronía, de la estructura y la historia). La estructura de la distribución del capital científico es el fundamento de las transformaciones del campo científico por mediación de las estrategias de conservación o de subversión de la estructura que la estructura misma produce: por una parte, la posición que cada agente singular ocupa en un momento dado del tiempo en la estructura del campo científico es la resultante, objetivada en instituciones e incorporada en disposiciones, del conjunto de las estrategias anteriores, de este agente y de sus concurrentes, que dependen, ellas mismas, de la estructura del campo por mediación de las propiedades estructurales de la posición a partir de la cual son engendradas; y, por otra parte, las transformaciones de la estructura del campo son el producto de estrategias de conservación o de subversión, que encuentran el principio de su orientación y de su eficacia en las propiedades de la posición que ocupan aquellos quienes las producen en el interior de la estructura del campo.

Esto significa que en un estado determinado del campo, las inversiones de los investigadores dependen tanto en su importancia (medida, por ejemplo, en tiempo consagrado a la investigación), como en su naturaleza (y, en particular, en el grado de riesgo asumido), de la importancia de su capital actual y potencial en el campo (según un proceso dialéctico que se observa en todos los dominios de la práctica). Según una lógica muchas veces observada, las aspiraciones –es decir, lo que se llama comúnmente las "ambiciones científicas"– son tanto más altas cuanto el capital de reconocimiento es más elevado: la posesión del capital que confiere desde el origen de la carrera científica el sistema escolar, bajo la forma de un título raro, implica e impone –por mediaciones complejas– la prosecución de objetivos elevados que están socialmente demandados y garantizados por ese título. Así, intentar medir la relación estadística que se establece entre el prestigio de un investigador y el prestigio de sus títulos escolares de origen ("Grande École" o facultad en Francia, universidad donde ha sido otorgado el doctorado para los Estados Unidos) *una vez controlados los efectos de su productividad*,[15] es asumir implícitamente la hipótesis de que la productividad y el prestigio actual

15. Cf. Por ejemplo L. L. Hargens y W. O. Hagstrom, "Sponsored and Contest Mobility of American Academic Scientist", *Sociology of Education*, 40 (1), invierno de 1967, pp. 24-38.

son independientes (entre ellos) e independientes de los títulos de origen: de hecho, en la medida en que el título –en tanto que capital escolar reconvertible en capital universitario y científico– encierra una trayectoria probable, dirige, por mediación de las "aspiraciones razonables" que autoriza, todo lo relativo a la carrera científica (la elección de objetos más o menos "ambiciosos", una productividad más o menos grande, etc.); de suerte que el efecto del prestigio de las instituciones no se ejerce solamente de manera directa –"contaminando" el juicio emitido sobre las capacidades científicas manifestadas por la cantidad y la calidad de los trabajos–, ni sólo de manera indirecta –a través de los contactos con los maestros más prestigiosos que procuran un alto origen escolar (lo más frecuentemente, asociado a un alto origen social)–, sino también por mediación de la "causalidad de lo probable", es decir, por la virtud de las aspiraciones que autorizan o favorecen las posibilidades objetivas (se podrían hacer observaciones análogas a propósito de los efectos del origen social, cuando los títulos escolares de partida son semejantes).

Es así, por ejemplo, que la oposición entre las colocaciones seguras de la investigación intensiva y especializada y las colocaciones riesgosas de la investigación extensiva que puede conducir a las vastas síntesis teóricas (revolucionarias o eclécticas) –aquellos que, en el caso de la física analizada por Fred Reif, consisten en informarse sobre los desarrollos científicos producidos fuera de los límites estrictos de la especialidad, en lugar de descansar sobre los caminos trillados de una dirección de investigación probada, y que pueden quedarse en pura pérdida o proporcionar analogías fecundas– tiende a reproducir la oposición entre las trayectorias altas y las trayectorias bajas en el campo escolar y en el campo científico.[16] Asimismo, para comprender la transformación, frecuentemente descrita, de las prácticas científicas que acompaña el progreso en la carrera científica, es necesario relacionar las diferentes estrategias científicas –por ejemplo, las inversiones masivas y extensivas en la única investigación, o las inversiones moderadas e intensivas en la investigación asociadas a inversiones en la administración científica– evidentemente, no con clases etarias –cada campo define sus propias leyes de envejecimiento social–[17] sino con la importancia del capital poseído que,

16. Cf. P. Bourdieu, L. Boltanski y P. Maldidier, "La défense du corps", *Information sur sciences sociales*, 10 (4), pp. 45-86.

17. El análisis estadístico muestra, por ejemplo, que, para el conjunto de las generaciones pasadas, la edad de productividad científica máxima se situaba entre los 26 y los 30 años en los químicos, entre los 30 y los 34 años en los físicos y los matemáticos, entre los 35 y los 39 años entre los bacteriólogos, los geólogos y los fisiólogos. H. C. Lehman, *Age and Achievment*, Princeton, Princeton University Press, 1953.

definiendo en cada momento las posibilidades objetivas de beneficio, define las estrategias "razonables" de inversión y de desinversión. Puede verse que nada es más artificial que describir las propiedades genéricas de las diferentes fases de la "carrera científica",[18] aunque se tratara de la "carrera promedio" en un campo particular[19] –en efecto, toda carrera se define, fundamentalmente, por la posición en la estructura del sistema de las carreras posibles–.[20] Existen tantas maneras de entrar en la investigación, de mantenerse en la investigación y de salir de la investigación como clases de trayectorias, y toda descripción que, tratándose de tal universo, se atiene a las características genéricas de una carrera "cualquiera" hace desaparecer lo esencial, es decir, *las diferencias.* La disminución con la edad de la cantidad y de la calidad de las producciones científicas que se observa en el caso de las "carreras promedio" y que se comprende aparentemente si se admite que el incremento del capital de consagración tiende a reducir la urgencia de la alta productividad que ha sido necesaria para obtenerlo, no deviene inteligible completamente si no se comparan las carreras medias con las carreras más altas, que son las únicas que procuran hasta el final los beneficios simbólicos necesarios para reactivar continuamente la propensión a nuevas inversiones, retardando así continuamente la desinversión.

El orden (científico) establecido

La forma que reviste la lucha inseparablemente política y científica por la legitimidad científica depende de la estructura del campo, es decir, de la estructura de la distribución del capital específico de reconocimiento científico entre los participantes de la lucha. Esta estructura puede teóricamente

18. Cf. F. Reif y A. Strauss, "The impact of Rapid Discovery upon the Scientist's Career", *Social Problems,* invierno de 1965, pp. 297-311. La comparación sistemática de este artículo –para el cual el físico ha colaborado con el sociólogo– con el que escribía el físico algunos años antes proporcionaría enseñanzas excepcionales sobre el funcionamiento del pensamiento sociológico americano. Basta indicar que la "conceptualización" (es decir la traducción de los conceptos nativos en la jerga de la disciplina) tiene por precio la desaparición total de la referencia al campo en su conjunto y, en particular, al *sistema de las trayectorias* (o de las carreras) que confiere a cada carrera singular sus propiedades más importantes.

19. Cf. B. G. Glaser, "Variations in the Importance of Recognition in Scientist's Careers", *Social Problems,* 10 (3) invierno de 1963, pp. 268-276.

20. Para evitar rehacer aquí toda la demostración, me contentaré con remitir a P. Bourdieu, "Les catégories de l'entendement professoral", *Actes de la recherche en sciences sociales,* 3, 1975, pp. 68-93.

variar (como es también el caso en todo campo) entre dos límites teóricos, de hecho jamás alcanzados: por un lado, la situación de monopolio de capital específico de autoridad científica y, por el otro, la situación de concurrencia perfecta que supone la distribución igual de este capital entre todos los concurrentes. El campo científico es siempre el lugar de una lucha, *más o menos desigual*, entre agentes desigualmente provistos de capital específico, por lo tanto, en condiciones desiguales para apropiarse del producto del trabajo científico (y también, en ciertos casos, de los beneficios externos, tales como las gratificaciones económicas o propiamente políticas) que producen, por su *colaboración objetiva*, el conjunto de los concurrentes, poniendo en práctica el conjunto de los medios de producción científica disponibles. En todo campo se oponen, con *fuerzas más o menos desiguales* según la estructura de la distribución del capital en el campo (grado de homogeneidad), los dominantes, que ocupan las posiciones más altas en la estructura de la distribución del capital científico, y los dominados, es decir, los recién llegados, que poseen un capital científico tanto más importante (en valor absoluto) cuanto los recursos científicos acumulados en el campo son más importantes.

Todo parece indicar que, a medida que los recursos científicos acumulados se incrementan y que, como consecuencia de la elevación correlativa del derecho de entrada, se eleva el grado de homogeneidad entre los concurrentes (quienes, bajo el efecto de factores independientes, tienden a devenir cada vez más numerosos), la competencia científica tiende a distinguirse en su forma y en su intensidad de la que se observa en estados más antiguos de los mismos campos, o en otros campos, donde los recursos acumulados son menos importantes y el grado de heterogeneidad más grande (cf. más adelante). Olvidando tomar en cuenta (lo que se hace casi siempre) estas propiedades estructurales y morfológicas de los diferentes campos, los sociólogos de la ciencia se exponen a universalizar el caso particular. Así, la oposición entre las estrategias de conservación y las estrategias de subversión que será analizada más adelante, tiende a debilitarse a medida que crece la homogeneidad del campo y que decrece correlativamente la probabilidad *de las grandes revoluciones periódicas en beneficio de las innumerables pequeñas revoluciones permanentes.*

En la lucha que los opone, los dominantes y los pretendientes, es decir los recién llegados, como dicen los economistas, recurren a estrategias antagónicas, profundamente opuestas en su lógica y en su principio: los intereses (en el doble sentido) que los animan y los medios que pueden poner en práctica para satisfacerlos dependen, en efecto, muy estrechamente de su posición en el campo, es decir, de su capital científico y del poder que les da sobre el campo de producción y de circulación científica y sobre los beneficios que él produce. Los dominantes están destinados a *estrategias de conservación*, que apuntan a asegurar la perpetuación del orden científico establecido al cual pertenecen. Este orden no se reduce, como se cree comúnmente, a la *ciencia oficial*, conjunto de recursos científicos heredados del pasado que existen en *estado objetivado* –bajo forma de instrumentos, de obras, de instituciones, etc.–, y en *estado incorporado* –bajo forma de habitus científicos, sistemas de esquemas generadores de percepción, de apreciación y de acción que son el producto de una forma específica de acción pedagógica y que hacen posible la elección de los objetos, la solución de los problemas y la evaluación de las soluciones–. Engloba, también, el conjunto de instituciones encargadas de asegurar la producción y la circulación de los bienes científicos al mismo tiempo que la reproducción y la circulación de los productores (o de los reproductores) y de los consumidores de esos bienes, es decir, en primer lugar el sistema de enseñanza, único capaz de asegurar a la ciencia oficial la permanencia y la consagración inculcándola sistemáticamente (habitus científicos) al conjunto de los destinatarios legítimos de la acción pedagógica y, en particular, a todos los recién llegados al campo de producción propiamente dicho. Además de las instancias específicamente encargadas de la consagración (academias, premios, etc.), comprende también los instrumentos de difusión, y en particular las revistas científicas que, por la selección que operan en función de los criterios dominantes, consagran las producciones conformes a los principios de la ciencia oficial –ofreciendo así continuamente el ejemplo de lo que merece el nombre de ciencia– y ejercen una censura de hecho sobre las producciones heréticas, ya sea rechazándolas expresamente, ya sea desanimando puramente la intención de publicación por la definición de lo publicable que proponen.[21]

Es el campo quien asigna a cada agente sus estrategias, incluyendo la que consiste en invertir el orden científico establecido. Según la posición

21. Sobre la acción de "filtro" de los comités de redacción de revistas científicas (en ciencias sociales), ver D. Crane, "The Gate-Keepers of Science: Some Factors Affecting the Selection of Articles for Scientific Journals", *American Sociologist*, II, 1967, pp. 195-201. Todo autoriza a pensar que en materia de producción científica, como en materia de producción literaria, los autores seleccionan, consciente o inconscientemente, los lugares de publicación en función de la idea que ellos se hacen de sus "normas". Todo inclina a pensar que la auto-eliminación, evidentemente menos perceptible, es al menos tan importante como la eliminación expresa (sin hablar del efecto que produce la imposición de una norma de lo publicable).

que ocupan en la estructura del campo (y sin duda también según variables secundarias tales como la trayectoria social, que dirige la evaluación de las posibilidades), los "recién llegados" pueden encontrarse orientados hacia las colocaciones seguras de las *estrategias de sucesión*, adecuadas para asegurarles, en el término de una carrera previsible, los beneficios prometidos a los que realizan el ideal oficial de la excelencia científica al precio de innovaciones circunscritas a los límites autorizados, o hacia *estrategias de subversión*, colocaciones infinitamente más costosas y más riesgosas que no pueden asegurar los beneficios prometidos a los detentadores del monopolio de la legitimidad científica, sino al precio de una redefinición completa de los principios de legitimación de la dominación: los recién llegados que rechazan las carreras trazadas no pueden "vencer a los dominantes en su propio juego" sino a condición de comprometer un aumento de inversiones propiamente científicas y sin poder esperar beneficios importantes, al menos en corto plazo, puesto que tienen contra ellos toda la lógica del sistema.

Por un lado, la invención según un arte de inventar ya inventado, resolviendo todos los problemas susceptibles de ser planteados en los límites de la problemática establecida por la aplicación de métodos comprobados (o trabajando para salvar los principios contra las contestaciones heréticas –pensamos por ejemplo en Tycho Brahé–), tiende a hacer olvidar que ella no resuelve sino los problemas que puede plantear o que ella no plantea sino los problemas que puede resolver; por otro, la invención herética que, poniendo en cuestión los principios mismos del orden científico antiguo, instaura una alternativa tajante, sin compromiso posible, entre dos sistemas mutuamente exclusivos. Los fundadores de un orden científico herético rompen el contrato de intercambio que aceptan, al menos tácitamente, los candidatos a la sucesión: al no reconocer otro principio de legitimación que el que ellos esperan imponer, no aceptan entrar en el ciclo del *intercambio de reconocimiento* que asegura una transmisión reglada de la autoridad científica entre los poseedores y los pretendientes (es decir, muy frecuentemente, entre miembros de generaciones diferentes, lo que lleva a muchos observadores a reducir los conflictos de legitimidad a conflictos generacionales). Al rechazar todas las cauciones y todas las garantías que ofrece el orden antiguo y la participación (progresiva) en el capital colectivamente garantizado que se produce según los procedimientos reglados de un contrato de delegación, realizan la acumulación inicial por un golpe de fuerza y por una ruptura, desviando a su beneficio el crédito del cual se beneficiaban los antiguos dominantes, sin concederles la contrapartida de reconocimiento que les otorgan los que aceptan insertarse en la continuidad de una descendencia.[22]

Y todo lleva a creer que la propensión a las estrategias de conservación o a las estrategias de subversión es tanto menos independiente de las disposiciones respecto del orden establecido, cuanto el orden científico es él mismo menos independiente del orden social en el cual se encuentra inserto. Por esta razón, es lícito suponer que la relación que establece Lewis Feuer entre las inclinaciones universitaria y políticamente subversivas del joven Einstein y su empresa científicamente revolucionaria vale de alguna manera *a fortiori* para ciencias como la biología o la sociología, que están lejos de haber llegado al grado de autonomía de la física de los tiempos de Einstein. Y la oposición que establece este autor entre las disposiciones revolucionarias de Einstein, miembro en su juventud de un grupo de estudiantes judíos en revuelta contra el orden científico establecido y contra el orden establecido, y las disposiciones reformistas de las cuales da cuenta Poincaré, perfecto representante de la "república de los profesores", hombre de orden y de reforma ordenada, tanto en el orden político cuanto en el orden científico, no puede dejar de evocar la oposición homóloga entre Marx y Durkheim.

En su esfuerzo de reflexión original, Einstein fue sostenido por un extraño y pequeño círculo de jóvenes intelectuales, plenos de sentimientos de revuelta social y científica propios de su generación y que formaban una contra-comunidad científica fuera de la institución oficial; un grupo de bohemios cosmopolitas conducidos, en esos tiempos revolucionarios, a considerar el mundo de una nueva manera" (L. S. Feuer, "The Social Roots of Einstein's Theory of Relativity", *Annales of Science*, Vol. 27, Nº 3, septiembre de 1971, pp. 278-298 y Nº 4, diciembre de 1971, pp. 313-344). Superando la oposición ingenua entre los habitus individuales y las condiciones sociales de su cumplimiento, Lewis Feuer sugiere la hipótesis, que todos los trabajos recientes sobre el sistema de enseñanza científica vienen a corroborar (cf. M. De Saint Martin, *Les fonctions sociales de l'enseignement scientifique*, París, La Haya, Mouton, coll. Cahiers du Centre de sociologie européenne, Nº 8, 1971 y P. Bourdieu y M. de Saint Martin, *Le système des grandes écoles et la reproduction de la classe dominante*, a aparecer), según la cual

22. Se verá más adelante la forma original que reviste esta transmisión reglada del capital científico en los campos donde, como en la física en la actualidad, la conservación y la subversión son casi indiscernibles.

el acceso rápido y fácil a las responsabilidades administrativas que se ofrecía en Francia a los alumnos de las grandes escuelas científicas tendía a desalentar la revuelta contra el orden (científico) establecido, el que encuentra, al contrario, un terreno favorable en los grupos de intelectuales marginales, ubicados en posiciones inestables entre el sistema de enseñanza y la bohemia revolucionaria: "En verdad, se puede arriesgar la hipótesis de que, precisamente porque Francia era una 'república de profesores', precisamente porque los más brillantes sujetos de la Escuela politécnica eran rápidamente absorbidos por la alta función militar y la ingeniería, no era casi verosímil que una ruptura radical con los principios recibidos pudiera tener lugar. Una revolución científica encuentra su terreno más fértil en una contra-comunidad. Cuando el joven científico encuentra muy rápidamente responsabilidades administrativas, su energía está menos disponible para la sublimación en el radicalismo de una investigación pura. Al tratarse de creatividad revolucionaria, la apertura misma de la administración francesa a los talentos científicos, constituye quizás un factor explicativo de conservadurismo científico más importante que todos los otros factores que habitualmente se priorizan.

De la revolución inaugural a la revolución permanente

¿Cuáles son las condiciones sociales que deben ser cumplidas para que se instaure un juego social en el cual la idea verdadera esté dotada de fuerza, porque los que participan allí tienen interés en la verdad, en lugar de tener, como en otros juegos, la verdad de sus intereses? Va de suyo que no se trata de hacer de este universo social de excepción una excepción a las leyes fundamentales de todo campo –y, en particular, a la ley del interés que permite conferir una violencia imputable a las luchas científicas más "desinteresadas"– (hemos visto que el "desinterés" no es jamás sino un sistema de intereses específicos –artísticos, religiosos tanto como científicos– que implica la indiferencia –relativa– a los objetos ordinarios del interés, dinero, honores, etc.). El hecho de que el campo científico comporte siempre una parte de arbitrario social, en la medida en que sirve a los intereses de quienes, en el campo y/o fuera del campo, están en condiciones de percibir los beneficios, no excluye que, bajo ciertas condiciones, la lógica propia del campo, y en particular la lucha entre los dominantes y los recién llegados y la censura cruzada que de ello resulta, no ejerzan un *desvío sistemático de los fines* que hace girar continuamente la prosecución de los intereses científicos privados (entendidos siempre en el doble sentido) al beneficio del progreso de la ciencia.[23]

Las teorías parciales de la ciencia y de sus transformaciones están predispuestas a cumplir funciones ideológicas en las luchas en el interior del campo científico (o de campos que pretenden la cientificidad, como el de las ciencias sociales), porque universalizan las propiedades ligadas a *estados particulares* del campo científico: es el caso de la teoría positivista, que confiere a la ciencia el poder de resolver todas las cuestiones que plantea, con tal de que ellas estén científicamente planteadas, y de imponer, por la aplicación de criterios objetivos, el consenso sobre sus soluciones, inscribiendo así el progreso en la rutina de la "ciencia normal" y haciendo como si se pasara de un sistema a otro –de Newton a Einstein, por ejemplo– por simple acumulación de conocimientos, por afinamiento de las medidas y por rectificación de los principios; vale lo mismo para la teoría de Kuhn, que, siendo válida para las revoluciones inaugurales de la ciencia inicial (de la cual la revolución copernicana proporciona el paradigma –en el sentido verdadero del término–), toma simplemente la contracara del modelo positivista.[24] De hecho, el campo de la astronomía, en el cual sobreviene la revolución copernicana, se opone al campo de la física contemporánea, del mismo modo en que el mercado "inmerso en relaciones sociales" (*embedded in social relationships*) de las sociedades arcaicas se opone, según Polanyi, al "mercado auto-regulado" (*self-regulating-market*) de las sociedades capitalistas. No es por azar que la revolución copernicana implique la reivindicación expresa de la autonomía para un campo científico todavía "inmerso" en el campo religioso y en el campo de la filosofía y, por su mediación, en el campo político, reivindicación que implica la afirmación del derecho de los científicos a zanjar las cuestiones científicas ("los matemáticos a

23. Tal mecanismo es el que tiende a asegurar el control de las relaciones con el universo exterior, con los laicos, es decir, la "vulgarización científica" como auto-divulgación del sabio (cf. L. Boltanski y p. Maldidier, *Op. cit.*).

24. En efecto, no hay duda que la filosofía de la historia de la ciencia que propone Kuhn, con la alternancia de concentración monopolística (paradigma) y de revolución, debe mucho al caso particular de la "revolución copernicana" tal como él la analiza y la considera, como "típica de toda otra inversión mayor de la ciencia". T. Kuhn, *La révolution copernicienne*, París, Fayard, 1973, pp. 153 y 162 (trad. esp.: *La revolución copernicana*, Buenos Aires, Hyspamérica, 1987): siendo todavía muy débil la autonomía relativa de la ciencia con relación al poder, y en particular con relación a la Iglesia, la revolución científica (en la astronomía matemática) pasa por la revolución política y supone una revolución de todas las disciplinas científicas que puede tener efectos políticos.

las matemáticas") en nombre de la legitimidad específica que les confiere su competencia.

Mientras que el método científico y la censura y/o la asistencia que ella propone o impone no son objetivados en mecanismos y en disposiciones, las rupturas científicas toman necesariamente la forma de revoluciones contra la institución, y las revoluciones contra el orden científico establecido son inseparablemente revoluciones contra el orden establecido. Al contrario, cuando se encuentra excluido –gracias a estas revoluciones originarias–, todo recurso a armas o a poderes, incluso puramente simbólicos, diferentes a los que tienen curso en el campo, es el funcionamiento mismo del campo el que define cada vez más completamente no solamente el orden ordinario de la "ciencia normal", sino también las rupturas extra-ordinarias, esas "revoluciones ordenadas", como dice Bachelard, que están inscritas en la lógica de la historia de las ciencias, es decir, de la polémica científica.[25] Cuando el método está inscrito en los mecanismos del campo, la revolución contra la ciencia instituida se produce con la asistencia de una institución que proporciona las condiciones institucionales de la ruptura; el campo deviene el lugar de una revolución permanente, pero cada vez más totalmente desprovista de efectos políticos. Por esta razón, este universo de la revolución permanente puede ser también sin contradicción el del "dogmatismo legítimo":[26] el equipamiento científico que es necesario para hacer la revolución científica no puede ser adquirido sino en y por la ciudad científica. A medida que aumentan los recursos científicos acumulados, el capital científico incorporado que es necesario para apropiárselos y tener, así, acceso a los problemas y a los instrumentos científicos y, por lo tanto, a la lucha científica, deviene cada vez más importante (derecho de entrada).[27] De ello se deriva que la revolución científica no es asunto de los más

25. Además de Bachelard y Reif (ya citados), D. Bloor ha percibido que las transformaciones en la organización social de la ciencia han determinado una transformación de la naturaleza de las revoluciones científicas (cf. D. Bloor, "Essay Review; Two Paradigms for Scientific Knowledge?", *Sciences Studies*, 1971, 1, pp. 101-115).

26. G. Bachelard, *Le Matérialisme rationnel*, París, PUF, 1953, p. 41 (trad. esp. *El materialismo racional*, Buenos Aires, Paidós, 1972).

27. La principal censura está constituida por este derecho de entrada, es decir, por las condiciones de acceso al campo científico y al sistema de enseñanza que le da entrada. Habría lugar para interrogarse sobre las propiedades que las ciencias de la naturaleza (sin hablar de las ciencias del hombre en las que, por el hecho de la debilidad de los métodos, la más grande libertad está dejada a los habitus), deben a su reclutamiento social, es decir, grosso modo, a las condiciones de acceso a la enseñanza superior (cf. M. De Saint Martin, *op. cit.*).

desposeídos, sino, al contrario, de los más ricos científicamente entre los recién llegados.[28] La antinomia de la ruptura y de la continuidad se debilita en un campo que, al ignorar la distinción entre las fases revolucionarias y la "ciencia normal", encuentra en la ruptura continua el verdadero principio de su continuidad, y correlativamente, la oposición entre las estrategias de sucesión y las estrategias de subversión tiende cada vez más a perder su sentido, ya que la acumulación del capital necesario para el cumplimiento de las revoluciones y del capital que procuran las revoluciones tiende siempre más a cumplirse según los procedimientos reglados de una carrera.[29]

La transmutación del antagonismo anárquico de los intereses particulares en dialéctica científica se torna cada vez más total, a medida que el interés que tiene todo productor de bienes simbólicos en producir productos "que no sean solamente interesantes para él mismo, como dice Fred Reif, sino también importantes para los otros" –por lo tanto, adecuados para obtener de los otros el reconocimiento de su importancia y la importancia de su autor–, se choca con concurrentes más capaces de poner los mismos medios al servicio de las mismas intenciones –lo que conduce, cada vez más frecuentemente con los descubrimientos simultáneos, al sacrificio del interés de uno de los productores o de los dos–;[30] o, en otros términos, a medida que el interés privado que cada agente singular tiene para combatir y para dominar a sus concurrentes, para obtener de ellos el reconocimiento, se encuentra armado de todo un conjunto

28. Se sabe que las *revoluciones inaugurales* mismas, que dan nacimiento a un nuevo campo constituyendo, por la ruptura, un nuevo dominio de objetividad, incumben casi siempre a detentadores de un gran capital científico, quienes, en virtud de variables secundarias (tales como la pertenencia a una clase social o a una etnia improbable en este universo) se encuentran ubicados en una posición inestable, adecuada para favorecer la inclinación revolucionaria: es el caso, por ejemplo, de los recién llegados que importan a un campo el capital acumulado en un campo científico socialmente superior (cf. J. Ben David, "Roles and Innovation in Medicine", *American Journal of Sociology*, 65, 1960, pp. 557-568; J. Ben David y R. Vollins, "Social factors in the Origins of a New Science: the Case of Psichology", *American Sociological review*, 31, 1966, pp. 451-465).

29. Se ha visto más arriba la descripción que da F. Reif de la forma que toma, la mayoría de las veces, la acumulación del capital en tal estado del campo.

30. En efecto, se estará de acuerdo en observar que la lucha científica deviene cada vez más intensa (a pesar del efecto de la especialización que tiende sin cesar a reducir el universo de los concurrentes, por la división en sub-campos cada vez más estrechamente especificados) a medida que la ciencia avanza, es decir, más precisamente, a medida que los recursos científicos acumulados se incrementan y que el capital necesario para realizar la invención deviene más amplia y uniformemente esparcido entre los concurrentes, por el hecho de la elevación del *derecho de entrada* en el campo.

de instrumentos que confieren su plena eficacia a su intención polémica, dándole el alcance universal de una censura metódica. Y, de hecho, a medida que se incrementan los recursos acumulados y el capital necesario para apropiárselos, el mercado sobre el cual puede ser ubicado el producto científico no deja de restringirse a concurrentes cada vez más fuertemente armados para criticarlo racionalmente y desacreditar a su autor: el antagonismo que está al principio de la estructura y del cambio de todo campo tiende a devenir cada vez más radical y cada vez más fecundo, porque el *acuerdo forzado* donde se engendra la razón deja cada vez menos lugar a lo impensado de la doxa. El orden colectivo de la ciencia se elabora en y por la anarquía concurrencial de las acciones interesadas, al encontrarse dominado cada agente –y con él, todo el grupo– por el entrecruzamiento en apariencia incoherente de las estrategias individuales. Es decir que la oposición entre los aspectos "funcionales" y los aspectos "disfuncionales" del funcionamiento de un campo científico dotado de una gran autonomía, no tiene casi sentido: las tendencias más "disfuncionales" (por ejemplo, la propensión al secreto y a la negativa de cooperación) están inscritas en los mecanismos mismos que engendran las disposiciones más "funcionales". A medida que el método científico se inscribe en los mecanismos sociales que regulan el funcionamiento del campo y que se encuentra así dotado de la objetividad superior de una ley social inmanente, puede realmente objetivarse en instrumentos capaces de controlar, y a veces de dominar, a los que los utilizan, y en las disposiciones constituidas de manera durable, que produce la institución escolar. Y estas disposiciones encuentran un reforzamiento continuo en los mecanismos sociales que, al reencontrar ellos mismos un sostén en el materialismo racional de la ciencia objetivada e incorporada, producen control y censura, pero también invención y ruptura.[31]

La ciencia y los doxósofos

La ciencia no tiene jamás otro fundamento que la creencia colectiva en sus fundamentos que produce y supone el funcionamiento mismo del campo

31. El conjunto de los procesos que acompañan la autonomización del campo científico mantiene relaciones dialécticas: así, la elevación continua del derecho de entrada que implica la acumulación de recursos específicos contribuye, recíprocamente, a la autonomización del campo científico, instaurando una ruptura social, tanto más radical cuanto no buscado, con el mundo profano de los laicos.

científico. La orquestación objetiva de los esquemas prácticos inculcados por la enseñanza explícita y por la familiarización que constituye el fundamento del consenso práctico sobre las apuestas propuestas por el campo, es decir, sobre los problemas, los métodos y las soluciones inmediatamente percibidas como científicas, encuentra ella misma su fundamento en el conjunto de los mecanismos institucionales que aseguran la selección social y escolar de los investigadores (en función, por ejemplo, de la jerarquía establecida de las disciplinas), la formación de los agentes seleccionados, el control del acceso a los instrumentos de investigación y de publicación, etc.[32] El campo de discusión que diseñan, por sus luchas, la ortodoxia y la heterodoxia se recorta sobre el campo de la *doxa*, conjunto de presupuestos que los antagonistas admiten como yendo de suyo, más allá de toda discusión:[33] la censura que ejerce la ortodoxia –y que denuncia la heterodoxia–, oculta una censura más radical, también más invisible, porque es constitutiva del funcionamiento mismo del campo y porque se refiere al conjunto de lo que está admitido por el solo hecho de la pertenencia al campo, el conjunto de lo que está fuera de discusión por el hecho de aceptar las apuestas de la discusión, es decir, el consenso sobre los objetos de disenso, los intereses comunes que están al principio de los conflictos de intereses, todo lo indiscutido y lo impensado tácitamente mantenidos fuera de los *límites* de la lucha.[34]

Según el grado de autonomía del campo con relación a las determinaciones externas, es mayor la parte del arbitrario social que se encuentra englobado en el sistema de los presupuestos constitutivos de la creencia propia en el campo considerado. Esto significa que, en el espacio abstracto de la teoría, todo campo científico –el de las ciencias sociales o el de las

32. El habitus producido por la primera educación de clase y el habitus secundario inculcado por la educación escolar contribuyen, con pesos diferentes en el caso de las ciencias sociales y de las ciencias de la naturaleza, a determinar una adhesión prerreflexiva a los presupuestos tácitos del campo (sobre el rol de la socialización, cf. W. D. Hagstrom, *op. cit.*, p. 9 y T. S. Kuhn, "The Function of Dogma in Scientific Research", en: A. C. Crombie (ed.), *Cientific Change*, London, Heineman, 1963, pp. 347-369).

33. Se ve en lo que podría devenir la etnometodología (¿pero ella sería todavía la etnometodología?) si ella supiera que lo que toma por objeto, el *taken for granted* de Schutz, es la adhesión prerreflexiva al orden establecido.

34. En el caso del campo de producción ideológica (del cual participan también los diferentes campos de producción de discurso erudito o letrado) el fundamento del consenso en el disenso que define la doxa reside, como veremos, en la relación censurada del campo de producción en su conjunción con el campo del poder (es decir, en la función oculta del campo de la lucha de clases).

matemáticas hoy, como el de la alquimia o de la astronomía matemática en los tiempos de Copérnico–, puede ser situado en alguna parte entre los dos límites representados, por un lado, por el campo religioso (o el campo de la producción literaria), en el cual la verdad oficial no es otra cosa que la imposición legítima (es decir, arbitraria y desconocida como tal) de un arbitrario cultural que expresa el interés específico de los dominantes –en el campo y fuera del campo–; y, por otro lado, por un campo científico donde todo elemento arbitrario (o impensado) social sería descartado, y cuyos mecanismos sociales realizarían la imposición necesaria de las normas universales de la razón.

La cuestión que se presenta así planteada es la del grado de arbitrariedad social de la *creencia* que produce el funcionamiento del campo y que es la condición de su funcionamiento o, lo que viene a ser lo mismo, la cuestión del grado de autonomía del campo (con relación, en primer lugar, a la demanda social de la clase dominante) y de las condiciones sociales, internas y externas, de esta autonomía. El principio de todas las diferencias entre campos científicos capaces de producir y de satisfacer un interés propiamente científico y de mantener así un proceso dialéctico interminable, y *campos de producción de discursos eruditos*, donde el trabajo colectivo no tiene otro efecto ni otra función que la de perpetuar el campo idéntico a sí mismo, produciendo, tanto hacia adentro como hacia afuera, la creencia en el valor autónomo de los objetivos y de los objetos que produce, reside en la relación de *dependencia por la apariencia de independencia* respecto a las demandas externas: los doxósofos, sabios aparentes y sabios de la apariencia, no pueden legitimar ni la desposesión que operan por la constitución arbitraria de un saber esotérico inaccesible al profano, ni la delegación que demandan arrogándose el monopolio de ciertas prácticas, sino a condición de imponer la creencia de que su falsa ciencia es perfectamente independiente de las demandas sociales que ella no puede satisfacer tan bien sino porque afirma vivamente su rechazo de servirlas.

Desde Heidegger que habla de las "masas" y de las "elites" en el lenguaje altamente eufemizado de lo "auténtico" y de lo "inauténtico" a los politólogos americanos que reproducen la visión oficial del mundo social en las semi-abstracciones de un discurso descriptivo-normativo, es siempre la misma estrategia de *falsa ruptura* la que define la *jerga erudita* por oposición al lenguaje científico. Allí donde el lenguaje científico pone comillas, como lo observa Bachelard, para señalar que las palabras del lenguaje ordinario o del lenguaje científico anterior que conserva están completamente redefinidas y no obtienen su sentido sino del nuevo sistema teórico,[35] el lenguaje erudito no usa comillas o neologismos sino para manifestar simbólicamente una distancia y una ruptura ficticias con relación al sentido común: al no disponer de ninguna autonomía real, sólo puede, en efecto, producir completamente su efecto ideológico si resulta lo suficientemente transparente como para continuar evocando la experiencia y la expresión ordinaria que *deniega.*

Las estrategias de falsa ruptura expresan la verdad objetiva de campos que no disponen sino de una *falsa autonomía*: en efecto, mientras que la clase dominante otorga a las ciencias de la naturaleza una autonomía acorde al interés que encuentra en las aplicaciones a la economía de las técnicas científicas, no tiene nada que esperar de las ciencias sociales, sino, en el mejor de los casos, una contribución particularmente preciada a la legitimación del orden establecido y un reforzamiento del arsenal de los instrumentos simbólicos de dominación. El desarrollo tardío y siempre amenazado de las ciencias sociales está allí para testimoniar que el progreso hacia la autonomía real, que condiciona y supone a la vez la instauración de los mecanismos constitutivos de un campo científico auto-regulado y autárquico, se choca necesariamente con obstáculos reconocidos en otra parte: y no puede ser de otro modo, porque lo que está en juego en la lucha interna por la autoridad científica en el campo de las ciencias sociales –es decir, el poder de producir, de imponer y de inculcar la representación legítima del mundo social–, es una de las apuestas de la lucha entre las clases en el campo político.[36] De ello se deriva que las posiciones en la lucha interna no pueden esperar jamás el grado de independencia respecto a las posiciones en la lucha externa que se observa en el campo de las ciencias de la naturaleza. La idea de una ciencia neutra es una ficción, y una ficción interesada, que permite dar por científica una forma neutralizada y eufemizada –por lo tanto, particularmente eficaz

35. G. Bachelard, *op. cit.*, pp. 216-217.

36. Es así que los sistemas de clasificación (taxonomías) sociales, que son una de las apuestas esenciales de la lucha ideológica entre las clases (cf. P. Bourdieu y L. Boltanski, "Le titre et le poste: rapports entre el système de production et le système de reproductio", *Actes de la recherche en sciences sociales*, 2, 1975, pp. 95-107), constituyen también –a través de las tomas de posición sobre la existencia o la no-existencia de las clases sociales– uno de los grandes principios de la división del campo sociológico (cf. P. Bourdieu, "Classes et classement", *Minuit*, 5, 1973, pp. 22-24, y A. P. A. Coxon y C. L. Jones, *Occupational Categorization and Images of Society*, Working Paper nº 4, Project on Occupational Cognition, Edinburgh, Edinburgh University Press, 1974).

simbólicamente porque es particularmente *irreconocible*– de la representación dominante del mundo social.[37]

Actualizando los mecanismos sociales que aseguran el mantenimiento del orden establecido y cuya eficacia propiamente simbólica descansa sobre el desconocimiento de su lógica y de sus efectos –fundamento de un reconocimiento sutilmente arrancado–, la ciencia social toma necesariamente parte en la lucha política. Es decir que, cuando llega a instaurarse (lo que supone el cumplimiento de ciertas condiciones, correlativas a un estado determinado de la relación de fuerzas entre las clases), la lucha entre la ciencia y la falsa ciencia de los doxósofos (que pueden reivindicar tradiciones teóricas más revolucionarias), aporta necesariamente una contribución a la lucha entre las clases que, al menos en este caso, no tienen igual interés en la verdad científica.

La cuestión fundamental de la sociología de la ciencia toma, en el caso de las ciencias sociales, una forma particularmente paradójica: ¿Cuáles son las condiciones sociales de posibilidad del desarrollo de una ciencia libre de las coacciones y de las demandas sociales, sabiendo que, en este caso, los progresos en el sentido de la racionalidad científica no son progresos en el sentido de la neutralidad política? Se puede negar la cuestión. Es lo que hacen, por ejemplo, todos aquellos que imputan todas las particularidades de las ciencias sociales a su situación de reciente emergencia, en nombre de una filosofía ingenuamente evolucionista que pone a la ciencia oficial en el término de la evolución. De hecho, la teoría del *retraso* no es verdadera, paradójicamente, sino en el caso de la sociología oficial y, más precisamente, de la sociología oficial de la sociología. En efecto, basta con traer a la memoria los análisis célebres de Alexander Gerschenkron sobre el "retraso económico", para comprender los rasgos más característicos de estas formas particulares de discurso erudito que son las *falsas ciencias*. Gerschenkron observa, en efecto, que, cuando el proceso de industrialización comienza *con retraso*, presenta diferencias sistemáticas con el que se ha producido en los países más desarrollados, no solamente en lo que concierne a la rapidez del desarrollo, sino también en lo que concierne a las "estructuras productivas y organizacionales", porque pone en práctica "instrumentos institucionales" originales y porque se desarrolla en un clima ideológico diferente.[38] La existencia de ciencias más avanzadas

37. De ello se deriva que la sociología de la ciencia (y, en particular, de la relación que la ciencia social mantiene con la clase dominante) no es una especialidad entre otras, sino que forma parte de las condiciones de una sociología científica.

38. A. Gerschenkron, *Economic Backwardness in Historical Perspective*, Cambridge, Harvard University Press, 1962, p. 7.

–grandes proveedoras no solamente de métodos y de técnicas, las más de las veces empleadas fuera de las condiciones técnicas y sociales de validez, sino también de ejemplos– es lo que permite a la sociología oficial darse todas las apariencias de la cientificidad: el alarde de autonomía puede tomar aquí una forma sin precedentes, de la cual el esoterismo de las viejas tradiciones letradas sabiamente mantenido no representa sino una pobre anticipación. La sociología oficial apunta no a realizarse como ciencia, sino a realizar la imagen oficial de la ciencia que la sociología oficial de la ciencia –suerte de instancia jurídica que se da la *comunidad* (el término se aplica perfectamente en este caso) de los sociólogos oficiales–, tiene por función proporcionarles al precio de una reinterpretación positivista de la práctica científica de las ciencias de la naturaleza.

Para convencerse completamente de la función de ideología justificadora que cumple la historia social de las ciencias sociales, tal como se practica en el *establishment* americano,[39] bastaría con reseñar el conjunto de trabajos directa o indirectamente consagrados a la *competition*, la palabra clave de toda la sociología de la ciencia americana que, en su oscuridad de concepto nativo promovido a la dignidad científica, condensa todo lo impensado (la doxa) de esta sociología. La tesis según la cual productividad y competencia están directamente ligadas,[40] se inspira en una teoría funcionalista de la competencia, que es una variante sociológica de la creencia en las virtudes del "mercado libre"; el término inglés *competition* designa también lo que nosotros llamamos concurrencia:[41] al reducir toda competencia a la *competition entre universidades* o al hacer de la *competition* entre universidades la condición de

39. La filosofía de la historia que frecuenta esta historia social de la ciencia social encuentra una expresión paradigmática en la obra de Terry Clark que, en un informe, Paul Vogt caracteriza sociológicamente con dos adjetivos: "Terry N. Clarck's long-awaited, much circulated in manuscript *Prophets and Patrons*" (cf. T. Clark, *Prophets and Patrons, The French University and the Emergence of the Social Science*, Cambridge, Harvard University Press, 1973, y J. C. Chamboredon, "Sociologie de la Sociologie et intérêts sociaux des sociologues", *Actes de la recherche en sciences sociales*, 2, 1975, pp. 2-17).
40. Joseph Ben David tiene el mérito de dar a esta tesis su forma más directa: el alto grado de competencia que caracteriza a la universidad americana explica su más alta productividad científica y su mayor flexibilidad (J. Ben David, "Scientific Productivity and Academic Organization in Nineteenth Century Medicine", *American Sociological Review*, 25, 1960, pp. 828-843; *Fundamental Research and the Universities*, París, OCDE, 1968; J. Ben David y Avraham Zloczower, "Universities and Academic Systems in Modern Societies", *European Journal of Sociology*, 3, 1962, pp. 45-84).
41. En francés *concurrence*. Por las connotaciones diferentes que este vocablo tiene, se ha preferido, a lo largo del texto, traducir *concurrence* por concurrencia, en un intento de ser fiel al contenido específico que el autor da al término, y para no confundirlo con "competencia". (N. Del T.)

la competencia entre investigadores, no se interroga jamás sobre los obstáculos a la competencia científica que son imputables a la *competition*, a la vez *económica y científica*, cuyo lugar es el *academic market place*.

La *competition* que reconoce esta ciencia del *establishment* es la competencia en los límites de la conveniencia social, que obstaculiza a la verdadera competencia científica, capaz de poner en cuestión a la ortodoxia, tanto más fuertemente cuanto se la sitúa en un universo más cargado de arbitrariedad social. Se comprende que la exaltación de la unanimidad del "paradigma" pueda coincidir con la exaltación de la competencia –o incluso que se pueda, según los autores, reprochar a la sociología europea de pecar por exceso o por defecto de competencia.

Además de las herramientas y de las técnicas –computadoras y programas de tratamiento *automático* de los datos, por ejemplo– la sociología oficial toma prestado un modelo de la práctica científica, tal como la imaginación positivista se la representa; es decir, con todos los atributos simbólicos de la respetabilidad científicas, máscaras y elementos postizos tales como los accesorios tecnológicos y el *kitch* retórico, y un modelo de la organización de lo que ella llama "la comunidad científica", tal como su pobre ciencia de las organizaciones le permite concebirla. Pero la sociología oficial no tiene el monopolio de las lecturas interesadas de la historia de la ciencia: la dificultad particular que la sociología tiene para pensar *científicamente la ciencia,* tiene relación con el hecho de que ella está situada en lo más bajo de la jerarquía social de las ciencias. Ya sea que se eleve para pensar ciencias más científicas mejor de lo que ellas mismas se piensan, ya sea que descienda para registrar la imagen triunfante que la hagiografía científica produce y propaga, ella siempre tiene la misma dificultad para pensarse como ciencia, es decir, para pensar su posición en la jerarquía social de las ciencias.

Esto se ve con toda claridad en las reacciones que ha suscitado el libro de Thomas Kuhn, *The Structure of Scientific Revolutions* y que proporcionarían un material experimental de alta calidad para un análisis empírico de las ideologías de la ciencia y de sus relaciones con la posición de sus autores en el campo científico. Es verdad que este libro, del cual no se sabe jamás exactamente si describe o prescribe la lógica del cambio científico (ejemplo de prescripción larvada: la existencia de un paradigma es un signo de madurez científica), invitaba a sus lectores a buscar allí respuestas a las preguntas sobre la buena o la mala ciencia.[42]

42. Más todavía que en este libro –cuyas tesis esenciales no tienen nada de radicalmente nuevas, al menos para los lectores de Bachelard, objeto él mismo, casi al mismo tiempo y en otra tradición,

Del lado de los que el lenguaje nativo llama "radicales", se ha leído en el libro de Thomas Kuhn una invitación a la "revolución" contra el "paradigma"[43] o una justificación del pluralismo liberal de los *world-views*,[44] dos tomas de posición que corresponden sin duda a posiciones diferentes dentro del campo.[45] Del lado de los sostenedores del orden científico establecido, se ha leído allí una invitación a arrancar a la sociología de la fase "pre-paradigmática", imponiéndole la constelación unificada de creencias, de valores y de técnicas que simboliza la tríada capitolina de Parsons y de Lazarsfeld reconciliadas en Merton. La exaltación de la cuantificación, de la formalización y de la neutralidad ética, el desdén por la "filosofía" y el rechazo de la ambición sistemática en beneficio de la minucia de la verificación empírica y de la floja conceptualización llamada operatoria de las "teorías de alcance medio", son otros tantos rasgos obtenidos por una transmutación desesperadamente transparente del ser en deber ser, que encuentra su justificación en la necesidad de contribuir al reforzamiento de los "valores comunitarios" considerados como la condición para el "despegue".

Falsa ciencia destinada a producir y a mantener la falsa conciencia, la sociología oficial (de la cual la politología es hoy su más bello florón) debe hacer alarde de objetividad y de "neutralidad ética" (es decir, de neutralidad en la lucha entre las clases, cuya existencia niega, por otra parte) y dar

---

de una captación semejante–, la intención normativa se ve en dos artículos donde T. Kuhn describe las funciones positivas para el desarrollo científico de un pensamiento "convergente" y sostiene que la adhesión dogmática a una tradición es favorable a la investigación. T. Kuhn, "The Function of Dogma in Scientific Research", en: A. C. Crombie (ed.), *op. cit.*, pp. 347-369; "The Essential Tension: Tradition and Innovation in Scientific Research", en: L. Hudson (ed.), *The Ecology of Human Intelligence*, London, Penguin, 1970, pp. 342-359.

43. Cf., por ejemplo, A. W. Gouldner, *The Coming Crisis of Western Sociology*, New York, London, Basic Books, 1970 y R. W. Friedrichs, *A Sociology of Sociology*, New York, Free Press, 1970.

44. E. Gellner, "Myth, Ideology and revolution", en: B. Crick y W. A. Robson (ed.), *Protest and Discontent*, London, Penguin, 1970, pp. 204-220.

45. Una revista tal como *Theory and Society* debe la importancia puramente social que le permite existir y subsistir sin otro contenido positivo que esta suerte de vago humanismo antipositivista en el cual se reconocen los "sociólogos críticos" (otro concepto nativo), al hecho de que proporciona una *unidad estrictamente negativa* a todas las corrientes que se encuentran o se piensan fuera del *establishment* americano, desde la etnometodología, heredera de la fenomenología, hasta el neomarxismo, pasando por la psico-historia. (Puede encontrarse un cuadro sinóptico bastante fiel de esta constelación ideológica en P. Bandyapadhyav, "One Sociology or Many: Some Issues in Radical Sociology", *Sociological Review*, Vol. 19, febrero de 1971, pp. 5-30.)

todas las apariencias de una *ruptura tajante* con la clase dominante y sus demandas ideológicas, multiplicando los signos exteriores de cientificidad: se tiene así, del lado "empírico", el *alarde tecnológico,* y, del lado de la teoría, la *retórica de lo "neo"* (floreciente también en el campo artístico) que imita a la acumulación científica, aplicando a una obra o a un conjunto de obras del pasado (cf. *The Structure of Social Action*) el procedimiento típicamente letrado de la "relectura", operación paradigmáticamente escolar de simple reproducción o de reproducción simple adecuada para producir, en los límites del campo y de la creencia que él produce, todas las apariencias de la "revolución". Sería necesario analizar sistemáticamente esta *retórica de la cientificidad* por la cual la "comunidad" dominante produce la creencia en el valor científico de sus productos y en la autoridad científica de sus miembros: ya sea, por ejemplo, el conjunto de las estrategias destinadas a dar las *apariencias de la acumulatividad,* tales como las referencias a las fuentes canónicas, la mayoría de las veces reducidas, como se dice, "a su más simple expresión" (basta pensar en el destino póstumo de *El Suicidio*), es decir, a chatos protocolos que simulan el frío rigor del discurso científico, y a los artículos más recientes posibles (se conoce la oposición entre las ciencias "duras" *–hard–* y las ciencias "blandas" *–soft–*) sobre el mismo tema; o también las *estrategias de cierre,* que pretenden marcar una separación tajante entre la problemática científica y los debates profanos y mundanos (siempre presentes, pero bajo el título de "fantasmas en la máquina"), al precio, la mayoría de las veces, de simples retraducciones lingüísticas; o las *estrategias de denegación,* que florecen entre los politólogos, hábiles para realizar el ideal dominante de "la objetividad" en un discurso apolítico sobre la política, donde la política inhibida no puede aparecer sino bajo las apariencias irreconocibles, por lo tanto irreprochables, de su denegación politicológica.[46] Pero estas estrategias cumplen por añadidura una función esencial: la circulación circular de los objetos, de las ideas, de los métodos y, sobre todo, de los signos de reconocimiento en el interior de una comunidad (sería necesario decir un club abierto a los únicos miembros nativos o importados del *Ivy League*)[47] produce, como todo *círculo de*

46. Cf. P. Bourdieu, "Les doxosophes ", *Minuit,* 1, 1973, pp. 26-45 (en particular el análisis del efecto Lipset).

47. La sociología oficial de la ciencia ofrece una justificación para cada uno de estos rasgos. Así, por ejemplo, el evitar los problemas teóricos fundamentales encuentra una justificación en la idea de que, en las ciencias de la naturaleza, los investigadores no se inquietan por la filosofía de la

legitimidad, un universo de creencia cuyo equivalente se encuentra tanto en el campo religioso cuanto en el campo de la literatura o de la alta costura.[48]

Pero, aquí también, es necesario cuidarse de conferir a la *falsa ciencia oficial* la significación que le confiere la crítica "radical". A pesar de su oposición sobre el *valor* que confieren al "paradigma", principio de unificación necesario para el desarrollo de la ciencia en un caso, fuerza de represión arbitraria en otro caso –o alternativamente, uno u otra en Kuhn–, conservadores y "radicales", adversarios cómplices, acuerdan de hecho en lo esencial: por el punto de vista unilateral que toman necesariamente sobre el campo científico, eligiendo, al menos inconscientemente, uno u otro de los campos antagonistas, no pueden percibir que el control o la censura no es ejercido por tal o cual de las instancias sino por la *relación objetiva entre adversarios cómplices* que, por su antagonismo mismo, delimitan el campo de la discusión legítima, excluyendo como absurdo o ecléctico, o simplemente como impensable, toda tentativa de tomar una posición no prevista (en el caso particular, por ejemplo, para poner al servicio de otra axiomática científica las herramientas técnicas elaborados por la ciencia oficial).[49]

Expresión apenas eufemizada de los intereses de los dominados del campo científico, la ideología "radical" tiende a tratar toda revolución contra el orden científico establecido como revolución científica, haciendo como si fuera suficiente que una "innovación" sea excluida de la ciencia oficial para que pueda ser tenida como científicamente revolucionaria, y omitiendo así plantear la cuestión de las condiciones sociales por las cuales una revolución contra el orden científico establecido es también una revolución científica y no una simple herejía que apunta a revertir la relación de las fuerzas establecidas en el campo, sin transformar los principios sobre los cuales

---

ciencia (cf. W, O. Hagstrom, *op. cit.*, pp. 277-279). Se ve sin dificultad lo que tal sociología de la ciencia puede deber a la necesidad de legitimar un estado de hecho y de transformar los límites sufridos en exclusiones electivas.

48. Sobre la producción de la creencia y del fetichismo en el campo de la alta costura, ver P. Bourdieu e Y. Delsaut, "Le couturier et sa griffe: contribution à une théorie de la magie", *Actes de la recherche en sciences sociales*, 1 (1), enero de 1975, pp. 7-36.

49. Tales parejas epistemológicas, que son al mismo tiempo parejas sociológicas, funcionan en todo campo (cf., por ejemplo, el *Positivismusstreit* que opone a Habermas y a Popper en el caso de Alemania –mecanismo de desvío que habiendo hecho sus pruebas en Europa comienza a hacer estragos en los Estados Unidos con la importación de la Escuela de Frankfurt.

descansa su funcionamiento.[50] En cuanto a los dominantes, inclinados a admitir que el orden científico –en el cual están ubicadas todas sus inversiones (en el seno de la economía y del psicoanálisis) y en el cual ellos están en condiciones de apropiarse de los beneficios– es el deber ser realizado, son lógicamente proclives a adherir a la filosofía espontánea de la ciencia, que encuentra su expresión en la tradición positivista; forma del optimismo liberal que quiere que la ciencia progrese por la fuerza intrínseca de la idea verdadera y que los más "poderosos" sean también por definición los más "competentes": basta con pensar en los antiguos estados del campo de las ciencias de la naturaleza o en el estado actual del campo de las ciencias sociales, para percibir la función ideológica de sociodicea de esta filosofía de la ciencia que, dando el ideal como realizado, excluye la cuestión de las condiciones sociales de realización del ideal.

Planteando que la sociología de la ciencia misma funciona según las leyes de funcionamiento de todo campo científico que establece la sociología científica de la ciencia, la sociología de la ciencia no se condena de ningún modo al relativismo. En efecto, una sociología científica de la ciencia (y la sociología científica que contribuye a hacer posible) no puede constituirse sino a condición de percibir claramente que a las diferentes posiciones dentro del campo científico están asociadas representaciones de la ciencia, *estrategias ideológicas* disfrazadas de *tomas de posición epistemológicas,* por las cuales los ocupantes de una posición determinada apuntan a justificar su propia posición y las estrategias que ponen en práctica para mantenerla o mejorarla, al mismo tiempo que para desacreditar a los ocupantes de la posición opuesta y sus estrategias. Cada sociólogo es buen sociólogo de sus concurrentes, no siendo la sociología del conocimiento o de la ciencia sino la forma más irreprochable de las estrategias de descalificación del adversario, desde el momento en que toma por objeto a los adversarios y a sus estrategias y no *al sistema completo de las estrategias, es decir el campo de*

50. Sería necesario analizar todos los usos estratégicos que los dominados en un campo pueden hacer de la transfiguración ideológica de su posición objetiva: por ejemplo, el *alarde de exclusión* que permite a los excluidos también sacar partido de la institución (que ellos reconocen lo suficiente como para reprocharle que no los reconozca) haciendo de la exclusión una garantía de cientificidad; o incluso la contestación de la "competencia" de los dominantes que está en el centro de todo movimiento herético (cf. la contestación del monopolio del sacramento) y que debe armarse tanto menos de argumentos científicos cuanto el capital científico acumulado es más débil, etc.

las posiciones a partir del cual ellas se engendran.[51] La sociología de la ciencia no sería tan difícil si no fuese porque el sociólogo tiene apuestas en el juego que pretende describir (en primer lugar, la cientificidad de la sociología y, en segundo lugar, la cientificidad de la forma de sociología que él practica) y porque no puede objetivar estas apuestas y las estrategias correspondientes, sino a condición de tomar por objeto no sólo a las estrategias de sus adversarios científicos sino al juego en cuanto tal, que dirige también sus propias estrategias, amenazando con gobernar secretamente su sociología y su sociología de la sociología.

51. Sobre la necesidad de construir como tal el campo intelectual para hacer posible una sociología de los intelectuales, que sea otra cosa que un intercambio de injurias y de anatemas entre "intelectuales de derecha" e "intelectuales de izquierda", ver P. Bourdieu, "Les fractions de la classe dominante et les modes d'appropiation de l'oeuvre d'art", *Information sur les sciences sociales*, 13 (3), 1974, pp. 7-32.

La causa de la ciencia.*
Cómo la historia social de las ciencias sociales puede servir al progreso de estas ciencias**

La historia social de las ciencias sociales no es una especialidad entre otras. Es el instrumento privilegiado de la reflexividad crítica, condición imperativa de la lucidez colectiva, y también individual. Sin duda, puede servir también al resentimiento y a la mala fe, cuando se esperan solamente las satisfacciones carentes del peligro de la indignación y de la denunciación retrospectivas, o los beneficios asegurados de una defensa sin riesgo de las buenas causas desaparecidas. Pero no encuentra verdaderamente su justificación, sino cuando llega a actualizar los presupuestos que están inscritos en el principio mismo de las empresas científicas del pasado y que perpetúa, frecuentemente en estado implícito, la herencia científica colectiva, problemas, conceptos, métodos o técnicas.

Sólo la anamnesis que permite el trabajo histórico puede liberar de la amnesia de la génesis que implica, casi inevitablemente, la relación rutinaria

* "La cause de la science. Comment l'histoire sociale des sciences sociales peut servir le progrès de ces sciences", *Actes de la recherche en sciences sociales,* 106-107, marzo de 1995, pp. 3-10.

** Este texto retoma algunos de los temas de una comunicación presentada en 1989 en el coloquio de Chicago sobre "Social Theory and Emerging Issues in a Changing Society" y publicada bajo el título: "Epiloghe: On the Possibility of a Field of World Sociology", en: P. Bourdieu y J. Coleman (ed.), *Social Theory for a Changing Society*, Boulder-San Francisco-Oxford, Westview Press, New York, Russell Sage Foundation, 1991.

con la herencia, convertida, en lo esencial, en *doxa* disciplinaria; solamente ella está en condiciones de proporcionar a cada investigador los medios para comprender sus posturas teóricas más fundamentales, como la adhesión, la mayoría de las veces tácita, a las tesis antropológicas raramente enunciadas que fundan sus grandes elecciones teóricas y metodológicas (en materia de filosofía de la acción especialmente), o sus simpatías y sus antipatías epistemológicas por autores, modos de pensamiento y formas de expresión. Es el instrumento más indispensable, y el más despiadado, para una crítica de las pasiones y de los intereses que pueden ocultarse bajo las apariencias irreprochables de la metodología más rigurosa.

La ciencia social tiene el privilegio de poder tomar por objeto su propio funcionamiento y de estar en condiciones de llevar, así, a la conciencia, las coacciones que pesan sobre la práctica científica; pues puede servirse de la conciencia y del conocimiento que posee de sus funciones y de su funcionamiento para intentar superar algunos de los obstáculos al progreso de la conciencia y del conocimiento. Así, lejos de invalidar sus propios fundamentos, como se ha dicho muchas veces, condenando al relativismo, tal ciencia reflexiva puede, al contrario, proporcionar los principios de una *Realpolitik* científica, que apunte a asegurar el progreso de la razón científica.

La situación ambigua de la ciencia social

El campo científico es un microcosmo social parcialmente autónomo con relación a las necesidades del macrocosmo en el cual está englobado. Es, en un sentido, un mundo social *como los otros* y, como el campo económico, conoce relaciones de fuerza y luchas de intereses, coaliciones y monopolios, incluso imperialismos y nacionalismos. Pero, a pesar de lo que digan los defensores del "programa fuerte" en sociología de la ciencia, es también un *mundo aparte*, dotado de sus leyes propias de funcionamiento. Todas las propiedades que tiene en común con los otros campos revisten, allí, *formas específicas*: por ejemplo, por muy descarnada que pueda ser allí la competencia, ella queda sometida, sino a reglas explícitas, al menos a regulaciones automáticas, como las que resultan del *control cruzado entre los concurrentes,* y que tienen por efecto convertir los intereses sociales tales como el apetito de reconocimiento en "intereses de conocimiento", la *libido dominandi* –que está comprendida siempre por una parte en la *libido sciendi*– en *libido scientifica*, amor puro de la verdad, al cual la lógica del campo –que funciona como instancia de censura y principio de sublimación– asigna sus objetos legítimos y las vías legítimas para alcanzarlos. Las pulsiones sublimadas que definen esta *libido* específica se aplican a objetos en sí mismos altamente depurados y, por muy violentas que pudieran ser, son inseparables, en su existencia misma y en la forma de su satisfacción, del reconocimiento práctico de las exigencias que están inscritas en el funcionamiento social del campo en el cual pueden encontrar satisfacción.

De ello se deriva que el rigor de los productos científicos depende fundamentalmente del rigor de las coacciones sociales específicas que rigen su producción; o, más precisamente, del grado en el cual las reglas o las regularidades que gobiernan el microcosmo científico y que determinan las condiciones en las cuales las construcciones científicas son producidas, comunicadas, discutidas o criticadas, son independientes con relación al mundo social, a sus demandas, a sus expectativas o a sus exigencias.

El campo de las ciencias sociales está en una situación muy diferente a la de los otros campos científicos: por el hecho de que tiene por objeto al mundo social y porque pretende producir de él una representación científica, cada uno de los especialistas está allí en concurrencia no solamente con los otros científicos, sino también con los profesionales de la producción simbólica (escritores, hombres políticos, periodistas) y, más ampliamente, con todos los agentes sociales que, con fuerzas simbólicas y éxitos muy desiguales, trabajan para imponer su visión del mundo social (usando medios que van del argot, del insulto, de la maledicencia o de la calumnia hasta los libelos, los panfletos o las tribunas libres, sin hablar de las formas de expresión colectivas e institucionalizadas de la opinión, como el voto). Esta es una de las razones que hacen que no pueda obtener, tan fácilmente como los otros científicos, el reconocimiento del monopolio del discurso legítimo sobre su objeto, que reivindica por definición pretendiendo la cientificidad. Sus concurrentes del exterior, pero también, a veces, del interior, pueden apelar siempre al sentido común, contra el cual se construye la representación científica del mundo. Pueden incluso apelar al modo de validación de las opiniones que es utilizado en política (especialmente cuando la autonomía del campo político tiende a anularse, con la demagogia populista, que finge otorgar a todos el poder y el derecho de juzgar todo).

Así, desde el punto de vista del grado de autonomía con respecto a los poderes externos, públicos o privados, la ciencia social se sitúa a mitad de camino entre dos límites: por un lado, los campos científicos más "puros", como la matemática, donde los productores no tienen otros clientes posibles que sus concurrentes (quienes, al tener la misma aptitud y el mismo interés que ellos para producir, están poco inclinados a aceptar sin examen sus productos); por el otro, los campos político o religioso, o incluso periodístico, donde el juicio de los especialistas está cada vez más frecuentemente sometido al veredicto del número bajo todas sus formas, plebiscito, sondeo, cifra de ventas o audiencia, y que otorgan a los profanos el poder de elegir entre productos que no están necesariamente en condiciones de evaluar (y menos todavía de producir).

Se está en relación pues, con dos lógicas completamente opuestas, la del campo político –donde la fuerza de las ideas depende siempre, por una parte, de la fuerza de los grupos que las aceptan como verdaderas–, y la del campo científico –que, en sus estados más puros, no conoce y no reconoce sino la "fuerza intrínseca de la idea verdadera", de la que hablaba Spinoza: no se zanja un debate científico con un enfrentamiento físico, con una decisión política o con un voto, y la fuerza de una argumentación depende en gran medida, sobre todo cuando el campo está fuertemente internacionalizado, de la conformidad de las proposiciones o de los procedimientos a las reglas de coherencia lógica y de compatibilidad con los hechos. Al contrario, en el campo político, lo que triunfa son las preposiciones que Aristóteles (en *Les Topiques*) llamaba *endóxicas*, es decir, aquellas a las cuales se está obligado a tener en cuenta, porque gente que cuenta quisiera que ellas fueran verdaderas; y también porque, participando de la *doxa*, del sentido común, de la visión ordinaria –que es también la más extendida y la más ampliamente compartida– tienen la mayoría consigo. Por esta razón, incluso cuando son totalmente contrarias a la lógica o la experiencia, estas "ideas-fuerza" pueden imponerse porque tienen para ellas la fuerza de un grupo, y porque no son ni verdaderas ni incluso probables, sino *plausibles* –en el sentido etimológico del término–, es decir adecuadas para recibir la aprobación y el aplauso de la mayoría.[1]

1. La ambigüedad de ciertas discusiones con pretensión científica, sostenidas en público, aparece súbitamente cuando el público sale del rol pasivo que le es asignado habitualmente, para manifestar su aprobación a uno u otro de los oradores con aplausos más o menos sostenidos; y la violencia de la intrusión tiránica –en el sentido de Pascal– de los profanos estalla cuando uno de los participantes recurre al procedimiento retórico que Schopenhauer consideraba como típicamente desleal y que consiste en dirigir a su adversario un argumento al cual este último no podría responder sino empleando argumentos incomprensibles para los espectadores.

Los dos principios de jerarquización

De ello resulta que, en el campo de las ciencias sociales como en el campo literario, donde se enfrentan lo "puro" y lo "comercial", los productores pueden referirse a uno u otro de los dos principios de jerarquización y de legitimación opuestos, el principio científico y el principio político, que allí se oponen sin llegar a imponer una dominación exclusiva. Así, por ejemplo, a diferencia de lo que ocurre en los campos científicos más autónomos (donde nadie soñaría con sostener hoy que la tierra no gira), proposiciones lógicamente inconsistentes o incompatibles con los hechos pueden perpetuarse o incluso prosperar, así como los que las defienden, con la única condición de que estén dotadas, en el interior mismo del campo, y también en el exterior, de una autoridad social adecuada para compensar la insuficiencia o la insignificancia; y ocurre lo mismo en lo que concierne a los problemas, los conceptos o las taxonomías: algunos investigadores pueden, por ejemplo, convertir problemas *sociales* en problemas *sociológicos*, tomar prestado para el discurso científico conceptos (*profession*, rol, etc.) o taxonomías (individual/colectivo, *achievement/ascription,* etc.) directamente sacados del uso ordinario, y tomar como instrumentos de análisis nociones en sí mismas susceptibles de análisis.

Es necesario pues, interrogarse sobre los obstáculos sociales, jamás completamente ausentes, incluso en los campos científicos más autónomos, que se oponen a la instauración del *nomos* científico como criterio exclusivo de evaluación de las prácticas y de los productos. La raíz común de todos estos obstáculos a la autonomía científica y a la dominación exclusiva del principio científico de evaluación o de jerarquización es el conjunto de los factores capaces de impedir el juego de la *libre concurrencia científica entre pares*, es decir, entre detentadores del dominio mínimo de los logros colectivos de la ciencia social, que es la condición de entrada en los debates propiamente científicos; o, dicho de otro modo, capaces de favorecer la entrada en el juego, sea como jugadores, sea como árbitros (a través, por ejemplo, de cierta crítica periodística) de intrusos desprovistos de esta competencia e inclinados a introducir normas de producción y de evaluación extrínsecas, como las del sentido común o del "buen sentido".

Los conflictos que tienen lugar en las ciencias sociales (y que se invocan a veces para rechazarles el status de ciencias) pueden así pertenecer a dos categorías totalmente diferentes. En la primera, la de los conflictos propiamente científicos, aquellos que se han apropiado de los logros colectivos de su ciencia se oponen entre sí según la lógica constitutiva de la problemática y de la metodología directamente surgidas de esta herencia, que les une hasta en sus luchas por conservarla o superarla (sin duda, no son jamás tan fieles a la herencia, sino en las rupturas acumulativas con la herencia cuya posibilidad y necesidad están inscritas en la herencia misma); se enfrentan en una discusión reglada poniendo en práctica, a propósito de problemáticas rigurosamente *explicitadas*, conceptos claramente recortados y métodos de verificación sin equívocos. En la segunda categoría, la de los conflictos políticos con dimensión científica, conflictos que son sin duda socialmente inevitables y científicamente analizables, estos productores científicamente armados están inducidos a enfrentarse a productores que, por razones diversas como los efectos de la edad, las insuficiencias de la formación o la ignorancia de las exigencias mínimas del oficio de investigador, están desprovistos de los instrumentos específicos de producción, y se encuentran, al mismo tiempo, más próximos a las expectativas de los profanos y más capaces de satisfacerles (tal es el fundamento de la complicidad que se establece espontáneamente entre ciertos investigadores declinantes, desclasados o desposeídos y ciertos periodistas que, ignorantes de las problemáticas específicas, reducen las diferencias de competencia a diferencias de opinión –política, religiosa, etc.–, adecuadas para relativizarse mutuamente.[2]

Consenso político y conflicto científico

Dentro del conflicto propiamente científico no hay nada –ningún objeto, ninguna teoría, ningún hecho– que una prohibición social pueda excluir de la discusión, pero no hay arma exclusivamente social, ni argumento de autoridad, ni incluso poder simplemente universitario, que esté excluido, de derecho y de hecho, del universo de los medios susceptibles de ser puestos en práctica en la discusión. De ello se deriva que nada está más alejado –a pesar de las apariencias– de esta suerte de guerra de todos contra todos, pero rigurosamente reglada, en la elección de las armas y de los golpes legítimos, que el *working*

2. Los dos principios de diferenciación no son completamente independientes: las disposiciones conformistas que inclinan a aceptar al mundo tal cual es, o las disposiciones reacias o rebeldes que llevan a resistir a las coacciones sociales, internas y sobre todo externas, y a romper con las evidencias más ampliamente compartidas en el campo y fuera del campo, no están sin duda atribuidas al azar entre los ocupantes de las diferentes posiciones en el campo y entre las trayectorias que han tomado para acceder allí.

consensus de una ortodoxia académica. Tal ortodoxia es la que han intentado establecer los sociólogos americanos en los años sesenta y, en cierta medida, los defensores franceses de la "Nueva Historia", apoyándose en poderes propiamente sociales –y, en primer lugar, en las instituciones de enseñanza–, en los lugares de publicación oficiales, en las asociaciones profesionales e incluso en el acceso a los recursos necesarios para la investigación empírica.

Si hay que cuidarse de ver allí el principio determinante de construcciones semejantes, no es menos cierto que el indiferentismo ético y político de un conservadurismo de buena sociedad –que puede vivirse como desapego "objetivo" del "observador imparcial" o como "neutralidad axiológica"–, no puede sino reconocerse o cumplirse en construcciones teóricas o metodológicas que aseguran la respetabilidad de una evocación blandamente consensual del mundo social, y, más generalmente, en toda forma de discurso que, por su formalismo, pueda hablar del mundo social, en la lógica de la denegación, como si no hablara, o que, por su positivismo, tienda a conformarse con un registro sin problemas del dato tal como se ofrece.[3]

Así, los sociólogos americanos han creído encontrar, en las teorías de Parsons o de Merton y en la metodología de Lazarsfeld, el cuerpo de doctrina unificada adecuada para fundar la *communis doctorum opinio* de un cuerpo bien ordenado de "profesionales" *que imitan* lo que se creía la característica más importante de una ciencia digna de este nombre: el consenso de la "comunidad científica".[4]

3. Se podría mostrar que la economía neo-clásica presenta algunas de las características más importantes de una ortodoxia *que imita* la cientificidad (con la eficacia totalmente especial que le confiere la formalización matemática), como, por ejemplo, la aceptación tácita de presupuestos indiscutidos sobre puntos totalmente fundamentales (en materia de teoría de la acción, por ejemplo).

4. La teoría de las *professions* tal como se expresa, por ejemplo, en el artículo redactado bajo este título por Parsons para *The International Encyclopedy of Social Sciences* (ed. de 1968, pp. 536-546) puede ser leída como una profesión de fe profesional de estos "profesionales" que pretenden ser los sociólogos del *establishment*: caracterizados, según Parsons, por su formación intelectual y por una autoridad que descansa más sobre la competencia del experto que sobre el poder político, los profesionales están libres de toda dependencia respecto al Estado y a la burocracia gubernamental y están guiados por la única preocupación del *common good*. A esta *collectivity-orientation*, a este "desinterés" y a este "altruismo" adecuados para asegurarles las más altas recompensas materiales y simbólicas, que mencionan la mayor parte de las definiciones de las profesiones, se los vuelve a encontrar también en la representación mertoniana del universo científico. En resumen, la noción preconstruida de *profession, ready made* conceptual que ha dado lugar a innumerables comentarios y críticas, es menos una descripción de una realidad social que una contribución práctica a la construcción como *profession* y *profession* científica.

De hecho, la adhesión tácita al conjunto de los presupuestos indiscutidos sobre los cuales descansa la autoridad de los cuerpos de doctores, teólogos o juristas, pero también –por una parte– historiadores (especialmente de la literatura, del arte y de la filosofía que casi no están predispuestos a historizar su corpus, es decir, su fabricación), se opone diametralmente al acuerdo explícito sobre las apuestas y los objetos de desacuerdo y sobre los procederes y los procedimientos susceptibles de ser puestos en práctica para zanjar los diferendos, que está en el principio del funcionamiento de los campos científicos.

En efecto, el *working consensus* de una ortodoxia fundada en la complicidad social de los doctores tiende a ejercer una *censura social* (disfrazada de control científico), ya sea de manera totalmente directa, a través de las prohibiciones, a veces explícitas, en materia de publicación y de citación, ya sea más secretamente, a través de los procedimientos de reclutamiento que, al privilegiar –por el funcionamiento en red y el *lobbying*– los criterios sociales más o menos maquillados como criterios científicos o académicos, tienden a reservar el nombramiento en posiciones favorables para la producción, y, por ello, para la competencia científica, a ciertas categorías de agentes definidos en términos puramente sociales, titulares de ciertos diplomas prestigiosos, ocupantes de ciertas posiciones sociales en la enseñanza o la investigación, o, a la inversa, a excluir *a priori* ciertas categorías, mujeres, jóvenes o extranjeros, por ejemplo.[5]

Pero, aunque sin duda han contribuido al hundimiento de la ortodoxia, las transformaciones profundas que han conocido las ciencias sociales,

5. Por no poder dar ejemplos tomados del campo francés de hoy (los que en nombre del liberalismo se entregan a prácticas dignas de los regímenes más autoritarios, serían sin duda los primeros en denunciar como "totalitaria" toda denuncia de estas prácticas), sería necesario citar aquí todo el pasaje del famoso discurso sobre "la vocación y el oficio de sabio" donde Max Weber plantea la cuestión, habitualmente reservada a las conversaciones privadas, de saber por qué las universidades y las instituciones de investigación no seleccionan siempre a los mejores: al apartar la tentación de imputar a personas, en este caso a los "pequeños personajes de las facultades y de los ministerios", la responsabilidad del hecho de que "tan gran número de mediocres jueguen incontestablemente un rol en las universidades", invita a buscar las razones de estado de cosas "en las leyes mismas de la acción concertada de los hombres", las que, en la elección de los Papas o de los presidentes americanos, conducen casi siempre a seleccionar "el candidato número dos o tres" y concluye, no sin ironía: "Esto de lo cual es necesario asombrarse no constituyen sino errores que llegan frecuentemente en estas condiciones, pero antes bien (...) se constata, a pesar de todo, un número también considerable de nombramientos justificados". M. Weber, *Le Savant et le Politique*, París, Plon, 1959, pp. 66-67 (trad. española: *El político y el científico*, Madrid, Alianza, 1989).

especialmente bajo el efecto del incremento considerable del número de los que las practican y las estudian, han tenido consecuencias que no están totalmente desprovistas de ambigüedad:[6] los efectos *liberadores* que han podido ejercer la aparición de una pluralidad de principios de visión concurrentes y la intensificación correlativa de la concurrencia propiamente científica, han tenido como contrapartida, en los diferentes campos nacionales, el reforzamiento de los factores de heteronomía ligados al incremento de la dispersión de los "especialistas", poco favorable a la discusión reglada entre pares, y, correlativamente, de la vulnerabilidad a las presiones, a las solicitaciones y a las exhortaciones externas que, como en todos los campos, es particularmente fuerte entre los más desposeídos de capital específico.[7]

En resumen, si el sistema artificialmente unificado y jerarquizado de los años cincuenta ha cedido el lugar a un sistema "policéntrico", como dice Becker, y más difícil de controlar, por fragmentado y diversificado, no es menos cierto que, tanto en los Estados Unidos como en Francia, el funcionamiento del campo

6. Howard S. Becker, en un capítulo titulado "What's Happening to Sociology?" de su libro *Doing Things Together*, Evanston, Northwestern University Press, 1986, p. 209, observa que el número de sociólogos empadronados por la American Sociological Association ha pasado de 2364 en 1950 a 15567 en 1978. También en Francia, habría pasado, en el mismo período, de 200 a 1000 aproximadamente (La Asociación de los sociólogos, que adopta una definición muy amplia, recuenta 1678, públicos o privados). Para ser más preciso, en 1949, el CNRS no contaba sino *dieciocho* sociólogos; en 1967 había 112 en el CNRS, 135 en la École pratique des hautes études y 290 en los centros de investigación privados, por lo tanto, en total, más de 500; en 1980, se contaban 261 sociólogos miembros sólo del CNRS.

7. Los cambios morfológicos que resultan de la abolición del *numerus clausus* de hecho o de derecho, que protege un cuerpo garantizando la *rareza* de sus miembros, están muy frecuentemente en el origen directo de las transformaciones de los campos de producción cultural; ellos son, en todo caso, la mediación específica a través de la cual se ejercen los efectos de los cambios económicos y sociales. Además, la forma y la intensidad que revisten y los efectos que producen dependen, en sí mismos, del estado de la estructura del campo en el cual sobrevienen. Por esta razón, es necesario rechazar, como un ejemplo típico del error del cortocircuito, la explicación que pone los cambios ocurridos en un campo especializado como el de la sociología directamente en relación con cambios globales, como la prosperidad que ha seguido a la guerra (N. Wiley, "The Current Interregnum in American Sociology", *Social Research*, Vol. 52, 1, invierno de 1985, pp. 179-207, en particular p. 183); o, incluso, los cambios constatados en sociología y en historia, tanto en Francia como en Alemania, en los años setenta, con las transformaciones del humor político en torno al '68, transformaciones que están ligadas ellas mismas a cambios morfológicos en los campos de producción especializados y a innovaciones intelectuales favorecidas o autorizadas por los efectos de esos cambios.

permanece todavía más próximo al de un campo artístico en vías de emancipación con relación a las tutelas académicas, en el cual los adversarios pueden llegar hasta a rechazarse mutuamente el derecho de existir, que al de un campo científico avanzado.[8] Ello toda vez que, al menos en Francia, siguen imponiéndose a los especialistas de las ciencias sociales (a través especialmente de la demanda de "maestros de pensamiento") el modelo literario del "creador" singular y original, liberado de toda atadura de grupo o de escuela, como así también las normas de lo *chic* y de la renovación permanente en la continuidad, que son las del campo de la alta costura y de la moda.

Por la debilidad de los mecanismos capaces de imponer a los participantes un mínimo de reconocimiento mutuo o, lo que viene a ser lo mismo, la obediencia a suertes de leyes de la guerra, la confrontación entre las diferentes tradiciones toma todavía muy frecuentemente la forma de una guerra total (Randall Collins habla de *"wars of metatheories"*) donde todos los golpes están permitidos, ya se trate del golpe de desprecio que permite hacer la economía de la discusión y de la refutación, o de los golpes de fuerza fundados sobre el recurso a poderes sociales (como la supresión de créditos o de puestos, la censura, la difamación, o el recurso a los poderes periodísticos, etc.).

Los efectos ambiguos de la internacionalización

¿Cuáles son, pues, los mecanismos que podrían contribuir a hacer que las relaciones de fuerza científicas puedan establecerse sin ninguna intrusión de las relaciones de fuerza sociales? ¿Cómo trabajar para abolir o debilitar la

8. Los sociólogos cuantitativistas evocan con orgullo su "revolución matemática" y su alto nivel de realización en materia de técnicas estadísticas, y engloban, a veces, en el desdén mismo, a todos los otros especialistas, simple minoría no cuantitativista tan irrisoria como absurda. Los sociólogos marxistas, con la seguridad que les confiere el hecho de no ser más dejados de lado, rechazan al "positivismo" como el reflejo de una época histórica superada. Los sociólogos históricos (que pueden ser también marxistas) abogan por la unicidad de las configuraciones históricas y la necesidad de arraigar todo objeto a su verdadero lugar en secuencias históricas totalmente específicas. Los etnometodólogos rechazan la sociología del "macrocosmo" como una habladuría desprovista de toda justificación; una especie particular de estructuralismo fenomenológico, humanista y parisiense, y otras "posiciones" demuestran, con fuerza, refinamientos filosóficos (y una buena dosis de desprecio por sus adversarios filosóficamente iletrados) que sólo su método permite una aprehensión adecuada del mundo social. R. Collins, "Is 1980s Sociology in the Doldrums?", *American Journal of Sociology*, vol. 91, 6, mayo de 1986, pp. 1336-1355, en particular, p. 1341.

dualidad de los principios de jerarquización que, como se ha podido demostrar en el caso de Francia, mantiene a los investigadores más reconocidos científicamente –en el país mismo y, sobre todo, en el extranjero– apartados de las posiciones de poder sobre la reproducción del cuerpo de los docentes y de los investigadores y, al mismo tiempo, sobre el porvenir del campo científico y de su autonomía?[9] ¿Cuáles son las fuerzas y los mecanismos sociales sobre los cuales podrían apoyarse estrategias científicas, individuales y sobre todo colectivas, que apunten a instaurar realmente entre los investigadores mejor provistos de los instrumentos más universales del momento, la *confrontación universal*, que es la condición del progreso de lo universal?

Sin duda, es de una verdadera internacionalización del campo de las ciencias sociales que uno podría esperar la contribución más eficaz al progreso de la autonomía científica. En efecto, las presiones de la demanda o de la coacción sociales se ejercen sobre todo a la escala de la nación, a través de todas las solicitaciones y de todas las incitaciones materiales y simbólicas que se utilizan en el seno del espacio nacional: por el hecho de que muchos de los poderes sociales (periodísticos, universitarios, políticos, etc.), que vienen a alterar o a contaminar la lucha científica, no existen sino a escala de una nación (la oposición principal que se observa en todos los campos académico-científicos se establece entre los "nacionales", detentadores del poder sobre la reproducción, y los "internacionales"), la mayor parte de las oposiciones ficticias que dividen a los investigadores se enraízan en divisiones locales o en formas locales de las divisiones más generales.

El campo de las ciencias sociales ha sido siempre internacional, pero, sobre todo, para lo peor, y raramente para lo mejor. En primer lugar, porque, incluso en las ciencias más puras, que conocen por ejemplo una concentración casi monopolística de las instancias de publicación y de consagración, el campo internacional puede ser el lugar de fenómenos de dominación, hasta de formas específicas de imperialismo. Luego, porque los intercambios –y especialmente los préstamos– se operan con preferencia sobre la base de homologías estructurales entre las posiciones ocupadas en los diferentes campos nacionales, es decir, casi exclusivamente entre los dominantes o entre los dominados (con efectos análogos de distorsión y de malentendido en el interior de estos dos sub-espacios). Todo lleva a pensar incluso, que los obstáculos sociales al *libre intercambio generalizado* están

9. P. Bourdieu, *Homo Academicus*, París, Ed. De Minuit, 1988.

sin duda reforzados bajo el efecto de una suerte de institucionalización de las divisiones de base política.

En los años cincuenta, ciertos sociólogos temporalmente dominantes podían constituir una internacional invisible, fundada sobre afinidades que deben más a la razón social que a la razón intelectual y que sirven de base a una ortodoxia; hoy, bajo el efecto del contragolpe de los movimientos estudiantiles de fines de los años sesenta y del traumatismo colectivo que han infligido, de Berkeley a Berlín, a toda una generación de profesores, las *conexiones* hasta allí informales se han transformado en redes organizadas alrededor de fundaciones, de revistas, de asociaciones, y el conservadurismo de buena sociedad de los guardianes de la ortodoxia ha cedido lugar a las profesiones de fe explícitas y a los manifiestos *ultra* de una verdadera internacional reaccionaria.[10]

Lo que es nuevo, es que también existe, pero en estado virtual y desorganizado, una internacional de los *outsiders,* formada por todos los que tienen en común su marginalidad con relación a la corriente dominante, como los miembros de los movimientos de las minorías étnicas o sexuales. Estos "marginales", que son frecuentemente recién llegados, introducen en el campo disposiciones subversivas y críticas que, aunque no estén siempre suficientemente criticadas científicamente, los inclinan a romper con las rutinas del *establishment* académico; en su lucha contra la ortodoxia, o lo que la ha reemplazado, aquí o allá, toman prestado frecuentemente armas a movimientos extranjeros, contribuyendo así a la internacionalización del campo de las ciencias sociales;[11] pero los intereses ligados a la posición en el campo de recepción constituyen el origen de distorsiones en la selección y la percepción del préstamo, él mismo estructurado según categorías de percepción y de apreciación asociadas a una tradición nacional y, por ello, con frecuencia totalmente inadecuadas (por el hecho de que las obras circulan independientemente de su contexto; trabajos concebidos

10. Estas redes constituyen la base de intercambios de servicios (invitaciones, informes, subvenciones) que hacen, por ejemplo, que el recurso a jueces internacionales, especialmente en los procedimientos de cooptación, no sea siempre una garantía de universalidad.

11. De manera general, las importaciones proporcionan las mejores armas en los conflictos internos de los campos nacionales, especialmente cuando se trata de *desacreditar* una posición establecida o de acreditar una nueva posición y de acelerar el proceso siempre difícil de acumulación inicial, es decir, de subvertir la jerarquía social en vigor y de imponer nuevas leyes de formación de los precios (se sabe, por ejemplo, el uso que los "cosmopolitas" reales o supuestos pueden hacer, en las polémicas, de la idea del "retraso" nacional).

con relación a un espacio de tomas de posición determinado serán recibidos con referencia a categorías de percepción construidas con relación a un espacio muy diferente, estructurado por otros nombres propios, otros conceptos escolares en -ismo, o los mismos, pero investidos de significaciones diferentes, etc.).

De ello se deriva que, lejos de contribuir automáticamente al progreso hacia un grado de universalización superior, la evolución del campo internacional de las ciencias sociales hacia una unidad mayor –a través especialmente de la internacionalización de las luchas que hay en él– puede contribuir solamente a la difusión a escala universal (para evitar el término particularmente vicioso de "mundialización") de parejas de oposición ficticias, profundamente funestas para el progreso de la ciencia: entre los métodos cuantitativos y los métodos cualitativos, entre lo macro y lo micro, entre las aproximaciones estructurales y las aproximaciones históricas, entre las visiones hermenéuticas o internalistas –el "texto"– y las visiones externalistas –el "contexto"–, entre la visión objetivista, frecuentemente asociada al uso de la estadística, y la visión subjetivista, interaccionista o etnometodológica; o más precisamente, entre un estructuralismo objetivista –sujetado a asir estructuras objetivas, a través de las técnicas cuantitativas más o menos sofisticadas (*path analysis, network analysis*, etc.)– y todas las formas de constructivismo que, desde Bloomer a Garfinkel pasando por Goffman, han intentado asir nuevamente la representación que los agentes se hacen del mundo social y la contribución que ellos aportan a su construcción; sin hablar de la oposición, que toma una forma especialmente dramática en los Estados Unidos, entre una "empiria" frecuentemente microfrénica y recortada de las interrogaciones teóricas fundamentales, y una "teoría" concebida como una especialidad aparte y reducida, la mayoría de las veces, a un comentario compilatorio de autores canónicos o a *trend reports* escolares de trabajos mal leídos y mal digeridos.

Si las instancias internacionales fueran verdaderamente el instrumento de racionalización científica que podrían y deberían ser, deberían favorecer la conducción de una investigación internacional (al menos en su objetó) sobre las determinaciones sociales (sexo, edad, origen social, carrera escolar, status universitario, competencia técnica específica, etc.) de las "elecciones" entre los dos términos de las diferentes oposiciones "teóricas" y "metodológicas", que introducen en la población de los investigadores divisiones totalmente ficticias, desde un punto de vista científico. Ella mostraría, sin ninguna duda (no arriesgo nada formulando esta hipótesis aparentemente arriesgada), que muchas de estas oposiciones no tienen otro fundamento que divisiones sociales en el seno del campo de las ciencias sociales, que expresan ellas mismas, bajo una forma más o menos refractaria, oposiciones externas. Pero tengo conciencia de no tomar tampoco un gran riesgo vaticinando que tengo muy pocas posibilidades de ser comprendido por los responsables de estas instancias: ¿Por qué se inquietarían en dar funciones reales a instancias que les parecen suficientemente justificadas por el hecho de justificarlos en su existencia? No obstante, se puede esperar razonablemente que un joven investigador encolerizado se apoderara un día del proyecto que hiciera regresar a la tierra, en la lógica de las pasiones y de los intereses asociados a las diferentes posiciones en el campo, a las tomas de posición llamadas "teóricas" o "epistemológicas" sobre las grandes alternativas del momento, en las cuales los investigadores proyectan, bajo una forma directa o invertida –como los hombres en su Dios, según Feuerbach– las carencias ligadas a su finitud científica.

Pero lo que hace difícil (y realmente arriesgada) la crítica de estas parejas sociales, maquilladas como parejas epistemológicas, es el hecho de que, consideradas desde el punto de vista del principio de diferenciación social, los dos términos (macro/micro, por ejemplo) están lejos de ubicarse siempre sobre el mismo plano, y de que uno de ellos se sitúa siempre más cerca de la causa de los dominados (socialmente y también, bastante frecuentemente, científicamente), en el campo (a través especialmente de las características sociales de sus defensores), y también, aunque ello sea mucho más difícil de juzgar, fuera del campo. De suerte que la opción propiamente científica de recusar, en su principio mismo, la alternativa que los opone, puede parecer inspirarse en una suerte de indiferentismo conservador. Queda que nada es más contrario al progreso de una ciencia social autónoma que la tentación del populismo: los que creen "servir la causa" de los dominados –es decir, en la actualidad, más bien en los Estados Unidos, las causas de las minorías sexuales o étnicas, o en Francia, en los años setenta, la "causa del pueblo"–, abdicando las exigencias científicas en nombre a veces de su carácter elitista, o, más ingenuamente, de su lazo con los compromisos conservadores, no sirven verdaderamente a las causas que ellos creen defender y están de acuerdo, al menos por una parte –en todo caso la única que incumbe a un investigador–, con la *causa de la ciencia.*

La reducción a lo "político", que arrastra la ignorancia de la lógica específica de los campos científicos, implica un renunciamiento, por no decir una dimisión: reducir el investigador al rol de simple militante, sin otros fines ni medios que los de un político ordinario, es anularlo como científico capaz de poner las armas irreemplazables de la ciencia al servicio de los objetivos perseguidos;

capaz, sobre todo, de dar los medios para comprender, entre otras cosas, los límites que los determinantes sociales de las disposiciones militantes imponen a la crítica y a la acción militantes (frecuentemente reducidas a simples inversiones de las tomas de posición dominantes y, por este hecho, muy fácilmente reversibles, como lo atestiguan tantas trayectorias biográficas).[12]

Pero, sobre todo, no hay que ocultarse que las disposiciones reacias o rebeldes, incluso revolucionarias, que ciertos investigadores importan en el campo, y de las cuales se podría creer que acarrean inevitablemente rupturas críticas con la *doxa* y la ortodoxia, pueden también favorecer la sumisión a exhortaciones o a coacciones externas, entre las cuales las consignas políticas no son sino las más visibles. No pueden engendrar las rupturas verdaderas de una *revolución específica* sino cuando se asocian al dominio de los logros históricos del campo (en un campo científico muy avanzado, los revolucionarios son necesariamente capitalistas específicos): la conciencia y el conocimiento de las posibilidades y de las imposibilidades inscritas en el espacio de los posibles, hacen que este espacio actúe, a la vez, como sistema de coacciones y de censuras que obliga a sublimar la pulsión subversiva en ruptura científica, y como matriz de todas las soluciones susceptibles de ser consideradas como científicas en un momento dado del tiempo, y de aquellas solamente.

Por una "Realpolitik" científica

Así, la puesta en cuestión de las ortodoxias y de todos los principios de visión y de división centrales tiene el mérito indiscutible de destruir el consenso ficticio que aniquila la discusión, pero puede conducir a una división de campos antagonistas, cerrados sobre la convicción metateórica de la superioridad absoluta de su visión, a la cual uno no puede resignarse. Es necesario, pues, trabajar para la construcción de instancias capaces de contrariar las

12. Es notable que Foucault que, al menos en los Estados Unidos, ha devenido el Santo Patrono, ritualmente invocado (más que el maestro de pensamiento), de todos los movimientos subversivos, sea sometido a tal reducción por parte de los predicadores de la restauración (cf. James Miller, *The Passion of Michel Foucault*, New York, Simon and Schuster, 1993; y la crítica que hace Didier Eribon, *Michel Foucault et ses contemporains*, París, Fayard, 1994, pp. 22-30). Pero reduciendo todo el pensamiento de Foucault a su homosexualidad, éstos no hacen sino invertir la posición de los que pretenden canonizarlo porque era homosexual (cf. David Halperin, *Saint Foucault. Two Essays in Gay Hagiography*, Oxford, Oxford University Press, 1995).

tendencias a la fisión anómica inscritas en la pluralidad de los modos de pensamiento, favoreciendo una confrontación de los puntos de vista colocada bajo el signo de la reflexividad. Un punto de vista que se percibe como tal, es decir como vista tomada a partir de un punto, de una posición en un campo, está en condiciones de superar su particularidad; especialmente entrando en una confrontación de las diferencias de visión fundadas sobre la conciencia de los determinantes sociales de estas diferencias.

Pero, más que de una predicación epistemológica, incluso armada de una sociología reflexiva de los campos de producción, es de una transformación de la organización social de la producción y de la circulación científicas y, en particular, de las formas de intercambio en y por las cuales se cumple el control lógico, que se puede esperar un progreso real de la razón científica en las ciencias sociales. Aquí, puede intervenir una *Realpolitik* de la razón, armada del conocimiento racional de los mecanismos sociales que están en marcha en el campo de las ciencias sociales, tanto a escala nacional cuanto a escala internacional.

Semejante política puede darse especialmente por objetivo reforzar todos los mecanismos que contribuyen a unificar el campo científico mundial, favoreciendo la circulación científica, contrarrestar el imperio de los imperialismos teóricos o metodológicos (o simplemente lingüísticos), y combatir, por un recurso sistemático al método comparativo (y, en particular, por una historia comparada de las historias nacionales de las disciplinas) la influencia de las tradiciones nacionales o nacionalistas, retraducidas, muy frecuentemente, en las divisiones en especialidades y en tradiciones teóricas o metodológicas, o en las problemáticas impuestas por las particularidades o los particularismos de un mundo social necesariamente provincial.

No existen, sin duda, por más que piense en ello Habermas, universales transhistóricos de la comunicación; pero existen ciertamente formas socialmente constituidas de comunicación que favorecen la producción de lo universal. La lógica está inscrita en una relación social de discusión reglada, fundada sobre un tópico y una dialéctica. Los lugares (*topoi*) son una manifestación visible de la comunidad de problemática, como acuerdo sobre los terrenos de desacuerdo que es indispensable para discutir (en lugar de mantener monólogos paralelos). Tal espacio de juego es el que se trata de constituir, no sobre la base de prescripciones o de proscripciones morales, sino creando las condiciones sociales de una confrontación racional que apunta a instaurar a escala internacional, no el *working consensus* de una ortodoxia sostenida por la complicidad en intereses de poder, sino una común axiomática racional, al menos un *working dissensus* fundado sobre el reconocimiento crítico de las compatibilidades y de las incompatibilidades científicamente (y no socialmente) establecidas. Este espacio de juego es el lugar de la libertad que la ciencia social puede darse aplicándose resueltamente a conocer las determinaciones sociales que pesan sobre su funcionamiento, y esforzándose en instituir los procederes técnicos y los procedimientos sociales que permiten trabajar eficazmente, es decir, *colectivamente* para dominarlos.

Los doxósofos*

"Digo que opinar (doxazein) *es hablar* (legein)*, y la opinión* (doxa) *un discurso explícitamente hablado* (logon eirèmenon)*". Platón,* Teeteto, *190 a.*

"Algunos dicen, hablando de los asuntos del Estado, que esas son cosas muy complicadas y que es necesario ser un especialista para comprenderlas. Usted, ¿está totalmente de acuerdo, más bien de acuerdo, más bien en desacuerdo o en absoluto desacuerdo con este modo de ver? Totalmente de acuerdo: 37%; más bien de acuerdo: 35%; más bien en desacuerdo: 16%; en absoluto de acuerdo: 10%; no responde: 2%". Este corto diálogo[1] no lleva ninguna de las marcas por donde se designan los *objetos de reflexión*, socialmente reconocidos como dignos de entrar en el juego de espejos que reflejan indefinidamente objetos ya reflejados, que evoca toda tradición letrada. Sin embargo, no debería escapar, a quienes están familiarizados con lo erístico, que las implicaciones de la pregunta aparecen completamente sólo si se despejan todas las implicaciones de una respuesta que supone la ignorancia de esas implicaciones: obtener una respuesta poco menos que universal (98%), a una pregunta sobre la universalidad de la competencia política, es establecer que no hay nadie que sea políticamente incompetente al punto de declararse incompetente para responder a una pregunta sobre su competencia o su incompetencia para juzgar

* "Les doxosophes", *Minuit,* 1, noviembre de 1972, pp. 26-45.

1. Extracto de una encuesta de la S.O.F.R.E.S. realizada con la cooperación del Instituto de estudios políticos.

la competencia o la incompetencia política. Pero esto no es todo: uno puede preguntarse si los que se declaran para siempre incompetentes, para responder a cualquier otra pregunta política que no fuese la pregunta (¿política?) de su competencia o de su incompetencia política (72%), tienen la competencia necesaria para aprehender lo que implica su confesión de incompetencia. En efecto, una de dos: o ellos dicen la verdad y toda interrogación política, incluso los sondeos de opinión, no tienen objeto, por falta de quienes respondan y de respuestas; o bien ellos no dicen la verdad, y los especialistas que producen su respuesta produciendo la pregunta que la produce deberían interrogarse sobre la naturaleza y la función de una competencia política, lógica y político-lógica, que les da poder para producir una interrogación tan bien hecha como para constreñir a los que ellos interrogan a negarse una competencia que poseen y a dimitir en su beneficio. Así, pidiendo expresamente una confesión de incompetencia que sus preguntas ordinarias obtienen infaliblemente, bajo la forma del silencio o del discurso arrancado, los especialistas de la "ciencia política" muestran, por una inversión típicamente socrática, que ellos ignoran el principio de la eficacia de esas preguntas: a saber, la inconciencia feliz de la incompetencia científica políticamente competente que hace el doxósofo, como habría dicho Platón, especialista de la *doxa*, opinión y apariencia, sabio aparente y sabio de la apariencia, destinado a dar las apariencias de la ciencia sobre un terreno donde las apariencias son siempre para la apariencia.

Toda la "ciencia política" no ha consistido jamás sino en un cierto arte de devolver a la clase dirigente y a su personal político su ciencia espontánea de la política, adornada de las apariencias de la ciencia. Las referencias a los autores canónicos, Montesquieu, Pareto o Tocqueville, el uso casi jurídico de la historia más inmediata –la que enseña la lectura menos extracotidiana de los periódicos y que no sirve sino para pensar el acontecimiento en la lógica del precedente–, la neutralidad ostentatoria del tono, del estilo y de las palabras, la símil-tecnicidad del vocabulario, son otros tantos signos destinados a llevar a la política al orden de los objetos de conversación decente, y a sugerir el desapego a la vez universitario y mundano del comentarista ilustrado, o a manifestar, en una suerte de *alarde de objetividad*, el esfuerzo del observador imparcial para mantenerse a igual distancia de todos los extremos y de todos los extremismos, tan indecentes como insensatos.[2]

2. Los "cara a cara" televisados constituyen el ideal realizado de la representación oficial del combate político como juego reglado: todo es puesto en práctica para manifestar la *simetría* entre las dos partes, la organización del espacio, la ritualización del intercambio (exposición de los

La "ciencia política" tal como se ha enseñado y se enseña en el Instituto de estudios políticos no habría debido sobrevivir a la aparición de las técnicas modernas de la investigación sociológica. Pero eso sería no tener en cuenta la subordinación al encargo que, combinada con la sumisión positivista al dato tal como se brinda, debía excluir todas las cuestiones y todos los cuestionamientos contrarios a la conveniencia política, al reducir a un puro registro anticipado de votos, intenciones de votos o explicaciones de votos, una ciencia de la opinión pública así perfectamente conforme a la opinión pública de la ciencia.

De todos los cuestionamientos de la "ciencia política", el más decisivo es aquel que las preguntas mismas suscitan y que tiene todas las posibilidades de pasar desapercibido porque toma la forma de la ausencia de respuesta:[3] en efecto, la parte de las personas interrogadas que omiten responder, porque se estiman incompetentes o indiferentes, se acrecienta –y cada vez más fuertemente a medida que se desciende en la jerarquía de las condiciones sociales y de los niveles escolares– cuando se va de las cuestiones formuladas de tal manera que los menos competentes en el sentido más completo del término –es decir, los más desposeídos de saber y de poder políticos, por lo tanto, de discurso político–, pueden allí reconocerse, con sus intereses cotidianos –que ellos no aprehenden, las más de las veces, como políticos–, hasta las preguntas formuladas en el lenguaje *oficial* de la política, que hacen los buenos temas del concurso de la E. N. A., los grandes cursos de "Ciencias políticas",

---

resultados del sondeo de opinión, presentación de los adversarios, sorteo, proyección del film, preguntas sobre el film, etc.), la ostentación de la equidad (sorteo, identidad de las preguntas planteadas, igualdad de los tiempos impartidos, etc.). Principal responsable de esta exhibición de la objetividad politicológica, el "animador" (antiguo alumno de "Ciencias políticas", profesor de conferencias en "Ciencias políticas", cronista de "ciencias políticas" en el periódico *Le Monde,* periodista político de diferentes diarios y responsable de los sondeos políticos en el Instituto francés de opinión pública) se debe manifestar de todas las maneras –aunque fuera por la impaciencia que opone a los despropósitos de sus "invitados"–, su voluntad de hacer respetar las reglas de la cortesía política y, sobre todo, su preocupación obsesiva por la neutralidad ("Señor Chirac, ya que hasta ahora es usted quien ha comenzado, en la segunda parte, será el señor Marchais quien comience, *para que sea imparcial*". "Les señalo, *a uno y a otro* que hemos pasado ya la mitad del tiempo y como ustedes tienen, *uno y otro*, cierto número de cosas que decir...").

3. La existencia de "sin-respuesta", cuya frecuencia no se reparte por azar según las preguntas planteadas y según las categorías de individuos interrogados, pasa totalmente desapercibida a menos que sea aprehendida, a la manera electoral, como "apatía", de la que la ciencia debe encontrar el principio y el remedio dentro de las propiedades particulares de los "apáticos".

los títulos de los "artículos de fondo" de *Le Monde* o *Le Figaro* y las categorías del entendimiento político de los productores y de los consumidores ordinarios de esas diferentes especies de discurso. Esta circulación perfectamente circular de los esquemas y de los temas del discurso político legítimo –discurso dominante que se disimula como tal– y el sentimiento de evidencia inmediata que se observa todas las veces que las estructuras objetivas coinciden perfectamente con las estructuras interiorizadas, contribuyen a poner el discurso "político"[4] y la definición implícita de la política como discurso al abrigo de la interrogación, disponiendo a la adhesión inmediata a un mundo social aprehendido como mundo natural que define la "actitud natural" o, si se quiere, la *doxa*, y que frecuenta secretamente las opiniones políticas más *para-dójicas.*[5]

Esta definición de la política como discurso (y de una especie particular) se encuentra encerrada en la intención, constitutiva de la encuesta de opinión, de hacer enunciar opiniones y de obtener juicios sobre opiniones ya enunciadas y, no siendo jamás explícitamente formulado –porque parece ir de suyo– excluye, de hecho, a los que no detentan los medios de tener esta especie de lenguaje, es decir, más precisamente, de mantener con el lenguaje y lo que él expresa la relación casi teórica que es la condición de la producción y de la recepción del discurso de "interés general" sobre las cuestiones de "interés general".[6] Al identificar la neutralidad epistemológica de una interrogación con la neutralidad ética de su formulación, se olvida que preguntas que, en el mejor de los casos, no exigen otra cosa aparentemente que un "sí" o un "no" se dirigen de hecho, por un privilegio tácito, a individuos y a grupos definidos menos por una categoría particular de opinión política que por la aptitud para responder "políticamente" a una pregunta "política": la interrogación politicológica demanda un encuestado apto no solamente para descifrar y manipular los términos "especiales" del

4. Se señalará el término político entre comillas todas las veces que sea empleado conforme a su definición dominante, es decir, politicológico.

5. "*Para-doxales*", en el texto original (N. del T.).

6. Basta pensar en la definición que el animador de la emisión "Face à face" da del debate político, conforme a sus deseos: "No es del todo útil decir que es un debate político. Creo que si ustedes están de acuerdo, voy a comenzar por solicitarles, *a uno y a otro*, y en primer lugar al señor M. Habib Decloncle, ya que a él le toca comenzar, que definan su *posición general*, su *interpretación general* sobre el problema y a continuación presentarán *ejemplos* que serán elegidos en dos dominios, en primer lugar la educación *en sentido amplio* y luego la información igualmente *en sentido amplio* y después, naturalmente, ustedes podrán concluir".

lenguaje político, sino también para situarse al nivel de cuasi-abstracción donde se sitúa comúnmente el discurso político, tanto por la sintaxis de sus enunciados como por las referencias implícitas que encierra; apto, más precisamente, para *reconocer*, en el doble sentido, la pregunta "política", para referirla como tal y para sentirse en la obligación de responder a ella y de responderle "políticamente", es decir, conforme a las normas de la *cortesía política*, con palabras –y no con golpes, por ejemplo– y con palabras políticamente pulidas y no con palabrotas políticas, con esas palabras políticamente groseras, que están admitidas, si acaso, en los mitines y las reuniones públicas, pero que están excluidas, bajo pena de vulgaridad, de todos esos lugares neutros –propiamente políticos porque son políticamente neutros–, que los Institutos de ciencias políticas enseñan a frecuentar.

Toda pregunta encierra la demanda implícita de que el que responde sepa lo que se le demanda. El interrogador y el interrogado no confieren necesariamente la misma significación y la misma función a la pregunta; la interpretación de la respuesta no tiene ninguna posibilidad de ser adecuada mientras no estén explicitadas la demanda inherente a la pregunta y la representación que el interrogado se hace de la pregunta y de la respuesta que ella merece. En el caso particular, esta demanda tácita es una demanda de discurso, de explicitación, que excluye la posibilidad de una respuesta práctica. La demanda politicológica exige implícitamente ser tratada como un objeto autónomo, un poco como se haría con un test lógico o con un tema de disertación, al que se le concede la seriedad lúdica que no pertenece sino a los ejercicios escolares o a los juegos de sociedad y en los que uno acepta jugar seriamente el juego de la seriedad, es decir, de tomar bastante en serio una situación evidentemente irreal e imaginaria (si usted tuviera un millón...) para hablar al respecto *in abstracto*, es decir, de un cierto modo, sin motivo. Este arte de la finalidad sin fin, de hablar para no decir nada, de hablar para decir algo antes que nada, no es desconocido para las clases populares; pero se adquiere y se emplea en situaciones donde conserva una función social de primera importancia, a saber, de afirmar y de reafirmar la existencia y la unidad del grupo en y por la comunicación; al contrario, es en las situaciones neutras y neutralizantes del universo escolar donde los miembros de las clases privilegiadas adquieren la disposición disertativa que permite hablar sin ninguna referencia directa a ninguna situación práctica, de hablar *a pesar de todo* cuando el lenguaje está despojado de todas las funciones que cumple en su uso práctico. Así, como lo observa Pierre Greco, la pregunta "¿los amigos de sus amigos son sus amigos?" requiere respuestas que, aún idénticas, pueden diferir radicalmente en su principio, dependiendo de que ellas sean el producto de un simple cálculo lógico fundado sobre la sola reescritura sintáctica del enunciado mismo o de la referencia mental al universo concreto de los amigos; del mismo modo, la respuesta a las preguntas más típicamente politológicas –que se reconocen entre otros índices por su longitud, por su complejidad sintáctica, por la abstracción de los términos empleados– puede en el límite no expresar sino el resultado de un análisis de la sintaxis del enunciado de la pregunta que, al modo de un tema de disertación, constituye el soporte de la reflexión que conduce a la respuesta, fuera de toda referencia a la situación práctica. Pero, como se lo ve evidentemente en el caso extremo en el que se pregunta si existe una relación entre el conflicto del Medio Oriente y el conflicto de Vietnam, toda cuestión propiamente politicológica exige que las tomas de posición particulares sean derivadas a partir de un pequeño número de principios "políticos" explícitamente formulados, únicos capaces de fundar las "opciones" coherentes y razonables del ciudadano conforme, que ignora las pasiones y las pulsiones irrazonables e imposibles del interés inconsecuente o de la incompetencia irresponsable. Así, la interrogación politicológica mide no por la opinión política, sino por la aptitud para producir lo que se entiende por opinión política. Es decir, más precisamente, la aptitud para referir lo "político" como tal (o, incluso, en ciertos casos, para construirlo o para "de-construirlo") y para adoptar con respecto a la experiencia y al lenguaje la relación neutralizante que es la condición *sine qua non* de la adquisición y de la utilización apropiada de la cultura "política" como competencia específica, ella misma condición de la producción de un discurso propiamente "político", al mismo tiempo que de la recepción de tal discurso.[7] Nada sorprendente si esta disposición, que no es sino la especificación de una disposición más general, es el producto de un tipo particular de condiciones sociales, aquellas mismas que son la condición del acceso a los otros aspectos de la cultura dominante. Resulta que

7. En un sentido más restringido –el más comúnmente retenido–, la competencia política puede ser definida como la aptitud para ordenar un campo político homogéneo por la puesta en práctica de un sistema de clasificación (y de un sistema de discursos en torno a esas clasificaciones) que permitan memorizar y restituir las denominaciones de los agrupamientos políticos (inclusive bajo la forma cifrada del siglo) y los nombres de los hombres políticos, reunir unos u otros en clases calificadas abstractamente y situadas en un espacio político que ellas recubren en totalidad. Si tal competencia es formalmente idéntica a la competencia artística (con la excepción de que puede existir en estado práctico sin acompañarse de un dominio erudito, lo que no es casi nunca el caso en el dominio estético, ya que el dominio práctico –que supone la familiaridad con las obras de arte–, es el monopolio de las clases que tienen también el monopolio del acceso a la cultura culta), sin embargo, la rentabilidad escolar de la competencia política (que está excluida de la definición propiamente escolar de la cultura) es muy inferior a la de la competencia artística.

la ocultación de las "sin-respuesta" (por la presentación de los porcentajes recalculados) produce de por sí un efecto político: una clase (o una fracción de clase) está, en efecto, caracterizada, en primer lugar, por la *probabilidad que le está ligada de tener una "opinión política" sobre un problema "político"* (y que puede, para ciertas categorías y ciertas cuestiones, ser inferior al 40%), la opinión de tener una u otra de las opiniones previstas por el cuestionario no es jamás sino una *probabilidad condicional* desprovista de toda significación en cuanto deja de ser tratada como tal. La probabilidad de tener una opinión se encuentra, además, sistemáticamente sobreestimada: en efecto, proponiendo como se hace más a menudo para facilitar la recolección y el análisis de las informaciones, una opción de varios enunciados, por lo tanto, demandando tomar posición sobre *lo ya enunciado* y haciendo así desaparecer el *trabajo de enunciación*, se presupone tácitamente que el encuestado sería capaz de producir (o incluso de reproducir) la proposición que constituye el enunciado de la pregunta, cuando el simple *sí* (o incluso el *no*) que puede siempre producir, no puede ser considerado como un índice de esta aptitud sino en una fracción muy reducida de los casos. Se hace así desaparecer, por una petición de principio inconsciente, la posibilidad de recoger la información que comanda la significación susceptible de ser otorgada a todas las informaciones directamente recogidas.

Además, el logocentrismo –forma que el etnocentrismo de clase toma lógicamente entre los intelectuales– lleva a aprehender y a enumerar, como opiniones políticas producidas según un modo de producción propiamente "político", los productos simbólicos de otro modo de producción. Toda interrogación científica –es verdad, incluso la investigación etnológica, aunque radicalmente opuesta en los métodos a la encuesta de opinión–, se expone a ejercer un efecto de transmutación lógica y política por el solo hecho de llevar lo implícito al estado explícito sin saberlo y sin saber todo lo que está implicado en esta operación. Por el hecho de que considera siempre las opiniones tomadas en su valor superficial, al omitir interrogarse sobre los modos de producción diferentes de los cuales ellas pueden ser el producto, es decir, sobre los diferentes principios generadores de discursos o de prácticas indistintamente tratadas como políticas, la interrogación politicológica pone a cuenta de la persona interrogada la operación de *constitución* –es decir, de toma de conciencia y de toma de palabra que es, en más de un caso, el hecho de la interrogación–. Al mismo tiempo, trata como opinión constituida, según los principios específicos de la disposición propiamente "política", respuestas que pueden ser el producto de la puesta en práctica de los esquemas no específicos del ethos de clase, aunque sean producidos en respuesta a preguntas "políticas".[8] En resumen, por no romper siempre con el nivel fenomenal del *opus operatum*, es decir, de la opinión formulada tomada en su valor superficial, para construir el *modus operandi*, la "ciencia política" está condenada a ignorar que el conjunto de los enunciados tratados-como-opiniones que los miembros de una sociedad dividida en clases producen a propósito de un conjunto de problemas, resulta siempre de un tipo de combinación determinada entre *dos principios de producción*, dotados de pesos diferentes según la modalidad de la interrogación y según la posición de los productores en la estructura social. No puede pues sino ignorar todos los efectos "teóricos" y políticos (análogos a los de la consulta electoral) que producen el registro y el análisis homogéneos y homogeneizantes fundados sobre la ignorancia de esta dualidad.

El dominio simbólico de la experiencia que se expresa en el discurso socialmente reconocido como "político", y que supone la puesta entre paréntesis de toda referencia directa y exclusiva a la situación en su singularidad, se opone diametralmente al dominio práctico que puede orientar la práctica cotidiana, en todo lo que ella tiene de política sin acceder jamás a la explicitación y a la verbalización, menos todavía a la conceptualización. Todo opone, al mismo tiempo, la *coherencia intencional* de las prácticas y de los discursos engendrados a partir de un principio explícito y explícitamente "político" –es decir, a partir de un cuerpo de normas y de saberes propiamente políticos, explícita y expresamente sistematizados por especialistas–, y la *sistematicidad objetiva* de las prácticas producidas a partir de un principio implícito, por lo tanto, de este lado del discurso "político" –es decir, a partir de esquemas de pensamiento y de acción objetivamente sistemáticos, adquiridos por simple familiarización, fuera de toda inculcación

8. Es suficiente considerar un dominio como el de la enseñanza, que se extiende desde los problemas muy explícitamente constituidos como políticos por el conjunto de las clases sociales (como el de la reforma universitaria o el de la introducción de la política en la universidad), hasta esos problemas que no son percibidos ni pensados como políticos sino por una minoría de vanguardia (como la elección de los métodos pedagógicos, o la educación sexual), con todos los estadios intermedios, para ver plantearse de manera insistente, a través de las variaciones de la tasa de sin-respuesta según el tema abordado y la clase social, el problema de los diferentes modos de producción de las opiniones políticas. Es así como las preguntas relativas a la educación quedan, muy a menudo, sin respuesta cuando tocan a las funciones más generales del sistema de enseñanza o a sus relaciones con las instancias políticas, mientras que suscitan respuestas muy frecuentes cuando conciernen a lo que se podría llamar la moral pedagógica habitual.

explícita, y puestos en práctica en el modo prerreflexivo–. Sin estar mecánicamente atadas a la situación de clase, estas dos formas de *disposición política* le están estrechamente ligadas, principalmente por la intermediación de las condiciones materiales de existencia –cuyas urgencias vitales se imponen con un rigor desigual, pues están desigualmente dotadas para "neutralizar" simbólicamente–, y de la formación escolar –capaz de procurar los instrumentos del dominio simbólico de la práctica, es decir, de la verbalización y de la conceptualización de la *experiencia política*, este dominio práctico que es adquirido a través de una existencia objetivamente estructurada por las relaciones objetivas constitutivas de la estructura de las relaciones de clase–. La inclinación populista a prestar a las clases populares una "política" (como, en otra parte, una "estética") espontáneamente y como naturalmente dotada de las propiedades incluidas en la definición dominante de la política, ignora que el dominio práctico que se expresa en elecciones cotidianas (susceptibles o no de ser constituidas como políticas por referencia a la definición dominante de la política), encuentra sus fundamentos no en los principios explícitos de una conciencia continuamente vigilante y universalmente competente, sino en los esquemas de pensamiento y de acción implícitos del habitus de clase. Es decir –si fuera necesario atenerse a las fórmulas simplificadoras o simplistas de la discusión política–, en el inconsciente de las clases más que en la conciencia de clase. El habitus de clase no es el instinto del herbívoro que algunos quieren ver en él. Y si es frecuente que los miembros de las clases populares tengan un discurso en contradicción con él mismo, con el sentido de su práctica y con su condición objetiva, es porque, al no disponer de los medios de producción de su discurso, ellos hablan de política sin tener discurso político, o sólo un discurso prestado –en el doble sentido–, y están entonces a merced de los portavoces políticos que se dan o que les son impuestos –como, en otros dominios, de sus abogados o de sus médicos.

La ausencia, en el dominio de la estética, de las instancias que tienen por misión llevar al nivel manifiesto los principios implícitos de la práctica de las clases populares, es suficiente como para prohibir plantear demasiado lejos la identificación de los dos dominios. Sin embargo, tanto en el dominio político como en el dominio estético, las prácticas e, incluso, los juicios pueden organizarse de manera sistemática sin que estén jamás explícitamente formulados los principios de su producción, con excepción quizás del principio de conformidad que, al pedir prestado más bien el lenguaje de la ética que el de la política, tiende a prohibir la identificación sin reservas a individuos o grupos cuyos discursos o prácticas contradicen demasiado abiertamente las expectativas inconscientes del ethos de clase:[9] si esto es así, es porque los principios de las estrategias que orientan las relaciones cotidianas entre los miembros de clases diferentes y, en particular, el punto de referencia de los marcadores sociales de las posiciones de clase, tales como los acentos o los estilos de ropa y la *hexis* corporal, tienen más posibilidades de acceder, parcialmente al menos, a la explicitación –en el lenguaje de la ética o de la psicología espontánea más que en el lenguaje de la política–, con motivo del intercambio entre los miembros del *in group* que preceden y preparan o siguen y explotan las enseñanzas procuradas por los contactos con el *out group*. Sin obedecer al gusto de las analogías inciertas con la relación de incertidumbre, se puede suponer que, en tanto que ella se establece entre miembros de clases diferentes, la relación entre el encuestador y el encuestado no puede dejar de afectar la naturaleza y la modalidad de las informaciones recogidas por toda encuesta que se asienta sobre las relaciones entre las clases –que es el caso, se sepa o no, se quiera o no, de toda encuesta de sociología política–. No se entra en una discusión política con el primero que llega, y la semiología espontánea, como dominio práctico de la simbólica de las posiciones de clase (del que se postula espontáneamente que está ligado a las tomas de posición políticas), tiene por función hacer posible una evitación metódica de todos los "temas candentes", es decir, en primer lugar, de los temas políticos, y de establecer el consenso provisorio que, en los contactos fortuitos de la vida cotidiana, no puede instaurarse sino gracias a los lugares comunes y al precio de una vigilancia continua. Está establecido empíricamente que las discusiones políticas se

9. Único principio explícito o cuasi-explícito de las prácticas y de los juicios "estéticos" de las clases populares, el *principio de conformidad* impone gustos "simples" (por oposición a "presumidos", a "afectados", "pretenciosos", etc.) a la gente "simple" (a la "gente como nosotros"); censurando o lanzando a lo impensable las aspiraciones estéticas incompatibles con la representación interiorizada del estado de cosas establecido ("esto no es para nosotros" y "esto no se hace" –sobreentendido, para gente como nosotros–), él contribuye a producir (en la medida, al menos, en que las alienta y las legitima) elecciones estéticas a la vez directamente deductibles de las condiciones objetivas (ya que aseguran una economía de dinero, de tiempo y de esfuerzo) y perfectamente conformes a la norma que prohíbe distinguirse de la norma del grupo, es decir, "como es necesario, sin más" (por ejemplo, cuando se pide que un corte de pelo sea o haga "adecuado"). (Sobre los principios implícitos de las prácticas y de los juicios estéticos de las clases populares, ver Pierre Bourdieu *et al.*, *Un art moyen, essai sur les usages sociaux de la photographie*, París, Ed. De Minuit, 1970, p. 116-132.) [*La fotografía, un arte intermedio*, México, Nueva Imagen, 1979.]

instauran, la mayoría de las veces, entre personas de opiniones idénticas: esta constatación plantea la cuestión de los medios por los cuales se establece la selección de los interlocutores posibles. No hay duda que la semiología espontánea, al permitir señalar aquellos con quienes "se puede hablar de política", por lo tanto, huir de los conflictos abiertos, es tanto más indispensable cuanto la información previa es más débil y el costo de la confesión torpe es más grande.[10] A todos los obstáculos inmediatamente visibles de la conversación "neutra" entre miembros de clases diferentes se agrega la heterogeneidad poco menos que total de los tropos y de los tópicos utilizados en las circunstancias en que "es necesario decir bien algo" (la imperatividad de la comunicación es, por otra parte, muy desigual según las clases ,y sin duda mucho más intensa en las clases populares). La encuesta de opinión crea una situación en la cual el *primero que llega* viene a plantear cuestiones políticas, incluso sin soñar con invocar la garantía de un tercero conocido y familiar que cumpliera la función impartida a un sistema de marcadores positivos en las interacciones entre miembros de la misma clase, o de una relación muy estrecha y muy antigua, fundada sobre el vecinazgo o el parentesco, entre miembros de clases diferentes.[11]

No conociendo sino el imperativo electoral de la igualdad formal ante el cuestionario, que se conjuga con el imperativo técnico de la normalización

10. En esta lógica, se puede suponer que la interdependencia extrema que une los miembros de la comunidad aldeana tradicional es uno de los principios, paradójicamente, de la ausencia de discusión política –por lo tanto, de movilización política–, en la clase campesina: la política está casi conscientemente excluida porque es percibida como capaz de destruir la unidad, vital, de un grupo económica y socialmente heterogéneo y, sin embargo, muy fuertemente integrado por la unidad de residencia.

11. Todas las veces que, al ir al encuentro de los preceptos ingenuamente *objetivistas*, que llevan a ver en la distancia entre el encuestador y el encuestado una garantía de objetividad (no percibiendo jamás la distancia sino bajo la forma geográfica, muchos institutos de sondeo prohíben a sus encuestadores interrogar a la gente de su localidad), se instaura la interrogación con interlocutores ante quienes ella habría podido establecerse de manera casi "natural", ya sea directamente, ya sca por la mediación de un garante personal o institucional, las personas interrogadas observan espontáneamente que ellas no habrían hablado jamás el mismo lenguaje en la relación formal con un encuestador anónimo (y, de hecho, la "ciencia política" ha observado desde hace mucho tiempo que las opiniones extremas están siempre sub-representadas en las opiniones recogidas). Suponiendo, incluso, que la relación hubiera podido establecerse: se sabe que las negativas a responder son particularmente numerosas en las encuestas políticas (esas no son las responsables de la "corrección" de las muestras en los institutos de sondeo que desmentiremos).

de los instrumentos de recolección –condición de la comparabilidad formal del material recogido–, y, sobre todo, de la automatización material y mental del análisis, la "ciencia política" no puede sino anexar al orden del discurso político los productos de los principios implícitos del habitus de clase. Por eso, el efecto político de transmutación de lo implícito en explícito que produce la encuesta de opinión, con total inocencia metodológica y política, se ejerce tanto más fuertemente cuanto los productores de respuestas están más completamente desprovistos de los instrumentos necesarios para aprehender como "políticas" las preguntas planteadas y para darles una respuesta y una respuesta "política" (es decir, a medida que se desciende en la jerarquía social) y más lejos de satisfacer a las condiciones de producción de un cuerpo de opiniones coherentes y homogéneas, porque son engendradas a partir de un principio explícitamente constituido. Gracias a este efecto de homogeneización de lo heterogéneo, la "ciencia política" puede producir a voluntad, es decir a petición, la apariencia de la coherencia o de la incoherencia: ya sea que ilumine las contradicciones entre los valores de clase y las opiniones lógicamente derivables de los principios políticos explícitamente declarados, al oponer, por ejemplo, las disposiciones "autoritarias" de las clases populares a sus opiniones revolucionarias; ya sea que, al contrario, vea la verdad de sus opiniones políticas declaradas o delegadas en el "autoritarismo" de sus prácticas pedagógicas.

Así, Lipset no rompe con la irrealidad de la "ciencia política" tradicional que no conoce y no puede conocer sino la universalidad vacía del *homo politicus,* para tomar prestado, a la psicología del aprendizaje y, sobre todo, a la sociología de la transmisión cultural, los elementos de una descripción de las clases populares, sino con la segunda intención de encontrar en el "autoritarismo" de esas clases (concepto ausente en todos los autores citados) el principio de sus elecciones políticas, revelando así, por querer probar demasiado, los efectos y los presupuestos ocultos de la encuesta de opinión: armado de una suerte de hegelianismo del pobre, que le lleva a postular implícitamente la unidad de las conductas "no políticas" y de las conductas "políticas", realiza abiertamente la reducción al orden de "lo político" que la "ciencia política" efectúa de manera más discreta –porque es más inconsciente– con sus cuestionarios y sus problemáticas homogéneos y homogeneizantes –porque están estrictamente acantonados en el orden "político"–.[12] Medidas con la vara de reglas tácitas, planteadas como

12. Aquí, además, el etnocentrismo que lleva a asumir, como yendo de suyo, la definición dominante de la política y el positivismo metodológico, se conjugan para excluir la posibilidad de aprehender

yendo de suyo –lo que no es sino la universalización de los intereses (en el doble sentido) de las clases superiores–, las prácticas y las ideologías de las clases populares se encuentran lanzadas al lado de la *naturaleza*, ya que acumulan todos los rasgos antitéticos a la cultura política tal como ella se adquiere en "Ciencias-Políticas" o en Harvard. Producto sincrético de la amalgama de las propiedades prestadas por las necesidades de la causa –de la buena causa– al sub-proletariado –como la impaciencia milenarista–, al proletariado –como el rigorismo jacobino–, o a la pequeña burguesía –como el resentimiento represivo que, en ciertas coyunturas, puede servir de base a regímenes fascistas–, las clases populares según Lipset son naturalmente autoritarias: es porque tienen el autoritarismo por naturaleza que ellas pueden adherir con conocimiento de causa a ideologías autoritarias; es porque su intolerancia les inclina a una visión simplista y maniquea de la política que ellas no esperan el cambio de su condición sino de transformaciones rápidas y brutales. El "milenarismo evolucionista", que es el coronamiento natural de esta teología política, hace de la elevación del nivel de vida y de educación de las clases populares el motor de un movimiento universal hacia la democracia americana, es decir, hacia la abolición del autoritarismo y de las clases que son sus portadoras, en resumen hacia la burguesía sin proletariado.[13] Pero la verdad de esta ideología está enteramente contenida en el argumento según el cual, "más a la izquierda" (*liberal and leftist*) en materia de economía, los miembros de las clases populares se muestran más "autoritarios" que las clases superiores "cuando el liberalismo es definido en términos no-económicos" (es decir, cuando es cuestión de libertades cívicas, etc.) e, incapaz

---

tanto la competencia política en estado práctico –lo que supondría el recurso a técnicas tales como la historia de la vida política o la observación en situaciones "normales" o en períodos de crisis política– como ese sustituto de la competencia política teórica que es la competencia mínima necesaria para operar (conforme a las reglas del juego político en vigor) la delegación de las elecciones políticas –lo que supondría la utilización de un cuestionario que, al situarse explícitamente en el nivel político restituiría el campo completo de las tomas de posición políticas relacionándolas cada vez a las instancias encargadas de producirlas y de legitimarlas (partidos, iglesias, etc.).

13. Esta ideología encuentra su instrumento de prueba en el comparatismo de gran administrador de la investigación, atento a recoger a cada una de sus escalas la colección de los periódicos semi-oficiales (como dice I. de Sola Pool) y las opiniones y las encuestas de opinión más recientes de los doxósofos nativos, más que las informaciones detalladas y sistemáticas que, definiendo las condiciones teóricas y técnicas de la comparabilidad, prohibirían las comparaciones formales.

de acceder al "desinterés" (interesado) que define toda verdadera cultura, en política como en otra parte, ignoran el "liberalismo" que la nueva burguesía, tan resueltamente no-represiva, al menos para ella misma y para sus hijos, pone al principio de su arte de vivir.

De hecho, la proposición según la cual las clases populares son autoritarias no puede darse las apariencias de la constatación científica –lo contrario de la ceguera populista–, sino en la medida en que se ignoren el efecto de politización de las opiniones que produce sin saberlo la aplicación uniforme de la grilla politicológica, y las diferencias que separan, bajo la relación de la modalidad dóxica, las certezas prácticas de la moral pedagógica o sexual y las opiniones profesadas sobre las cuestiones "políticas". Si los miembros de las clases privilegiadas son en su conjunto más "innovadores" en el dominio de la moral doméstica mientras son más "conservadores" en el dominio más ampliamente reconocido como "político", es decir, para todo lo que toca al mantenimiento del orden económico y político y a las relaciones entre las clases (como lo testimonian sus respuestas a las preguntas sobre la huelga, el sindicalismo, etc.), es evidente que su propensión a tomar posiciones "innovadoras" o "revolucionarias" varía en razón inversa al grado en el cual las transformaciones consideradas tocan al principio de su privilegio.[14] Podría ser posible incluso que la revuelta contra las *alienaciones genéricas* –las únicas que afectan también a la clase dominante, en las que se expresan los intereses particulares de ciertas fracciones (en ascenso) o de ciertas categorías (las mujeres o los jóvenes, por ejemplo) de la clase dominante– sirve a los intereses de esta clase, por ese desplazamiento de la problemática hacia los objetos de discusión sin consecuencia de la contestación interna y por la expulsión fuera del campo de los conflictos políticos legítimos de todo lo que toca a los fundamentos de su dominación.[15] Y cuando se sabe que ellas encuentran su principio en la universalización de la experiencia particular que ciertas fracciones de la clase dirigente hacen de las alienaciones genéricas, se comprende que ciertas denuncias generalizadas de la alienación, que pueden coincidir con la exaltación mística de las virtudes políticas del proletariado, se encuentren con el pesimismo conservador, que tiene el mismo etnocentrismo de clase por principio, en la condena de las disposiciones

14. Las respuestas a estos dos tipos de preguntas se organizan según estructuras estrictamente inversas en las clases superiores y en las clases populares.

15. La delimitación del campo de la discusión y de la contestación legítima y de las armas legítimas de la lucha política es, se lo verá, una de las apuestas y una de las armas fundamentales de la lucha política (cf. por ejemplo, el debate sobre la politización de los sindicatos).

represivas de las clases populares (o de sus mandatarios), o en la condena de su sumisión excesiva a los intereses económicos.

La "ciencia política" no puede percibir que la contradicción aparente entre las opiniones producidas a partir de principios explícitamente políticos y las disposiciones y los juicios o las prácticas que ellas engendran desaparece, la mayoría de las veces, tan pronto como, al dejar de tomarse de la letra de los discursos, uno se liga a su *modalidad*, donde se revela el modo de producción según el cual ellas son producidas: la sonrisa o el cabeceo escéptico, irónico o impotente, delante de tal pregunta irreal o des-realizante, el silencio, que puede ser también un discurso negado, la forma más accesible de la negativa de discurso, o el discurso mismo que, por no dejarse encerrar en las clases previstas con anterioridad al comentario político, no puede aparecer sino como el enunciado torpe de las "nociones" de la politología, manifestaciones simbólicas que la politología no puede sino arrojar en lo inadvertido o lo insignificante. La intuición común que refiere a imponderables de la postura y de las maneras, los matices de la argumentación y de la *hexis*, las diferentes maneras de ser "de derecha" o "de izquierda", "revolucionario" o "conservador", principio de todos los dobles entendimientos y de todos los dobles juegos, recuerda que el mismo habitus puede conducir a adherir a opiniones fenomenalmente diferentes (aunque no fuese sino por el efecto de *allodoxia*) mientras que habitus diferentes pueden expresarse en opiniones superficialmente (es decir, electoralmente) semejantes y, sin embargo, separadas por su modalidad.

Dado que el discurso "político" toma prestado por definición el lenguaje abstracto, neutralizante y universalizarte de las clases superiores y de sus mandatarios políticos o administrativos, toda tentativa para medir la competencia política o el interés por la política no puede ser otra cosa que un test de conocimiento y de reconocimiento de la cultura política legítima. La antinomia que habita en la "democracia tecnocrática" no es jamás tan visible como en la ambivalencia de la intención interrogativa vuelta hacia el saber desigual y desigualmente repartido del experto, al mismo tiempo que hacia la "espontaneidad creadora" de la "persona", supuesta siempre como capaz de producir una "opinión" allá donde el especialista produce una "constatación" o un "juicio". Aunque esto se vea menos, en nombre de la ideología que quiere que la aptitud para juzgar políticamente sea la cosa mejor repartida, les encuestas de opinión pública no difieren de ningún modo, en su principio, de las encuestas sobre la "información económica", suerte de *exámenes* que apuntan a medir el conocimiento y el reconocimiento que los encuestados tienen de la economía teórica, sin inquietarse por asir la competencia propiamente económica que orienta sus elecciones económicas cotidianas y les confiere al mismo tiempo, la "racionalidad" que los economistas pueden postular en sus teorías. Sería ingenuo imaginarse que una encuesta de sociología política pueda ser más relativista que una encuesta de economía y que fuera suficiente, para escapar a todas las dificultades, formular las preguntas, como lo sugiere Riesman, en el lenguaje propio de los encuestados de cada clase. La política es lo que se dice en el lenguaje de la "ciencia política" y en ese lenguaje solamente: el principio de la desposesión política reside, aquí, en la imposición de una definición particular de la política legítima y de los medios legítimos de acción política, es decir, en la imposición del lenguaje y de un cierto lenguaje como único modo de acción y de expresión política legítima. Si el dominio del lenguaje político dominante que hace toda la competencia politicológica está comúnmente identificada a la competencia política, es porque participa de la autoridad que le confiere la pertenencia al universo del discurso legítimo, el de la ciencia y el de la cultura erudita, y porque los que lo utilizan están frecuentemente investidos de la autoridad que confieren las garantías universitarias. Pero, más profundamente, la imposición de los límites del campo de la acción política que, en la encuesta de opinión, toma la forma de la *imposición de problemática* es, además, un efecto, y sin duda de los más sutiles –porque es de los más ocultos–, de la dominación política: la definición del límite entre lo legítimo y lo ilegítimo –que, a la manera de la delimitación sacerdotal de lo sagrado y de lo profano, produce los *profanos en política*–, es en efecto lo primero que está en juego en el conflicto por el poder político. Los ideólogos no pueden aportar su contribución al trabajo de dominación imponiendo su problemática política sino porque el estado de las relaciones de fuerzas permite la imposición de la definición de la política más favorable a los intereses de la clase dominante, la que hace del combate político un debate de ideas y un enfrentamiento de discursos, en resumen, un combate donde *sólo son admitidas las armas simbólicas*: sobre este terreno, la clase dominante es imbatible, porque el discurso fuerte no se impone jamás por la sola fuerza del discurso, la potencia de las palabras y la potencia sobre las palabras suponen siempre otras especies de poder.

No es por azar que la *neutralidad* estilística, ética y política es la propiedad más rigurosamente exigida de todo discurso político despolitizado y despolitizante, políticamente neutralizante porque está políticamente neutralizado: la "ciencia-politización" es una de las técnicas más eficaces de despolitización. Constituyendo una pregunta como política en el universo de discurso politicológico, la "ciencia política" le hace sufrir una "neutralización" que la pone *fuera de asidero* y a la cual se agrega, frecuentemente, la tecnificación tecnocrática que la pone *fuera de alcance*. Las variaciones de "sin-respuesta" según el sexo, el nivel de instrucción o la clase social –es decir, en líneas generales, según la probabilidad de tener poder, en algún nivel de la jerarquía social y en cualquier campo que sea–, están allí para testimoniar que la competencia, en el sentido preciso de capacidad socialmente reconocida, es de esas aptitudes que no se detentan sino en la medida en que se está en derecho y en deber de detentarlas; como las variaciones según la saturación de la pregunta en índices de conformidad a las normas del discurso politicológico están allí para atestiguar que la "ciencia-politización" es una de las armas del combate entre las fuerzas de despolitización –representadas, aquí, por los doxósofos– y las fuerzas de politización, fuerzas de subversión del orden ordinario y de la adhesión a este orden, ya sea que se trate de la adhesión prerreflexiva e inconsciente de ella misma que define la *doxa,* o de la adhesión electiva, en tanto que negación de la posibilidad de la *herejía*, que caracteriza la *ortodoxia*, opinión o creencia derecha y, si se quiere, de derecha.

Método científico y jerarquía social de los objetos*

Cuando Parménides pregunta a Sócrates, para inquietarlo, si él admite que hay "formas" de cosas "que podrían parecer un tanto ridículas, un pelo, lodo, mugre, o todo otro objeto sin importancia ni valor", Sócrates confiesa que no puede decidirse a hacerlo, por miedo de caer en un "abismo de necedad". Eso es, le dice Parménides, porque él es joven y novato en filosofía, y porque él se preocupa todavía por la opinión de los hombres, la filosofía se apoderará un día de él y le hará ver la vanidad de esos desdenes en los cuales la lógica no participa (*Parménides*, 130 d).

La filosofía de los profesores de filosofía no ha retenido casi la lección de Parménides, y hay pocas tradiciones donde esté tan marcada la distinción entre los objetos nobles y los objetos innobles o entre las maneras innobles y las maneras nobles –es decir, altamente "teóricas", por lo tanto des-realizadas, neutralizadas, eufemizadas– de tratarlas. Pero las disciplinas científicas mismas no ignoran los efectos de estas disposiciones jerárquicas que apartan géneros, objetos, métodos o teorías menos prestigiosos en un momento dado del tiempo: y se ha podido demostrar que ciertas revoluciones científicas eran el producto de la importación en dominios socialmente desvalorizados de las disposiciones que se utilizan en los dominios más consagrados.[1]

* "Méthode scientifique et hiérarchie sociale des objets", *Actes de la recherche en sciences sociales*, 1, enero de 1995, pp. 4-6.

1. J. Ben David y R. Collins, "Social Factors in the Origins of a New Science: The Case of Psychology", *American Sociological Review*, 31 (4), agosto de 1966, pp. 451-465.

La jerarquía de los objetos legítimos, legitimables o indignos, es una de las mediaciones a través de las cuales se impone la *censura* específica de un campo determinado que, en el caso de un campo cuya independencia respecto a las demandas de la clase dominante está mal afirmada, puede ser quizás la máscara de una censura puramente política. La definición dominante de las cosas buenas para decir y de los asuntos dignos de interés es uno de los mecanismos ideológicos que hacen que cosas igualmente buenas no sean dichas y que temas no menos dignos de interés no interesen a nadie o no puedan ser tratados sino de manera vergonzosa o viciosa. Es la que hace que se hayan escrito 1.472 libros sobre Alejandro el Grande, de los que sólo dos serían necesarios, si uno le cree al autor del 1.473,[2] quien, a pesar de su furor iconoclasta, está mal ubicado para preguntarse si un libro sobre Alejandro es o no necesario y si la redundancia que se observa en los dominios más consagrados no es la contrapartida del silencio que rodea a otros objetos. La jerarquía de los dominios y de los objetos orienta las *inversiones* intelectuales por mediación de la estructura de las posibilidades (medias) de beneficio material y simbólico que ella contribuye a definir: el investigador participa siempre de la importancia y del valor que es comúnmente atribuido a su objeto, y hay muy pocas posibilidades de que él no tome en cuenta, consciente o inconscientemente, en la ubicación de sus intereses intelectuales, el hecho de que los trabajos más importantes (científicamente) sobre los objetos más "insignificantes" tienen pocas posibilidades de tener, a los ojos de todos los que han interiorizado el sistema de clasificación en vigor, tanto valor como los trabajos más insignificantes (científicamente) sobre los objetos más importantes, que son, también la mayoría de las veces, los más insignificantes, es decir, los más anodinos.[3] Por esta razón, los que abordan los objetos desvalorizados

2. R. L. Fox, *Alexander the Great*, London, Allen Lane, 1973. No hay casi necesidad de decir que esta acumulación es altamente funcional –evidentemente, desde el punto de vista del funcionamiento y de la perpetuación del sistema–, puesto que ella constituye por sí misma una verdadera muralla contra la crítica externa, que, para ejercerse, debe apoyarse en la alianza objetiva –muy importante– de un especialista.

3. El lenguaje científico pone las palabras del lenguaje ordinario entre comillas (cf. G. Bachelard, *Le Matérialisme rationnel*, París, P.U.F., 1953, p. 216. Trad. esp. *El Materialismo racional, Buenos aires*, Paidós, 1976), para marcar una *ruptura* con el uso común que puede ser la de la distancia objetivante (objetos "insignificantes" o "importantes" son objetos socialmente reconocidos como importantes o insignificantes en un momento dado del tiempo) o la de la *redefinición* tácita o explícita que determina la inserción en un sistema de conceptos de palabras ordinarias así constituidas como "enteramente relativas a la ciencia teórica".

por su "futilidad" o su "indignidad", como el periodismo, la moda, o la historieta, frecuentemente esperan de otro campo, aquel mismo que ellos estudian, las gratificaciones que el campo científico les niega por anticipado, lo que no contribuye a inclinarlos a una aproximación científica.

Sería necesario analizar la forma que toma la división, admitida como yendo de suyo, en dominios nobles o vulgares, serios o fútiles, interesantes o triviales, en diferentes campos y en diferentes momentos. Se descubriría, sin duda, que el campo de los objetos posibles de investigación tiende siempre a organizarse según dos dimensiones independientes, es decir, según el grado de legitimidad y según el grado de prestigio al interior de los límites de la definición legítima. La oposición entre lo prestigioso y lo oscuro que puede concernir a los dominios de los géneros, de los objetos, de las maneras (más o menos "teóricas" o "empíricas" según las taxonomías reinantes), es el producto de la aplicación de los criterios dominantes que determina grados de excelencia en el interior del universo de las prácticas legítimas; la oposición entre los objetos (o los dominios, etc.) ortodoxos y los objetos que pretenden la consagración, que pueden ser llamados de vanguardia o heréticos –según que uno se sitúe del lado de la jerarquía establecida o del lado de los que intentan imponer una nueva definición de los objetos legítimos–, manifiesta la polarización que se establece en todo campo entre instituciones o agentes que ocupan posiciones opuestas en la estructura de la distribución del capital específico. Es decir, evidentemente, que los términos de estas oposiciones son relativas a la *estructura* del campo considerado, aún cuando el funcionamiento de cada campo tiende a hacer que ellos no puedan ser percibidos como tales y que aparezcan –frente a todos los que han interiorizado sistemas de clasificación que reproducen las estructuras objetivas del campo– como intrínsecamente, sustancialmente, realmente importantes, interesantes, vulgares, *chics*, oscuros o prestigiosos. Para abalizar este espacio, bastará con marcar en él algunos puntos con ejemplos tomados de las ciencias sociales: por un lado, la gran síntesis teórica, sin otro punto de apoyo en la realidad que la referencia sacralizante a los textos canónicos o, en el mejor de los casos, a los objetos más importantes y más nobles de la Tierra, es decir, preferentemente "planetarios" y constituidos por una tradición antigua; por el otro, la monografía de aldea, doblemente ínfima, por el objeto –minúsculo y socialmente inferior– y por el método –vulgarmente empírico–; y, en oposición con uno y otro, el análisis semiológico de la fotonovela, de los semanarios ilustrados, de las historietas o de la moda, aplicación de un método precisamente lo bastante herético como para atraerse los prestigios del vanguardismo a objetos condenados por los guardianes de la ortodoxia, pero predispuetos por la atención que ellos reciben de las fronteras del campo intelectual y del campo artístico –a los que fascinan todas las formas *kitsch*– a apostar a estrategias de rehabilitación tanto más rentables cuanto más arriesgadas son.[4] Así, el conflicto ritual, entre la gran ortodoxia del sacerdocio académico y la herejía distinguida de los francotiradores sin balas, forma parte de los mecanismos que contribuyen a mantener la jerarquía de los objetos y, al mismo tiempo, la jerarquía de los grupos que sacan de ella sus beneficios materiales y simbólicos.

La experiencia muestra que los objetos que la representación dominante trata como inferiores o menores atraen frecuentemente a los que están menos preparados para tratarlos. El reconocimiento de la indignidad domina todavía a los que se aventuran sobre el terreno prohibido cuando se creen obligados a pregonar una indignación de mirón puritano que debe condenar para poder consumar, o una preocupación de rehabilitación que supone la sumisión íntima a la jerarquía de las legitimidades, o incluso una combinación hábil de distancia y de participación, de desdén y de valorización que permite jugar con fuego, a la manera del aristócrata que se encanalla. La ciencia del objeto tiene por condición absoluta, aquí como en otra parte, la ciencia de las diferentes formas de la relación ingenua con el objeto (entre las cuales, la que el investigador puede mantener con él en la práctica ordinaria); es decir, la ciencia de la posición del objeto estudiado en la jerarquía objetiva de los grados de legitimidad que comanda todas las formas de experiencia ingenua. La única manera de escapar a la relación ingenua de absolutización o de contra-absolutización consiste, en efecto, en aprehender como tal la estructura objetiva que comanda estas disposiciones. La ciencia no toma parte en la lucha por el mantenimiento o la subversión del sistema de clasificación dominante, lo toma por objeto. No dice que la jerarquía dominante trate a la pintura conceptual como un arte y a la historieta como un modo de expresión inferior y necesario (salvo sociológicamente); no dice más que es arbitraria, como los que se arman del relativismo para revertirla o modificarla y que, al final, no harán sino agregar un grado, el último, a la escala de las prácticas culturales consideradas como legítimas. En resumen, no opone un juicio de

4. Del mismo modo que la jerarquía de los dominios mantiene una relación estrecha (pero compleja, porque está mediatizada por el éxito escolar) con el origen social (cf. P. Bourdieu, L. Boltanski y P. Maldidier, "La défense du corps", *Information sur les sciences sociales*, 10 (4), 1971), es probable que la orientación hacia uno u otro punto del espacio de los objetos de investigación exprese la posición en el campo y la trayectoria que allí conduce.

valor a un juicio de valor sino que *levanta acta* del hecho de que la ref a una jerarquía de los valores está objetivamente inscrita en las práctica en particular, en la lucha en la cual esta jerarquía está en juego y que expresa en juicios de valor antagónicos.

Campos situados en un rango inferior en la jerarquía de las legitimidades ofrecen a la polémica de la razón científica una ocasión privilegiada para ejercerse, con total libertad, y para alcanzar *por procuración*, sobre la base de la homología que se establece entre campos de legitimidad desigual, los mecanismos sociales fetichizados que funcionan también bajo las censuras y las máscaras de autoridad en el universo protegido de la alta legitimidad. Así, el cariz de parodia que revisten todos los actos del culto de celebración cuando, al abandonar sus objetos titulados, filósofos presocráticos o poesía mallarmiana, se dirigen a un objeto tan mal ubicado en la jerarquía en vigor como la historieta, revela la verdad de todas las acumulaciones letradas. Y el mismo efecto de desacralización que la ciencia debe producir para constituirse y reproducir para comunicarse, es más fácilmente obtenido desde que se obliga a pensar el universo demasiado prestigioso y demasiado familiar de la pintura o de la literatura a través de un análisis de la alquimia simbólica, por la cual el universo de la alta costura produce la fe en el valor irreemplazable de sus productos.

Dos imperialismos de lo universal*

Una buena parte de lo que observamos en las relaciones entre Francia y Estados Unidos es el producto de una estructura de relaciones que uno debe pensar como la confrontación entre dos imperialismos de lo universal.

Lo que ha sido descrito como una de las propiedades más eminentes de estas dos naciones, a saber, su pretensión a una cierta universalidad –en el dominio político en particular, por ejemplo, con una forma particular de constitución y de tradición democrática–, forma parte de los recursos políticos, de los capitales simbólicos que estas naciones pueden poner al servicio de formas muy particulares (y muy diferentes) de imperialismo. Evidentemente, tengo conciencia de que, como siempre, el sociólogo tiene el rol de "malo": desencanta e impide danzar en ronda; no celebra la democracia sino que se interroga por sus usos sociales, no siempre muy democráticos, que pueden estar formados con la idea de democracia. Pero tal es la intención de mi declaración.

En un primer momento, quisiera mostrar en qué Francia tiene por particularidad el ejercer esta forma de imperialismo que llamo imperialismo de lo universal. Entiendo por ello un imperialismo que se ejerce particularmente sobre el plano político, pero que se ejerce también en el dominio de los

* "Deux impérialismes de l'universel", en C. Fauré y T. Bishop (eds.), *L'Amérique des Français*, París, Ed. François Bourin, 1992, pp. 149-155.

estilos de vida, de la vida cotidiana, en nombre de una legitimidad que le viene de su pretensión, más o menos ampliamente reconocida, a la universalidad. En la lucha por el monopolio de lo universal, en la cual las grandes naciones se enfrentan, desde siempre, invocando lo que hay de más universal en el momento considerado, comenzando por las religiones (como el cristianismo) o las morales llamadas universales, Francia tiene –al menos para la época moderna– una cierta ventaja, con su Revolución (cuya prioridad ha sido discutida, y no por azar, con motivo de la celebración de la Revolución francesa). En su patrimonio, Francia tiene la Revolución universal por excelencia. La Revolución francesa, mito fundador de la República francesa, es la Revolución universal y el modelo universal de toda revolución. Así, la tradición marxista ha proporcionado la más extraordinaria legitimación a la pretensión francesa de detentar el monopolio de la Revolución universal. Y uno no se sorprende poco al observar que los marxistas de todos los grandes países modernos, Inglaterra, Estados Unidos, Japón, etc., no han dejado de interrogarse para saber si ellos han tenido una verdadera revolución, es decir, una revolución francesa o a la francesa... Así, Marx y el marxismo han contribuido mucho a constituir la Revolución francesa en modelo universal de la revolución. Y cada uno sabe que el pensador por excelencia de lo universal, el que todo discurso sobre lo universal debe invocar, a saber Kant, ha consagrado también a la Revolución francesa como la Revolución universal. Pero uno podría multiplicar sin fin los testimonios, puramente sociológicos, de este reconocimiento casi universal de la universalidad de la revolución particular que fue la revolución francesa y, al mismo tiempo, de la nación surgida de esta revolución, que se encuentra investida, por este hecho, de una suerte de status aparte. Y pienso que si la Revolución francesa es lo que está en juego en tales debates, de los dos lados del Atlántico, y no solamente con motivo de los aniversarios, es porque, precisamente, a través de la Revolución francesa y la idea que uno se hace de ella, lo que está en juego es quizás el monopolio de la universalidad, el monopolio de los Derechos del Hombre, el monopolio de la Humanidad...

En esta perspectiva, la Revolución francesa aparece como el mito fundador y legitimador de la pretensión de Francia a la universalidad, y, al mismo tiempo, al derecho a la universalización de su cultura nacional. Al tener Francia por cultura nacional una cultura que se pretende universal, los franceses se sienten autorizados (al menos hasta la Segunda Guerra Mundial) a una forma de imperialismo cultural que reviste la apariencia de un proselitismo legítimo de lo universal. Jamás se observa esto tan bien como en sus empresas de colonización: como bien lo demuestra la historia comparada de las estrategias de colonización de los franceses y de los ingleses, la colonización francesa, frecuentemente concebida como misión civilizadora y emancipadora, se caracteriza por una extraordinaria certidumbre de sí, fundada sobre la certidumbre *de tener por particularidad la universalidad* (se olvida frecuentemente, hoy, que ha habido un colonialismo de izquierda, inclinado a concebir la anexión por la asimilación como promoción liberadora de lo universal).

El imperialismo de lo universal se percibe como un imperialismo liberador: no hay nada mejor que ser colonizado por Francia: "¿Qué puedo hacer mejor por el colonizado que hacer de él un alter ego, que darle acceso a lo que yo soy, a esta cultura que es mía pero que, por añadidura, es universal?" Y por esta razón la pretensión a lo universal no es jamás tan fuerte como en el dominio de la cultura. Pues una de las particularidades históricas de Francia, que se afirmó sobre todo a fines del siglo XIX, es la de haberse asegurado, por razones históricas, otro monopolio, el de la legitimidad cultural o, para ser más preciso, de este otro capital universal que es lo *chic*. Valéry ha escrito sobre París dos textos magníficos en su inconsciente triunfante.

Uno se pregunta cómo ha sido posible sentirse universal a este grado, al punto de poder decir con total simplicidad que París es la capital, por definición universal, del mundo cultural. Francia es, pues, una suerte de ideología realizada: ser francés es sentirse en derecho de universalizar su interés particular, ese interés nacional que tiene por particularidad el ser universal. Y de alguna manera doblemente: universal en materia de política, con el modelo puro de la revolución universal; universal en materia de cultura, con el monopolio de lo *chic* (de París). Se comprende que, aunque su monopolio de lo universal esté fuertemente discutido, en particular por los Estados Unidos, Francia permanece como el árbitro de las elegancias en materia de *radical chic*, como se dice del otro lado del Atlántico; ella continua dando a lo universal el espectáculo de los juegos de lo universal, y, en particular, de este arte de la *transgresión* que hacen las vanguardias políticas y/o artísticas, de esta manera (que se siente inimitable) de mantenerse siempre más allá, y más allá del más allá, de jugar con virtuosismo en los registros difíciles de acordar, del vanguardismo político y del vanguardismo cultural: y se comprende que el escritor, cuyo nombre es el más directamente asociado a esta cumbre de lo *radical chic* que ha sido la revista *Tel Quel*, se haya revelado recientemente como uno de los defensores más encarnecidos de la ortografía francesa. No se afecta a una lengua que, según la opinión de la Academia de Berlín que galardona a Rivarol, es bien universal...

Frente a este imperialismo francés, que permanece como el paradigma del imperialismo de lo universal, los Estados Unidos erigen otro que encuentra su fundamento o su garantía en el *mito de la democracia en América*, elaborado por Tocqueville, doblemente designado para cumplir esta función, por *aristócrata y francés* (para que yo sea legitimado, es necesario que otro –un extranjero– me reconozca; si yo me corono a mí mismo –como lo hizo Napoleón– en lugar de solicitar a un Papa que lo hiciera, eso no marcha). En la lucha por el monopolio de la universalidad, el reconocimiento otorgado por los otros, especialmente los otros países, es determinante. Y no es por azar, por ejemplo, si los franceses son siempre (y todavía hoy) convocados (y a veces voluntarios) para coronar a la universalidad americana.

El punto fuerte del imperialismo de lo universal, en su forma americana, es evidentemente la Constitución, el Congreso, la unidad en el pluralismo, etc. Y cuando los Estados Unidos reivindican el universalismo político, uno se lo otorga con gusto. Pero reivindican también, y desde hace cierto tiempo, con cierto éxito, la universalidad cultural. Y allí, evidentemente, tropiezan particularmente con las pretensiones francesas; si esta pretensión ha sido mermada en el orden político, a pesar de los vestigios de gaullismo que tenemos todavía bajo los ojos, la pretensión al universalismo cultural permanece todavía muy fuerte, y se podría mostrar que sobre muchos puntos, e incluso hasta en el terreno de la ciencia –donde lo universal se mide con el Premio Nobel–, los franceses se esfuerzan, mal que bien, en rivalizar. Las estrategias de universalización que todas las naciones ambiciosas emplean para justificar su dominación toman hoy formas inesperadas: por ejemplo, la ciencia misma –he invocado a sabiendas los Premios Nobel– ha devenido una de las grandes apuestas de la lucha por la legitimidad en el interior de aquello que yo llamaría el campo político mundial; la ciencia es, también, una forma de filosofía apoyada en la ciencia. En la lucha por el monopolio de la dominación legítima del mundo, la capital, en el sentido de Valéry, es hoy Harvard o Chicago, que reúnen y combinan, además de un fuerte capital científico, simbolizado por los Premios Nobel, una constelación de productos culturales con pretensión universal, una filosofía de la acción que representa la acción humana como producto del cálculo racional –y que, por tanto, liga muy fuertemente la intención humana a la racionalidad científica–, una teoría económica fuertemente formalizada y legitimada en nombre de las matemáticas, una teoría filosófica de la decisión racional, etc.; y este complejo epistemocrático tiene, me parece, funciones de legitimación totalmente extraordinarias, la ciencia, que es el discurso universal por excelencia, que deviene la forma suprema de la ideología justificadora. A lo que sería necesario agregar esta otra arma que es la moral, punto fuerte tradicional de los Estados Unidos (todas las intervenciones americanas, desde 1917, se han cubierto de la reivindicación de lo universal, de la defensa de los valores y de la moral; y sería necesario analizar las estrategias de universalización puestas en práctica con motivo de la guerra del Golfo). El retorno de la moral, que algunos celebran en Francia hoy, tiene que ver con el avance del imperialismo cultural americano. Uno de los dominios donde mejor se ve este nuevo imperialismo cultural es el de la pintura, y ha sido magníficamente analizado por Serge Guilbaut, en un libro titulado *How New York Stole the Idea of Modern Art,* publicado por University Chicago Press en 1983, donde se describe el proceso muy complejo según el cual poco a poco la dominación simbólica legítima en materia de pintura ha pasado de París a New York.

Es decir que muchas cosas que se escriben o se dicen, a propósito de Francia o de Estados Unidos o de sus relaciones, son el producto del enfrentamiento entre dos imperialismos, entre un imperialismo en ascenso y un imperialismo en decadencia, y deben mucho, sin duda, a sentimientos de revancha o de resentimiento, sin que esté excluido que una parte de las reacciones que se podrían clasificar en el antiamericanismo del resentimiento puedan y deban ser comprendidas como estrategias de resistencia legítimas a formas nuevas de imperialismo... ¿Cómo distinguir entre las formas regresivas, nacionalistas o nacionalitarias, que apuntan a salvaguardar mercados culturales protegidos, y las formas legítimas de defensa contra la destrucción de modelos amenazados por la concentración monopolística? Los intelectuales, que son los primeros a quienes les concierne el imperialismo de lo universal, encuentran en una *realidad ambigua* innumerables ocasiones de nutrir sus estrategias de *mala fe*. Por esta razón, creo que es necesario desprender del análisis, muy sumario, que yo he propuesto, una incitación a la vigilancia o, mejor, a la *reflexividad*. Muchas declaraciones sobre las diferencias o las similitudes entre las naciones (sus regímenes políticos, sus sistemas de enseñanza, etc.) no son sino estrategias de universalización destinadas a defender nuestro capital simbólico nacional contra una agresión real o imaginaria. Pero las cosas no son tan simples, y las astucias de la mala fe son innumerables. Los intereses ligados a la lucha por la hegemonía cultural en el espacio nacional pueden inducir a ciertos nacionales a hacerse los cómplices del imperialismo cultural del extranjero –como otros se encierran en un nacionalismo regresivo.

La universalización de los intereses particulares es la estrategia de legitimación por excelencia, que se impone con una urgencia particular a los productores culturales, siempre incitados por toda su tradición a pensarse como portadores y portavoces de lo universal, como "funcionarios de la humanidad". Pero si siempre es necesario considerar con la vigilancia más extrema todas las estrategias orientadas hacia la unificación del campo cultural, es también necesario distinguir las que apuntan a la unificación por la anexión o, si se prefiere, por la imposición de un modelo nacional dominante (es así como se ha operado, la mayoría de las veces, la unificación cultural correlativa de la construcción de los Estados modernos) y las que apuntan a la unificación en el pluralismo cultural. La cultura universal no puede surgir de la universalización de una cultura, es decir, de la *absolutización* de una cultura histórica, asociada a la pérdida de una parte de lo universal (lo mismo vale para la lengua). El internacionalismo, hoy desacreditado con razón por haber sido puesto al servicio de una forma particularmente perversa de imperialismo de lo universal, el imperialismo soviético, debe ser rehabilitado y restaurado en su verdad. Se trata de inventar una cultura universal que no sea el simple producto de la imposición universal de una cultura particular (cultura que no sería más universal, sino que sería universal el Estado que se nos anuncia cuando se nos dice que Estados Unidos es el "gendarme del mundo"). De hecho, no se puede esperar un progreso hacia una cultura realmente universal –es decir, *una cultura formada por múltiples tradiciones culturales unificadas por el reconocimiento que ellas se otorgan mutuamente*– sino de las luchas entre los imperialismos de lo universal. Estos imperialismos, a través de los homenajes más o menos hipócritas que deben rendir a lo universal para imponerse, tienden a hacerlo avanzar y, por lo menos, a constituirlo en recurso susceptible de ser invocado contra los imperialismos mismos que se valen de él.

Las condiciones sociales de la circulación de las ideas*

Hoy deseo proponerles algunas reflexiones que quisieran escapar al ritual de la celebración de la amistad franco-alemana y de las consideraciones obligadas sobre la identidad y la alteridad. Pienso que en materia de amistad, como en cualquier materia, la lucidez no es del todo antinómica del afecto, sino todo lo contrario. Quisiera, pues, intentar proponer algunas reflexiones sobre las condiciones sociales de la circulación internacional de las ideas, o, para emplear un vocabulario económico que produce siempre un efecto de ruptura, sobre lo que se podría llamar la *import-export* intelectual. Quisiera intentar describir si no las leyes –porque no he trabajado suficientemente como para poder utilizar un lenguaje tan pretencioso– al menos las tendencias de estos intercambios internacionales que describimos habitualmente en un lenguaje que debe más a la mística que a la razón. En resumen, voy a intentar hoy presentar un programa para una ciencia de las relaciones internacionales en materia de cultura.

En un primer momento, habría podido evocar la historia de las relaciones entre Francia y Alemania desde la Segunda Guerra Mundial, y, más precisamente, todo el trabajo que, al nivel del campo político especialmente, ha podido hacerse para favorecer la comunicación y la comprensión entre los dos países. Habría que conducir un análisis histórico sin complacencia del

* "Les conditions sociales de la circulation internationale des idées", *Romanitische Zeitschrift für Literaturgeschichte/Cahiers d'histoire des littératures romanes,* 14º année, 1-2, 1990, pp. 1-10.

trabajo simbólico que ha sido necesario para exorcisar, al menos en una cierta fracción de las poblaciones de los dos países, todos los fantasmas del pasado. Sería necesario analizar, además del trabajo de las instancias oficiales en su dimensión simbólica y práctica, las acciones diversas que han podido favorecer la transformación de las actitudes de los franceses y de los alemanes, considerados en su diversidad social. Se podría, por ejemplo, situándonos en el nivel del campo intelectual, describir las etapas de este trabajo de conversión colectiva; en el caso de los intelectuales franceses, con la reconciliación, luego la fascinación respecto al milagro alemán y la fase actual que sería la de la admiración ambivalente, sublimada en una suerte de europeísmo voluntarista a través del cual muchos obreros de la undécima hora intentan encontrar un sustituto a su nacionalismo difunto. Pero ustedes comprenderán que no pueda satisfacerme con semejantes consideraciones, tan superficiales como sumarias.

¿Qué se puede hacer hoy si uno tiene una preocupación real de favorecer la internacionalización de la vida intelectual? Se cree frecuentemente que la vida intelectual es espontáneamente internacional. Nada es más falso. La vida intelectual es el lugar, como todos los otros espacios sociales, de nacionalismos y de imperialismos, y los intelectuales vehiculizan, casi tanto como los otros, prejuicios, estereotipos, ideas recibidas, representaciones muy sumarias, muy elementales, que se nutren de los accidentes de la vida cotidiana, de las incomprensiones, de los malentendidos, de las heridas (aquellas, por ejemplo, que pueden infligir al narcisismo, como el hecho de ser desconocido en un país extranjero). Todo esto me hace pensar que la instauración de un verdadero internacionalismo científico –que a mis ojos es el comienzo de un internacionalismo a secas– no puede hacerse sola. En materia de cultura, como en otro lugar, no creo en el *laisser-faire* y la intención de mi declaración es mostrar cómo, en los intercambios internacionales, la lógica del *laisser-faire* conduce frecuentemente a hacer circular lo peor y a impedir circular lo mejor. Me inspiro, en estas materias como en otras, en una convicción cientista que no está hoy de moda, porque se es post-moderno... Esta convicción cientista me lleva a pensar que aunque se conozcan los mecanismos sociales, sin embargo no somos dueños de ellos, pero aumentan, por poco que sea, las posibilidades de dominarlos, sobre todo si los mecanismos sociales descansan en el desconocimiento. Hay una fuerza autónoma del conocimiento que puede destruir, en cierta medida, el desconocimiento. Digo bien, en cierta medida, porque "la fuerza intrínseca de las ideas verdaderas" se choca con resistencias debidas a los intereses, a los prejuicios, a las pasiones.

Esta convicción cientista me inclina a pensar que es importante hacer un programa de investigación científica europea sobre las relaciones científicas europeas. Y pienso que éste era el lugar y el momento para decirlo, porque sé, a través de Joseph Jurt y los textos que él me ha dado para leer, que uno de los objetivos del Centro que hoy se inaugura es, precisamente, el de trabajar para un conocimiento mutuo de los dos países, de las dos tradiciones. Y quisiera aportar mi contribución, diciendo, muy modestamente, cómo vería la empresa y lo que haría si tuviera que conducirla.

Los intercambios internacionales están sometidos a un cierto número de factores estructurales que son generadores de malentendidos. Primer factor: el hecho de que los textos circulan sin su contexto. Es una proposición que Marx enuncia de paso en *El Manifiesto Comunista*, donde no es obligatorio ir a buscar una teoría de la recepción... Marx hace notar que los pensadores alemanes siempre han comprendido muy mal a los pensadores franceses, porque recibían textos, que eran portadores de una coyuntura política, como textos puros, y porque transformaban el agente político que estaba al principio de esos textos en sujeto trascendental. Así, muchos malentendidos en la comunicación internacional vienen del hecho de que los textos no importan su contexto con ellos. Por ejemplo, a riesgo de sorprenderlos y de contrariarlos, pienso que sólo la lógica del malentendido estructural permite comprender ese hecho sorprendente de que un Presidente socialista de la República haya podido venir a imponer una condecoración francesa a Ernst Jünger. Otro ejemplo: Heidegger, consagrado por ciertos marxistas franceses en los años cincuenta. Podría también tomar ejemplos contemporáneos, pero como la mayoría de las veces estoy implicado en esos ejemplos, no lo haría porque ustedes podrían pensar que abuso del poder simbólico que me es impartido provisoriamente para ajustar cuentas con adversarios ausentes.

El hecho de que los textos circulen sin su contexto, que no importen con ellos el campo de producción –para emplear mi jerga– del cual son el producto, y de que los receptores, estando ellos mismos insertos en un campo de producción diferente, los reinterpreten en función de la estructura del campo de recepción, es generador de formidables malentendidos. Evidentemente, de mi descripción –que creo objetiva– se pueden sacar conclusiones optimistas o pesimistas: por ejemplo, por el hecho de que alguien que es una autoridad en su país no lleve consigo su autoridad, la lectura extranjera puede a veces tener una libertad que no tiene la lectura nacional, sometida a efectos de imposición simbólica, de dominación o, incluso, de coacción. Esto es lo que hace pensar que el juicio del extranjero es un poco como el juicio de la posteridad. Si en general la posteridad juzga mejor, es porque los contemporáneos son concurrentes y porque tienen intereses ocultos para no comprender e, incluso, para impedir comprender. Los extranjeros, como la posteridad, tienen, en ciertos casos, una distancia, una autonomía respecto a las coacciones sociales del campo. En realidad, este efecto es mucho más aparente que real, y, muy frecuentemente, las autoridades de institución –lo que Pascal llama las "grandezas de institución"– pasan bastante bien las fronteras, porque hay una internacional de los mandarines que funciona muy bien.

Así, el sentido y la función de una obra extranjera están determinados, al menos, tanto por el campo de recepción como por el campo de origen. En primer lugar, porque el sentido y la función en el campo originario son, con frecuencia, completamente ignorados. Y, también, porque la transferencia de un campo nacional a otro se hace a través de una serie de operaciones sociales: una operación de selección (¿qué es lo que se traduce? ¿Qué es lo que se publica? ¿Quién traduce? ¿Quién publica?); una operación de marcado (de un producto previamente "*dégriffé*") a través de la editorial, la colección, el traductor y el prologuista (quien presenta la obra apropiándosela y anexándole su propia visión y –en todo caso– una problemática inscrita en el campo de recepción, y que no hace sino muy raramente el trabajo de reconstrucción del campo de origen, en primer lugar porque es mucho más difícil); una operación de lectura por último, en la que los lectores aplican a la obra categorías de percepción y problemáticas que son el producto de un campo de producción diferente.

Voy a retomar cada uno de estos puntos rápidamente. La entrada en el campo de recepción es un objeto de investigación completamente capital y completamente urgente, a la vez por razones científicas y prácticas, es decir, para intensificar y mejorar la comunicación entre las naciones europeas. Espero poder organizar un coloquio, que tendrá por fin analizar los procesos de selección: ¿quiénes son los seleccionadores, aquellos a quienes un sociólogo de la ciencia americana llama los "*gate-keepers*"? ¿Quiénes son los descubridores y qué intereses tienen para descubrir? Sé bien que el término "interés" choca. Pero pienso que el que se apropia, con toda buena fe, de un autor y que se hace de él el introductor, tiene beneficios subjetivos completamente sublimados y sublimes, pero que, sin embargo, son determinantes para comprender que él haga lo que hace. (Pienso que un poquito de materialismo no haría mal, no quitaría nada, al contrario, al encantamiento.) Lo que yo llamo "interés", puede ser el efecto de las afinidades ligadas a la identidad (o la homología) de las posiciones en campos diferentes: no es por azar que Benet, el gran novelista español, aparezca en las Ediciones de Minuit. Hacer publicar lo que amo, es reforzar mi posición en el campo, lo quiera o no, lo sepa o no, y aun si este efecto no cabe en el proyecto de mi acción. No hay nada malo en esto, pero es necesario saberlo. Las elecciones mutuas y puras se hacen frecuentemente sobre la base de homologías de posición en campos diferentes, a los cuales corresponden homologías de intereses y homologías de estilo, de bandos intelectuales, de proyectos intelectuales. Se pueden comprender estos intercambios como alianzas, por lo tanto, en la lógica de las relaciones de fuerza, como, por ejemplo, maneras de dotar de fuerza a una posición dominada, amenazada.

Junto a estas afinidades electivas entre "creadores", para las cuales, ustedes lo perciben bien, tengo una cierta indulgencia, hay clubes de admiración mutua, que me parecen menos legítimos porque ejercen un poder de tipo temporal en el orden cultural o, si se quiere, espiritual –lo que es la definición misma de la *tiranía,* según Pascal–. Pienso, por ejemplo, en la Internacional del *establishment,* es decir, en todos los intercambios que se instauran entre detentadores de posiciones académicas dominantes, intercambios de invitaciones, de títulos de doctor *honoris causa,* etc. Es necesario, pues, preguntarse cuál es la lógica de las elecciones que hacen que tal editor o tal autor sea designado para devenir el importador de tal o cual pensamiento. ¿Por qué Fulano ha publicado a Mengano? Hay evidentemente beneficios de apropiación. Las importaciones heréticas son frecuentemente hechas por marginales en el campo, que importan un mensaje, una posición que tiene fuerza en otro campo, con el efecto de reforzar su posición de dominados en el campo. Los autores extranjeros son frecuentemente objeto de usos muy instrumentalistas; son frecuentemente utilizados para causas que quizás ellos reprobarían o recusarían en su propio país. Uno podrá, por ejemplo, servirse de un extranjero para abatir a nacionales. Tomo el ejemplo de Heidegger. Todo el mundo se pregunta aquí cómo los franceses han podido interesarse de tal modo por Heidegger. De hecho hay muchas, muchas razones, casi demasiadas... Pero hay una explicación que salta a la vista, es el hecho de que, como lo ha mostrado Anna Boschetti en su libro sobre *Sartre et les Temps Modernes*, el campo intelectual de los años cincuenta estaba dominado de manera abrumadora por Sartre. Y una de las funciones mayores de Heidegger era la de servir para descalificar a Sartre (los profesores decían: "Todo Sartre está en Heidegger y en él mejor"). Ustedes tendrán así de un lado, a Beaufret, que debió ser un contemporáneo de Sartre en la Escuela Normal, en una posición de rivalidad con él y que, profesor en una *khâgne* de Enrique IV, se ha formado una estatura de casi-filósofo importando a Heidegger en Francia, y del otro, del lado del campo literario, a Blanchot. Ustedes tienen una tercera categoría: la gente de

Arguments, especie de herejía marxista menor. Como el marxismo remitía demasiado visiblemente hacia lo vulgar, ellos han realizado una combinación *chic* del marxismo y de Heidegger.

Muy frecuentemente, con los otros autores extranjeros, lo que vale no es lo que ellos dicen, sino lo que se puede hacerles decir. Por esta razón, ciertos autores particularmente elásticos circulan muy bien. Las grandes profecías son polisémicas. Es una de sus virtudes, y es por ello que atraviesan los lugares, los momentos, las edades, las generaciones, etc. Por lo tanto, los pensadores con gran elasticidad son como pan bendito, si puedo decirlo, para una interpretación anexionista y para los usos estratégicos.

Luego de la selección está la marcación, que de alguna manera acaba el trabajo. No se ofrece solamente Simmel; se ofrece Simmel con el prefacio de X. Sería necesario hacer una sociología comparada de los prefacios: son actos típicos de transferencia de capital simbólico, al menos en el caso más frecuente, por ejemplo Mauriac que escribe un prefacio a un libro de Sollers: el primogénito célebre escribe un prefacio y transmite capital científico, y, al mismo tiempo, manifiesta su capacidad de descubridor y su generosidad de protector de la juventud que él reconoce y que se reconoce en él. Hay un montón de intercambios, donde la mala fe juega un rol enorme, y que la sociología un poco objetivante hace más difícil. Pero el sentido en el cual circula el capital simbólico no es siempre el mismo. Así, apoyándose en la regla del género que quiere que el prologuista se identifique con el autor, Lévi-Strauss escribe un prefacio a la obra de Mauss por el cual se apropia del capital simbólico del autor del *Ensayo sobre el don*. Voy a dejar reflexionar sobre todo esto. (La gente tiene frecuentemente una lectura dramática de este género de análisis: quisiera pues, aprovechar situaciones orales para mostrar que de hecho esto es muy divertido, y que en todo caso yo me divierto mucho...)

Al término de todo esto, el texto importado recibe una nueva marca. Está marcado por la cubierta: ustedes tienen una intuición de las cubiertas de los diferentes editores e incluso de las diferentes colecciones de cada editor, y saben lo que cada una de ellas significa por referencia al espacio de los editores alemanes que tienen en la cabeza. Si, por ejemplo, ustedes reemplazan la cubierta Surkhamp por la cubierta Seuil, el sentido de la *marca* impuesta en la obra cambia completamente. Si hay homología estructural, la transferencia puede hacerse bastante bien, pero hay frecuentemente fallas; hay gente que cae "al lado de la cuestión" . Puede ser por efecto del azar o de la ignorancia, pero frecuentemente también porque son objeto de actos de anexión, de apropiación. En este caso, el simple efecto de la cubierta es ya una imposición simbólica. Tomo un ejemplo muy bueno, el de Chomski, que ha sido publicado en Seuil en una colección de filosofía. Para mí, Seuil es "católico de izquierda" y, en líneas generales, personalista. Chomski se ha encontrado instantáneamente marcado, a través de una estrategia típica de anexión. Publicar a Chomski en Seuil, en un entorno marcado por Ricoeur, era oponer al estructuralismo "sin sujeto", como se decía en la época, un sujeto generador, creador, etc. Así, con la inserción en una colección, la añadidura de un prefacio, por el contenido del prefacio, pero también por la posición del prologuista en el espacio, se encuentran operadas una serie de transformaciones, incluso de deformaciones del mensaje originario.

En realidad, los efectos estructurales que, a favor de la ignorancia, hacen posible todas las transformaciones y las deformaciones ligadas a usos estratégicos de los textos y de los autores, pueden ejercerse fuera de toda intención manipuladora. Las diferencias entre las tradiciones históricas son tan grandes, tanto en el campo intelectual propiamente dicho como en el campo social tomado en su conjunto, que la aplicación a un producto cultural extranjero de las categorías de percepción y de apreciación adquiridas a través de la experiencia en un campo nacional, puede *crear* oposiciones ficticias entre cosas semejantes y falsas semejanzas entre cosas diferentes. Para mostrarlo, sería necesario analizar en detalle el ejemplo de lo que han sido las relaciones entre los filósofos franceses y los filósofos alemanes desde los años sesenta, y mostrar cómo intenciones completamente semejantes son expresadas, por referencia a contextos intelectuales y sociales muy diferentes, dentro de tomas de posición filosóficas en apariencia completamente opuestas. Y, para decir las cosas de manera más contundente, pero también más evidentemente extravagante, sería necesario preguntarse si Habermas no hubiera estado mucho menos alejado de lo que ha dicho Foucault si se hubiera formado y afirmado como filósofo en la Francia de los años '50-'60, y Foucault mucho menos diferente de lo que ha sido Habermas si se hubiera formado y afirmado como filósofo en la Alemania de los mismos años. (Es decir, entre paréntesis, que un pensador y el otro, bajo las apariencias de la libertad respecto al contexto, tienen en común haber estado muy profundamente marcados por ese contexto, entre otras razones porque, en su intención hegemónica, se han enfrentado a las tradiciones intelectuales propias de cada uno de los países, y profundamente diferentes.) Por ejemplo, antes de indignarse virtuosamente, con ciertos alemanes, por el uso que ciertos filósofos franceses (Deleuze y Foucault, especialmente) han hecho de Nietzsche, sería necesario comprender la función que Nietzsche –¿y cuál Nietzsche? El de la

Genealogía de la moral en Foucault– ha podido cumplir, en un campo filosófico dominado, del lado de la universidad, por un existencialismo subjetivista-espiritualista. La *Genealogía de la moral* daba una garantía filosófica, apropiada para hacer filosóficamente aceptables a esas viejas diligencias cientistas, incluso positivistas, encarnadas por la imagen avejentada de Durkheim, que son la sociología del conocimiento y la historia social de las ideas. Así, en su esfuerzo por oponer a un racionalismo ahistórico una ciencia histórica de las razones históricas (con la idea de "genealogía" y una noción como la de *episteme*), Foucault ha podido contribuir a lo que puede aparecer, visto desde Alemania, donde Nietzsche tiene un sentido muy diferente, como una *restauración del irracionalismo* contra el cual Habermas, entre otros (pienso por ejemplo en Otto Apel), ha constituido su proyecto filosófico. Y si puedo introducirme como tercero en este debate, no estoy seguro de que la oposición sea tan radical como puede parecer, a primera vista, entre el racionalismo historicista que yo defiendo –con la idea de historia social de la razón o de campo científico como lugar de la génesis histórica de las condiciones sociales de la producción de la razón– y el racionalismo neokantiano, que intenta fundarse en razón científica apoyándose en los logros de la lingüística, como en Habermas. El relativismo racionalista y el absolutismo ilustrado pueden reencontrarse en la defensa del *Aufklärung*... Quizás porque ellos expresan casi la misma intención al sistema. Exagero, evidentemente, en mi esfuerzo por "torcer el bastón en el otro sentido". Pero pienso, en todo caso, que las diferencias no son todo lo que uno cree mientras se ignora el efecto de *prisma deformante* que ejercen, tanto sobre la producción como sobre la recepción, los campos intelectuales nacionales y las categorías de percepción y de pensamiento que ellos imponen e inculcan.

Por esta razón, las discusiones que se instituyen hoy directamente (lo que constituye ya un progreso en relación con el período anterior, en el que los científicos europeos no se comunicaban sino con América como intermediaria) permanecen tan frecuentemente artificiales e irreales: los efectos de *allodoxia* que resultan del desfasaje estructural entre los contextos, proporcionan recursos inagotables a las polémicas de mala fe y a las condenas mutuas de fariseísmo, en las cuales sobresalen los ensayistas mediocres e irresponsables, tales como los inventores del mito del "pensamiento del '68" o los denunciadores virtuosos del "cinismo". Basta con tener un poco de cultura histórica para conocer la propensión de los pequeños intelectuales a instaurarse como justicieros o, más exactamente, como Fouquier-Tinville y como Zdanov, de derecha o de izquierda, como se ha visto recientemente, a propósito del *affaire* Heidegger, sustituyen la lógica de la discusión crítica, ligada a *comprender* las razones –o las causas– del pensamiento adverso, por la lógica del proceso jurídico.

La Realpolitik de la razón, que no dejo de defender, debe pues darse el proyecto de trabajar para crear las condiciones sociales de un *diálogo racional.* Es decir, trabajar para elevar la conciencia y el conocimiento de las leyes de funcionamiento de los diferentes campos nacionales, siendo tanto más probables las deformaciones del texto, cuanto la ignorancia del contexto de origen es más grande. Proyecto que puede parecer banal mientras que uno no entre en los detalles de su realización. En efecto, se trata de producir un conocimiento científico de los campos de producción nacionales y de las categorías nacionales de pensamiento que allí se engendran, y de difundir ampliamente este conocimiento, a través, especialmente, de los profesores encargados de enseñar las lenguas y las civilizaciones extranjeras. Para dar una idea de la dificultad de la empresa, bastará con indicar que ella encontrará sin duda su primer obstáculo en las sociologías espontáneas de las diferencias entre las tradiciones nacionales, que los "especialistas" de los intercambios internacionales –germanistas y romanistas, por ejemplo–, producen y reproducen sobre la base de una familiaridad mal armada y mal reflejada, y que tiene frecuentemente por principio la condescendencia entretenida, tan próxima a un racismo suave de aquel que "los conoce bien", "a los que uno no hace", y que "encontrándolos horrorosos, los ama a pesar de todo" (actitud muy frecuente entre los especialistas de civilizaciones extranjeras, "japonólogos" u "orientalistas").

La libertad respecto a categorías nacionales de pensamiento –a través de las cuales pensamos las diferencias entre los productos de esas categorías– no puede llegar sino a través de un esfuerzo para pensar y hacer explícitas, esas categorías; por tanto, a través de una sociología y de una historia social reflexivas y críticas –en el sentido de Kant– que se daría por objeto actualizar, para dominarlas, por un socio-análisis científico, las estructuras del inconsciente cultural nacional, develar –gracias a la anamnesis histórica de las dos historias nacionales y, más especialmente, de la historia de las instituciones educativas y de los campos de producción cultural– los *fundamentos históricos* de las categorías de pensamiento y de las problemáticas que los agentes sociales ponen en práctica, sin saberlo ("el inconsciente es la historia", decía Durkheim), en sus actos de producción o de recepción culturales.

Nada es más urgente que emprender una historia comparada de las diferentes disciplinas sobre el modelo de lo que se hizo, bajo la dirección de Isaac

Chiva y Utz Jeggle, para la etnología. En efecto, sólo una historia social comparada de las ciencias sociales puede liberar modos de pensamiento heredados de la historia, dando los medios para asegurar un dominio consciente de las formas escolares de clasificación, de las categorías de pensamiento impensadas y de las problemáticas obligadas. Como se lo ve bien en el caso de la antropología, la comparación hace aparecer como arbitrario, o como ligado al contexto de una tradición contingente, todo lo que era tenido como necesario: los términos mismos, como etnología o *Volskunde*, que designan la disciplina, están cargadas de todo un pasado de tradiciones que hace que estos dos términos, teóricamente equivalentes, estén separados por toda la historia de los dos campos. Comprender adecuadamente los objetos y los programas de investigación comprometidos en estas dos disciplinas, sería comprender toda la historia de la relación que ellas han mantenido con el campo político, y que condensa la diferencia entre el francés "popular' (Museo de las artes y tradiciones populares) y el alemán "Volk" o "völkisch", entre una tradición de izquierda –ligada al Estado y defendida contra una tradición de derecha, destinada al folklore y al pueblo a la manera de Le Play–, y una tradición conservadora –que identifica el pueblo a la nación y a la *Heimat* o a la *Gemeinschaft* campesina–. Sería comprender también la posición de la disciplina en el espacio jerarquizado de las disciplinas: del lado de las ciencias positivas, un poco despreciadas en el caso de Francia, del lado de la "germanística", en el caso de Alemania. Y examinar todas las diferencias que se derivan de estas oposiciones fundamentales.

El sistema de enseñanza es uno de los lugares donde, en las sociedades diferenciadas, se producen y se reproducen los sistemas de pensamiento; el equivalente, con apariencia más refinada, de los que son las "formas primitivas de clasificación", de las cuales Durkheim y Mauss, como kantianos consecuentes, hacían el inventario para el caso de las sociedades sin escritura y sin institución de enseñanza. A las oposiciones estructurantes entre lo seco y lo húmedo, el este y el oeste, lo cocido y lo crudo, que recuenta la tabla de las categorías del entendimiento arcaico, corresponden las oposiciones entre explicar y comprender o entre cantidad y calidad que la historia colectiva de un sistema de enseñanza y la historia individual de una trayectoria escolar han depositado en el entendimiento cultivado de cada uno de los productos acabados del sistema de enseñanza.

Estos sistemas de oposición comportan invariantes (tales como las oposiciones que acabo de citar, por ejemplo, y que –a través de una enseñanza filosófica profundamente dominada por la tradición alemana, en la cual, si se le cree a Ringer, ellas se han constituido–, han penetrado la enseñanza francesa); ellas comportan también variaciones nacionales. O, más exactamente, las tradiciones *dominantes* en cada una de las naciones pueden dar valores inversos a los términos de las mismas oposiciones. Pienso, por ejemplo, en todas las oposiciones secundarias que gravitan alrededor de la oposición central, tan importantes en el pensamiento académico alemán, al menos hasta la Segunda Guerra Mundial, entre la *Kultur* y la *Zivilisation* y que sirven para distinguir la tradición germánica, noble y auténtica, de la tradición francesa, adulterada y superficial: la oposición, precisamente, entre lo profundo (o lo serio) y lo brillante (o lo superficial), o la oposición entre el fondo y la forma, entre el pensamiento (o el sentimiento) y el estilo (o el espíritu), entre la filosofía (o la filología) y la literatura, etc. Oposiciones que la tradición dominante de Francia (que reconciliaba la *hypokhagne* de Enrique IV, corazón del sistema escolar, y la NRF, Alain y Valéry) retomaba por su cuenta, pero invirtiendo los signos: la profundidad que deviene pesadez, lo serio del pedantismo escolar y lo superficial de la claridad francesa. Es necesario tener todo esto en la mente –quiero decir en la conciencia, y no en el inconsciente– para comprender que Heidegger es casi un Alain al sistema –e inversamente–. Cuando el primero ha podido ser percibido y utilizado en Francia como la antítesis perfecta del segundo...

Y de hecho, por una de esas astucias de la razón histórica que hacen tan difícil el acceso a la libertad intelectual, la oposición mítica entre las dos tradiciones, alemana y francesa, se ha impuesto tanto a los que se rebelaban contra ella, en cada uno de los países, como a los que la retomaban ingenuamente por su cuenta, a los que entendían encontrar una forma de libertad respecto a las formas de pensamiento impuestas invirtiendo simplemente el signo de la oposición dominante, aceptada tal cual por los nacionalistas satisfechos. Así, en Alemania, durante todo el siglo XIX, y todavía hoy (¿cómo explicar de otro modo los éxitos de ciertos posmodernos...?), numerosos jóvenes intelectuales progresistas han buscado en el pensamiento francés, el antídoto a todo lo que detestaban en el pensamiento alemán. Mientras que los jóvenes franceses progresistas hacían otro tanto en el otro sentido. Lo que no dejaba a los unos y a los otros sino muy pocas posibilidades de reencontrarse en el camino.

De hecho, si no hay que negar la existencia de profundos nacionalismos intelectuales, fundados sobre verdaderos intereses intelectuales nacionales, no es menos cierto que las luchas internacionales por la dominación en materia cultural y por la imposición del principio de dominación dominante –quiero decir, por la imposición de una definición particular del ejercicio legítimo de la actividad intelectual, fundada, por ejemplo, sobre el primado de la cultura, de la profundidad, de la filosofía, etc., más que sobre la civilización, la claridad, la literatura, etc.– encuentran su fundamento más seguro en las luchas en el seno de cada campo nacional, luchas en el interior de las cuales la definición nacional (dominante) y la definición extranjera están ellas mismas puestas en juego, en cuanto armas o en cuanto apuestas. Se comprende que en estas condiciones, los "cambios de paso"[1] y los *quid pro quo* sean casi la regla. Es necesario mucha independencia intelectual y lucidez teórica para ver, por ejemplo, que Durkheim, en rebelión contra el régimen intelectual dominante, en el cual se inscribe perfectamente Bergson, está "en el mismo campo que Cassirer" (éste relaciona explícitamente, en una nota de *The Myth of the State*, sus "formas simbólicas" a las "formas primitivas de clasificación" de Durkheim) contra quien Heidegger desarrolla una variante en la *Lebensphilosophie* bergsoniana... Se podrían multiplicar los ejemplos de estos efectos de quiasma que, favoreciendo alianzas o negativas igualmente fundadas sobre el malentendido, prohíben o minimizan la *acumulación de los logros históricos de las diferentes tradiciones* y la internacionalización (o la "desnacionalización") de las categorías de pensamiento, que es la condición primera de un verdadero universalismo intelectual.

1. "Chassés-croisés" en el original (N. del T.).

Los intelectuales y los poderes*

Cuando llamé a Michel Foucault, el lunes 14 de diciembre de 1981, para proponerle que escribiéramos en conjunto un llamamiento sobre Polonia y que tomáramos contacto con la CFDT, tenía en la mente, evidentemente, la idea de establecer una conexión análoga a la que se había instaurado en Polonia entre los intelectuales y los obreros de *Solidarnôsc*.

Si bien esta conexión ha existido –y con un efecto simbólico muy grande–, no ha sido, en su devenir ulterior al acontecimiento, todo lo que yo había esperado. Por esta razón, me parece que debo a la verdad, y a la memoria de Michel Foucault, que no hacía trampas con ella, decir lo que yo esperaba, con la esperanza de que esto podrá servir, como se dice, para otra vez...

En mi espíritu, lo que estaba en juego en esta empresa, era la voluntad de romper con el viejo modelo "seguidista" del intelectual de partido con motivo de una acción de solidaridad internacional, con un movimiento en sí mismo caracterizado por el hecho de que los intelectuales no estaban allí reducidos al rol de compañeros de ruta que se dejaban asignar de ordinario. La afirmación de la existencia de los intelectuales en cuanto grupo, ni más ni menos justificados de existir que otros, pero capaces de imponer sus opiniones

* "Los intelectuales y los poderes", en: *Michel Foucault, une histoire de la vérité*, París, Syros, 1985, pp. 93-94.

usando sus propias armas, me parecía particularmente necesario en un momento en que se imponía en Francia un orden político que, por tradición, se cubría de justificaciones intelectuales. ¿No es significativo que no se haya jamás hablado tanto del silencio de los intelectuales como en el momento en que, a propósito de Polonia, los intelectuales tomaron realmente la palabra, suscitando el furor de los intelectuales orgánicos?

Los intelectuales *y* la CFDT. Los intelectuales *de* la CFDT.[1] Todo lo que hay en juego está en esta diferencia. Para que haya conexión, es necesario que haya dos. Los intelectuales no tienen que justificar su existencia a los ojos de sus compañeros ofreciéndoles servicios –aunque se tratara de los más nobles, al menos a sus ojos–, como los servicios teóricos. Tienen que ser lo que son, que producir y que imponer su visión del mundo social –que no es necesariamente mejor ni peor que las otras–, y que dar a sus ideas toda la fuerza de la cual son capaces. No son los portavoces de lo universal, menos todavía una "clase universal", pero sucede que, por razones históricas, tienen frecuentemente *interés en lo universal.*

No desarrollaré aquí las razones que me hacen pensar que hoy es urgente crear una internacional de los artistas y de los científicos, capaz de proponer o de imponer reflexiones y recomendaciones a los poderes políticos y económicos. Diré solamente –y creo que Michel Foucault hubiera estado de acuerdo con ello–, que es en la autonomía más completa con respecto a todos los poderes, donde reside el único fundamento posible de un poder propiamente intelectual, intelectualmente legítimo.

1. La distinción vale para toda otra sigla, *a fortiori.*

Reencontrar la tradición libertaria de la izquierda*

–Con otros diez intelectuales (reunidos con centenares de otros signatarios), usted ha tomado la iniciativa, desde el lunes pasado, de lanzar un llamamiento a favor de Polonia, que criticaba duramente al gobierno francés (ver *Libération* del martes 15: "Les rendez-vous manqués"). Estas críticas han parecido tanto más vivas cuanto que ellas se dirigían a un gobierno socialista...

Pierre Bourdieu: Ante acontecimientos como los de Varsovia, no hay que tergiversar, es necesario hablar, sería necesario poder actuar. Pero ¿cómo? La única acción posible, para un ciudadano francés ordinario, pasa por el gobierno francés. En este sentido, nuestro texto trataba de Polonia y solamente de Polonia. Nos pareció particularmente intolerable que un gobierno socialista que pretende, a justo título, dar una dimensión moral a su acción, no exprese al menos una condena simbólica clara e inmediata al golpe de fuerza. Se hace como si no hubiera otra alternativa que la guerra o nada. Es cómodo cuando no se quiere hacer nada o justificarse de no hacer nada. Hay, de hecho, si se quiere buscar bien, todo un arsenal de armas económicas o simbólicas. Y el gobierno ha comenzado a encontrar algunas de ellas bajo la presión de la opinión, que debe todavía presionar sobre él para que las ponga en práctica realmente.

* "Retrouver la tradition libertaire de la gauche », entrevista de René Pierre y Didier Eribon, *Libération*, miércoles 23 de diciembre de 1981, pp. 8-9.

Pero vuelvo a este punto: ¿qué hay de anormal en el hecho de dirigirse al gobierno? Tratándose de un asunto de política extranjera, él es el único con poder para hablar y actuar eficazmente en nuestro nombre. Nosotros le hemos delegado nuestros poderes en la materia. Tenemos derechos sobre él. Como intelectuales, tenemos el privilegio de poder ejercer ese derecho de todo ciudadano con una cierta eficacia. (Aunque la publicación de nuestro llamamiento haya encontrado ciertos obstáculos...) ¡Quizás hubiera sido necesario esperar que el presidente de la República viniera a explicarnos, un mes después, en una charla al calor del fuego, lo que él piensa de Polonia y lo que ha podido decir en el secreto de los encuentros "de alto nivel"! Veinte años de Quinta República han hecho decaer los reflejos democráticos elementales. Un gobierno puede y debe ser llamado al orden.

– Fue su reacción "ética"a la represión en Polonia, pero la iniciativa de algunos de los primeros signatarios de ese texto, de proponer un llamamiento común a la CFDT va más lejos. ¿En qué medida la crisis polaca justifica, a sus ojos, la declaración de una especie de estado de urgencia para el movimiento intelectual?

P.B.: El régimen en el cual estamos es tal que los gobernantes concentran todos los poderes. Y esto me parece que es una situación malsana. De todas formas. Sobre todo, cuando los detentadores del poder se sienten investidos, llevados, justificados por fuerzas populares, que uno no ve cómo pueden expresarse. El único contra-poder eficaz que veo es la crítica intelectual y la acción de los sindicatos. Creo que los intelectuales están en derecho, como todos los ciudadanos, de ejercer una vigilancia crítica –lo que no quiere decir negativa– de todos los momentos. No hace mucho tiempo se deploraba el silencio de los intelectuales. Cuando ellos hablan, se pone el grito en el cielo. Lo que quiere decir, en buena lógica, que no se concede otro derecho a los intelectuales, y, por extensión, a todos los ciudadanos, que de hablar a favor del gobierno. Sobre este punto, nuestro llamamiento ha funcionado como un revelador (Sartre habría dicho: como *"un piège à cons"*). Ha suscitado declaraciones estúpidas o ridículas, a veces indecentes –pienso en los ataques contra Yves Montand o contra los intelectuales de izquierda entre comillas–, a veces inquietantes –pienso en los acentos dignos de Kanapa que ha sabido encontrar nuestro ministro de Cultura, para oponer la "lealtad perfecta" de los ministros comunistas a la inconsecuencia típicamente "estructuralista" de los intelectuales.

Ahora, ¿por qué un lazo con la CFDT? Hay razones evidentes: esta organización ha tenido inmediatamente, antes que toda otra instancia, la reacción que habría debido ser la de todas las organizaciones sindicales ante el aplastamiento militar de un movimiento sindical. Esta acción normal no parece excepcional sino por la dimisión anormal de los órganos de expresión del movimiento obrero. No somos nosotros quienes hemos elegido tener por interlocutor único la CFDT.

– Pero ¿por qué este lazo entre los intelectuales y los sindicatos les ha parecido necesario?

P.B.: En primer lugar, por su valor simbólico, en la medida en que evoca lo que ha sido una de las originalidades del movimiento Solidaridad. Y podía constituir, por eso mismo, una contribución a la defensa de Solidaridad. Pero había, también, una cierta convergencia en el análisis de la situación polaca. Solidaridad es un gran movimiento obrero no militarizado que es aplastado por la fuerza militar; y también un movimiento dirigido contra el socialismo de Estado. El poder de pensar la sociedad, de cambiar la sociedad, no se delega, y sobre todo no a un Estado que se da el derecho de hacer la felicidad de los ciudadanos sin ellos, incluso a pesar de ellos. Este poder de transformación, más o menos revolucionario, no se delega en hombres de aparato siempre preparados para volverse hombres de aparato de Estado. Esto es lo que el movimiento polaco ha recordado: la quiebra de un sistema en el que se presume que el movimiento viene de arriba.

– ¿Esto significa que usted piensa que una alianza permanente debe establecerse entre los intelectuales y la CFDT?

P.B.: Sobre este punto, a cada uno le corresponde decidirlo. Por mi parte, pienso que el llamamiento que lanzamos en común es un acontecimiento puntual y que habría lugar, si semejante iniciativa debiera renovarse, para volver a discutir, puntualmente, golpe por golpe. Dicho esto, me parece que la CFDT, en el estado actual, algunos dirán ha expresado, otros ha recuperado, la corriente anti-institucional, que es uno de los componentes importantes de la izquierda en Francia. Existió el '68 y la crítica del sistema de enseñanza; existió la ecología y la puesta en cuestión de todo un modo de vida; existió el movimiento feminista; existió, y no es lo menos importante, la crítica de los aparatos, del centralismo, la crítica de las relaciones jerárquicas y de las relaciones de autoridad en la empresa, la escuela, la familia, etc. A todo esto, a causa de la posición que ocupa en el campo de concurrencia entre las centrales sindicales, a causa, también, de las características particulares de sus militantes –que son especialmente sensibles a lo simbólico y a las formas simbólicas de dominación– la CFDT lo ha comprendido y expresado mejor. Pero aquí sería necesario un análisis muy largo.

El encuentro entre los intelectuales y la CFDT se explica también quizás por eso: unos y otros son sensibles al hecho de que las corrientes anti-institucionales se sienten mal o poco expresadas desde el 10 de mayo. Nos resaltan programas y promesas, como si todo lo que no ha pasado por la picadora de los aparatos, de los congresos, de los programas y de las plataformas, no existiera. Se olvida, por razones sociológicas que no puedo desarrollar aquí, que la sociedad francesa ha sido el lugar, desde hace veinte años, de una prodigiosa invención política, y que hay lugares, en el mundo intelectual y también en otra parte, donde este trabajo continúa. En resumen, no se puede decir que la imaginación esté en el poder.

– ¿Los intelectuales pueden constituir una expresión social y política que les sea propia? ¿Y el lazo con el movimiento social no es muy problemático?

P.B.: En efecto, es difícil dar una verdadera eficacia a la crítica intelectual. Se trata de dar una fuerza social a la crítica intelectual y una fuerza intelectual a la crítica social; excluyendo de entrada la postura del "compañero de ruta" que traga quina en nombre de la disciplina, y el sueño leninista del intelectual que disciplina un aparato obrero. Es cierto que la situación de intelectual libre, o, si se quiere, "irresponsable", es la condición de un análisis político libre, y en particular, de un análisis libre del mundo político. Por mi parte, entiendo defender sin complejos esta posición contra todos los "responsables" que hacen pasar los intereses de las organizaciones antes que el interés por la verdad, contra todos los que hablan con un PC en la punta de la lengua. De manera más general, el principal obstáculo a la instauración de nuevas relaciones, entre los intelectuales y el movimiento obrero, nace de la convergencia del obrerismo de ciertos cuadros de origen obrero en las organizaciones de izquierda y del anti-intelectualismo de ciertos intelectuales que se sirven de los aparatos de izquierda para reforzar su posición de intelectuales. Allí, incluso, sería necesario desarrollar y precisar largamente el análisis.

Para volver a la acción a favor de Polonia, pienso que la conjunción entre los intelectuales y un gran movimiento sindical es, sin duda, la mejor manera de dar a esta acción toda su eficacia, y de hacer pesar la presión sobre el gobierno. Los intelectuales no han inventado ningún medio de acción nuevo desde Zolá; sufren de la ineficacia de la petición y del divismo al cual los condena. Agrego que la lógica de la petición –que supone siempre una iniciativa, por lo tanto, un lugar inicial– tiende a dividir el medio que, por la lógica misma de su funcionamiento, está consagrado a la concurrencia personal. Por esta razón, desde hace mucho tiempo he formulado la utopía de constituir un grupo de intelectuales cuya firma sería colectiva, cuyos textos estarían escritos por el más competente de ellos sobre el asunto considerado, y serían leídos por un actor. En este sentido, la emisión Montand-Foucault en Europa 1, que ha suscitado tal emoción entre nuestros dirigentes –y también, y es lo más importante, en el público– me parece ejemplar.

– ¿Su acción actual es una máquina de guerra contra el Partido comunista francés?

P.B.: Responderé al menos que el PCF, que se dice cuidadoso de la paz interior en Polonia (y en el seno del gobierno francés), sin duda ha subestimado el poder que detenta, en cuanto "hija predilecta de la Iglesia" (comunista), de actuar por la paz interior de Polonia. Es suficiente ver el eco que han tenido las declaraciones notables de Berlinguer para medir la gravedad de la complicidad del PC francés.

Si Polonia no es Chile, es que A no es igual a A: el principio de identidad se viene abajo y con él la identidad de los intelectuales.

"No hay democracia efectiva sin verdadero contra-poder crítico"*

–Un número reciente de la revista que usted dirige, ha tomado por tema el sufrimiento.[1] Uno encuentra allí varias entrevistas realizadas a quienes los medios de comunicación no dan la palabra: jóvenes de barrios marginales, pequeños agricultores, trabajadores sociales. El director de un colegio en dificultades expresa, por ejemplo, su amargura personal: en lugar de velar por la transmisión de los conocimientos, se ha convertido, a pesar suyo, en el policía de una suerte de comisaría. ¿Usted piensa que tales testimonios individuales y anecdóticos pueden permitir comprender un malestar colectivo?

Pierre Bourdieu: En la investigación que llevamos a cabo sobre el sufrimiento social, encontramos mucha gente, como ese director de colegio, que está como atravesada por las contradicciones del mundo social, vividas bajo la forma de dramas personales. Podría citar también a ese jefe de proyecto, encargado de coordinar todas las acciones sociales en un "suburbio difícil" de una pequeña ciudad del norte de Francia. Está confrontado a contradicciones que son el límite extremo de las que padecen todos aquellos que llamamos los "trabajadores sociales": asistentes sociales, educadores, magistrados de base y también, cada vez más, profesores y maestros.

* "Il n'y a pas de démocratie effective sans vrai contre-pouvoir critique", entrevista realizada por Roger-Pol Droit y Thomas Ferenczi, *Les grands entretiens du monde*, 1993, pp. 87-89.

1. *Actes de la recherche en sciences sociales*, Nº 90, diciembre de 1991, 104 pp.

Ellos constituyen lo que yo denomino la mano izquierda del Estado, el conjunto de los agentes de los ministerios llamados dispendiosos, que guardan la huella, en el seno del Estado, de las luchas sociales del pasado. Se oponen al Estado de la mano derecha, a los tecnócratas del ministerio de finanzas, de los bancos públicos o privados y de los gabinetes ministeriales. Muchos de los movimientos sociales a los cuales asistimos (y asistiremos) expresan la revuelta de la pequeña nobleza de Estado contra la gran nobleza de Estado.

– ¿Cómo explica usted esta exasperación, estas formas de desesperación y estas revueltas?

P.B.: Pienso que la mano izquierda del Estado tiene el sentimiento de que la mano derecha no sabe más, o peor, no quiere saber más, verdaderamente, lo que hace la mano izquierda. En todo caso, no quiere pagar el precio de ello. Una de las mayores razones de la desesperanza de toda esta gente se debe al hecho de que el Estado se ha retirado, o está retirándose, de un cierto número de sectores de la vida social que le incumbían y que tenía a cargo: la vivienda pública, la televisión y la radio públicas, la escuela pública, los hospitales públicos, etc., conducta tanto más sorprendente o escandalosa, al menos para algunos de ellos, cuanto que se trata de un Estado socialista, del cual se podría esperar –al menos– que actúe como garante del servicio público como servicio abierto y ofrecido a todos, sin distinción... Allí donde uno cree que existe una crisis de lo político, un antiparlamentarismo, se descubre en realidad una desesperanza respecto al Estado como responsable del interés público.

Que los socialistas no hayan sido tan socialistas como ellos lo pretendían no ofuscaría a nadie: los tiempos son duros y el margen de maniobra no es grande. Pero lo que puede sorprender es que hayan podido contribuir, a tal punto, al abatimiento de la cosa pública: en primer lugar, en los hechos, por toda suerte de medidas o de políticas (no nombraré sino los medios de comunicación) que apuntan a la liquidación de las adquisiciones del *Welfare state*, y sobre todo, quizás, en el discurso público, con el elogio de la empresa privada (como si el espíritu de empresa no tuviera otro terreno que la empresa), el estímulo al interés privado. Todo esto tiene algo de sorprendente, sobre todo para aquellos a quienes se envía, en primera línea, a desempeñar las funciones llamadas "sociales" y suplir las insuficiencias más intolerables de la lógica del mercado, sin darles los medios para cumplir verdaderamente su misión. ¿Cómo no tendrían el sentimiento de estar constantemente indecisos o desautorizados?

Habría debido comprenderse, desde hace tiempo, que su revuelta se entiende mucho más allá de las cuestiones de salario, incluso si el salario concedido es un índice sin equívoco del valor otorgado al trabajo y a los trabajadores correspondientes, y que el desprecio por una función se revela en primer lugar por la remuneración más o menos irrisoria que le es acordada.

– ¿Usted cree que el margen de maniobra de los dirigentes políticos sea tan restringido?

P.B.: Hoy no hay nadie que no haya comprendido que este margen es mucho más reducido que el que los partidos quieren hacer creer. Pero queda al menos un dominio en el que los gobernantes tienen toda libertad: el de lo simbólico. La ejemplaridad de la conducta debería imponerse a todo el personal del Estado, sobre todo cuando invoca una tradición de devoción a los intereses de los más desposeídos. ¿Cómo no dudar cuando se ven no solamente los ejemplos de corrupción (a veces casi oficiales, con las primas de ciertos altos funcionarios) o de traición al servicio público (el término es, sin duda, muy fuerte: pienso en el *pantouflage*)[2] y todas las formas de desvío –con fines privados– de bienes, de beneficios y de servicios públicos: nepotismo, favoritismo (nuestros dirigentes tienen muchos "amigos personales"...), clientelismo?

¡Y ni hablar de beneficios simbólicos! Sin duda, la televisión ha contribuido mucho más que los sobornos a la degradación de la virtud civil. Ha llamado e incitado al frente de la escena política e intelectual a personajes "presumidos", atentos –antes que nada– a hacerse ver y a hacerse valer, en contradicción total con los valores de devoción humilde por el interés colectivo que hacían el funcionario o el militante. La misma preocupación egoísta de hacerse valer (frecuentemente a costa de rivales) explica que las "declaraciones efectistas" se hayan vuelto una práctica tan común.

Para muchos ministros parece que una medida no vale sino cuando puede ser anunciada y se considera como realizada desde que ha sido hecha pública. En resumen, la gran corrupción cuyo develamiento escandaliza –porque revela el desfasaje entre las virtudes profesadas y las prácticas reales–, no es sino el límite de todas las pequeñas "debilidades" ordinarias, ostentación de lujo, aceptación apresurada de los privilegios materiales o simbólicos.

– Frente a la situación que usted descubre, ¿cuál es, a sus ojos, la reacción de los ciudadanos?

2. Término que se refiere al hecho de dejar el servicio del Estado para trabajar en el sector privado, pagando, si es preciso, una indemnización (N. Del T.).

P.B.: Leía recientemente un artículo de un autor alemán sobre el Antiguo Egipto. Muestra cómo, en una época de crisis de confianza hacia el Estado y el bien público, se veían florecer dos cosas: entre los dirigentes, la corrupción, correlativa de la decadencia del respeto por la cosa pública y, entre los dominados, la religiosidad personal asociada a la desesperanza en lo que concierne a los recursos temporales. Del mismo modo, se tiene el sentimiento hoy de que el ciudadano, sintiéndose lanzado al exterior del Estado (quien, en el fondo, no le pide nada fuera de contribuciones materiales obligatorias, y sobre todo nada de devoción, de entusiasmo), rechaza al Estado, tratándolo como una potencia extraña a la que utiliza de la manera más ventajosa.

– Usted habla de la gran libertad de los gobernantes en el dominio simbólico. Ello no concierne sólo a las conductas dadas como ejemplo. Se trata también de palabras, de ideales movilizadores. ¿De dónde viene, en este punto, la deficiencia actual?

P.B.: Se ha hablado mucho del silencio de los intelectuales. Lo que me sorprende es el silencio de los políticos. Están formidablemente escasos de ideales movilizadores. Sin duda, porque la profesionalización de la política y las condiciones exigidas a los que quieren hacer carrera en los partidos excluyen cada vez más a las personalidades inspiradas. Sin duda, también, porque la definición de la actividad política ha cambiado con la llegada de un personal que ha aprendido en las escuelas (de ciencias políticas) que, para dar la impresión de serio o simplemente para evitar parecer mediocre o antiguo, es mejor hablar de gestión que de autogestión y que es necesario, en todo caso, darse las apariencias (es decir, el lenguaje) de la racionalidad económica.

Encerrados en el economicismo estrecho y corto de vista de la visión-del-mundo-FMI, que también hace (y hará) estragos en la relación Norte-Sur, todos esos semi-hábiles en materia de economía omiten, evidentemente, tomar en cuenta los costos reales –a corto y, sobre todo, a largo plazo–, de la miseria material y moral que es la única consecuencia cierta de la *realpolitik* económicamente legitimada: delincuencia, criminalidad, alcoholismo, accidentes de ruta, etc. Aquí, otra vez, la mano derecha, obsesionada por la cuestión de los equilibrios financieros, ignora lo que hace la mano izquierda, confrontada a las consecuencias sociales frecuentemente muy costosas de las "economías presupuestarias".

– Los valores sobre los cuales estaban fundados los actos y las contribuciones del Estado ¿no son más creíbles?

P.B.: Están desacreditados más frecuentemente por aquellos mismos que son sus guardianes. El Congreso de Rennes y la ley de amnistía han hecho más por el descrédito de los socialistas que diez años de campaña antisocialista. Y un militante "quebrado" (en todos los sentidos del término) hace más daño que diez adversarios. Pero diez años de poder socialista han acabado con la demolición de la creencia en el Estado y con la destrucción del Estado de providencia emprendida en los años '70 en nombre del liberalismo.

Pienso en particular en la política de vivienda. Tenía como fin declarado arrancar a la pequeña burguesía del hábitat colectivo (y de ese modo del "colectivismo") y ligarla a la propiedad privada de su chalet individual o de su departamento en copropiedad. Esta política tiene en ello un sentido muy acertado. Su resultado ilustra lo que yo decía rápidamente sobre los costos sociales de ciertas economías. Pues ella es, sin duda, la mayor causa de segregación espacial y, desde este punto de vista, de los problemas llamados de los "suburbios".

– Si se quiere definir un ideal, ese sería, pues, el retorno al sentido del Estado, de la cosa pública. Usted no comparte la opinión de todo el mundo...

P.B.: La opinión de todo el mundo ¿es la opinión de quién? De la gente que escribe en los periódicos, de los intelectuales que predican la "reducción del Estado" y que entierran un poco rápido lo público y el interés del público por lo público... Uno tiene allí un ejemplo típico de este efecto de creencia compartida que lleva a poner de entrada fuera de discusión tesis completamente discutibles. Sería necesario analizar el trabajo colectivo de los "nuevos intelectuales", que ha creado un clima favorable al retraimiento del Estado y, más ampliamente, a la sumisión a los valores de la economía.

Pienso en lo que se ha llamado el "retorno del individualismo", suerte de profecía autorrealizante que tiende a destruir los fundamentos filosóficos del *Welfare state* y, en particular, la noción de responsabilidad colectiva (en el accidente de trabajo, la enfermedad o la miseria), esta conquista fundamental del pensamiento social (y sociológico). El retorno al individuo es también el retorno a la responsabilidad individual (se puede culpar a la víctima) y a la acción individual (se puede predicar el *self help*), todo esto al abrigo de la necesidad incansablemente repetida de disminuir las cargas de la empresa.

La reacción de pánico retrospectivo que ha determinado la crisis del '68, revolución simbólica que sacudió a todos los pequeños portadores de capital cultural, ha creado (con el refuerzo del derrumbamiento –¡inesperado!– de los regímenes de tipo soviético) las condiciones favorables a la restauración cultural, según la cual el "pensamiento Ciencias-Políticas" ha reemplazado al "pensamiento Mao". El mundo intelectual es hoy el lugar de una lucha que apunta a producir y a imponer "nuevos intelectuales", por lo tanto, una nueva definición del intelectual y de su rol político, de la filosofía y del filósofo, en adelante comprometidos en los vagos debates "neo-aronianos" de una filosofía política sin tecnicidad, de una ciencia social reducida a una politología de velada electoral y a un comentario sin vigilancia de sondeos comerciales sin método. Platón tenía un término magnífico para toda esta gente, el de *doxósofo*: ese "técnico-de-opinión-que-se-cree-sabio" (traduzco el doble sentido del término) plantea los problemas de la política en los términos en que se los plantean los hombres de negocios, los hombres políticos y los periodistas políticos (es decir, exactamente los que pueden pagarse sondeos...).

– Usted acaba de mencionar a Platón. ¿La actitud del sociólogo se acerca a la del filósofo?

P.B.: La sociología se opone al doxósofo, como el filósofo, en que pone en cuestión las evidencias y sobre todo las que se presentan bajo la forma de preguntas, las suyas tanto como las de los otros. Es lo que choca profundamente al doxósofo, que ve un prejuicio político en el hecho de rechazar la sumisión profundamente política que implica la aceptación inconsciente de los lugares comunes, en el sentido de Aristóteles: nociones o tesis *con* las cuales se argumenta, pero *sobre* las cuales no se argumenta.

– ¿No tiende usted, en un sentido, a poner al sociólogo en un lugar de filósofo-rey, único que sabe donde están los verdaderos problemas?

P.B.: Lo que defiendo antes que nada, es la posibilidad y la necesidad del intelectual crítico, y crítico en primer lugar, de la doxa intelectual que ejercen los doxósofos. No hay democracia efectiva sin verdadero contra-poder crítico. El intelectual es uno de ellos, y de primera magnitud. Por esta razón, considero que el trabajo de demolición del intelectual crítico, muerto o viviente –Marx, Nietzsche, Sartre, Foucault y algunos otros que se clasifican en bloque bajo la etiqueta "pensamiento del '68"– es tan peligroso como la demolición de la cosa pública, y que se inscribe en la misma empresa global de restauración.

Me gustaría más, evidentemente, que los intelectuales, todos y siempre, hubieran estado a la altura de la inmensa responsabilidad histórica que les incumbe y que hubieran comprometido siempre en sus acciones no solamente su autoridad moral, sino también su competencia intelectual –a la manera, para no dar sino un ejemplo, de un Pierre Vidal-Naquet, que invierte todo su dominio del método histórico en una crítica de los usos abusivos de la historia.[3] Dicho esto, para citar a Karl Kraus, "entre dos males, rechazo elegir el menor". Si casi no tengo indulgencia para los intelectuales "irresponsables", me gustan todavía menos esos responsables "intelectuales" polígrafos, polimorfos, que ponen su entrega anual entre dos consejos de administración, tres cócteles de prensa y algunas apariciones en la televisión.

– Ahora, ¿qué rol desearía usted para los intelectuales, especialmente en la construcción de Europa?

P.B.: Deseo que los escritores, los artistas, los filósofos y los científicos puedan hacerse entender directamente en todos los dominios de la vida pública en los que son competentes. Creo que todo el mundo tendría mucho que ganar si la lógica de la vida intelectual, la de la argumentación y refutación, se extendiera a la vida pública. Hoy, es la lógica de la política, la de la denunciación y de la difamación, de la "esloganización" y de la falsificación del pensamiento del adversario, la que se extiende frecuentemente en la vida intelectual. Sería bueno que los "creadores" pudieran cumplir su función de servicio público y, de vez en cuando, de salvación pública.

Pasar a la escala de Europa, es solamente elevarse a un grado de universalización superior, marcar una etapa sobre el camino del Estado universal que, incluso en las cosas intelectuales, está lejos de ser realizado. No se habría ganado gran cosa si el europeocentrismo viniera a sustituir los nacionalismos heridos de las antiguas naciones imperiales. En el momento en que las grandes utopías del siglo diecinueve han entregado toda su perversión, es urgente crear las condiciones de un trabajo colectivo de reconstrucción de un universo de ideales realistas, capaces de movilizar las voluntades sin mistificar las conciencias.

3. Ver especialmente *Les Juifs, la Mémoire et le Présent*, tomo I, Máspero, 1981; tomo II, La Découverte, 1991.

Por una internacional de los intelectuales*

Quisiera proponer un conjunto de orientaciones para una acción colectiva de los intelectuales europeos, apoyándome sobre un análisis, tan realista como sea posible, de lo que es y de lo que puede ser el intelectual. El intelectual es un ser paradójico, que no se puede pensar como tal mientras se lo aprehenda a través de la alternativa clásica de la autonomía y el compromiso, de la cultura pura y la política. Ello porque se ha constituido, históricamente, en y a través de la superación de esta oposición: los escritores, los artistas y los científicos se afirmaron por primera vez como intelectuales cuando, en el momento del caso Dreyfus, intervinieron en la vida política como tales, es decir con una autoridad específica fundamentada en la pertenencia al mundo relativamente autónomo del mundo del arte, la ciencia y la literatura, y en todos los valores asociados a esa autonomía, desinterés, competencia, etc. El intelectual es un personaje bidimensional: sólo existe y subsiste como tal si, por una parte, existe y subsiste un mundo intelectual autónomo (es decir, independiente de los poderes religiosos, políticos, económicos), cuyas leyes específicas respeta, y si, por otra parte, la autoridad específica que se elabora en este universo a favor de la autonomía está comprometida en las luchas políticas. Así, lejos de existir, como se lo cree habitualmente, una antinomia entre la búsqueda de la autonomía (que caracteriza al arte, a la

* "Pour une internationale des intellectuels", *Politis*, 1992, Nº 1, pp. 9-15.

ciencia o a la literatura, que se llaman puros) y la búsqueda de la eficacia política, es incrementando su autonomía (y, por ello, entre otras cosas, su libertad de crítica respecto a los poderes) que los intelectuales pueden incrementar la eficacia de una acción política cuyos fines y medios encuentran su principio en la lógica específica de los campos de producción cultural.

Es necesario y basta con repudiar la vieja alternativa que todos tenemos en la mente y que resurge periódicamente en los debates literarios, para estar en condiciones de definir lo que podrían ser las grandes orientaciones de una acción colectiva de los intelectuales. Pero esta suerte de expulsión de las formas de pensamiento que nos aplicamos a nosotros mismos cuando nos tomamos por objeto de pensamiento es formidablemente difícil. Por esta razón, antes de enunciar estas orientaciones y para poder hacerlo, es necesario intentar explicitar lo más completamente posible el inconsciente –y en particular los principios de visión y de división, tales como la oposición entre el arte puro y el arte comprometido– que se encuentra depositado, en cada intelectual, por la historia misma de la cual los intelectuales son el producto. Contra la amnesia de la génesis, que está al principio de todas las formas de la ilusión trascendental, no hay antídoto más eficaz que la reconstrucción de la historia olvidada o reprimida que continúa funcionando bajo la forma paradójica de esas formas de pensamiento en apariencia ahistóricas, que estructuran nuestra percepción del mundo y de nosotros mismos.

Un falso problema: compromiso o retirada

Historia extraordinariamente repetitiva porque el cambio constante reviste, en ella, la forma de un movimiento pendular entre las dos actitudes posibles respecto a la política, el compromiso y la retirada (por lo menos, hasta la superación de la oposición con Zola y los defensores de Dreyfus). El "compromiso" de los "filósofos" que Voltaire, en el artículo del *Diccionario filosófico* titulado "El hombre de letras", opone, en 1765, al oscurantismo escolástico de las universidades decadentes y de las Academias, "donde se dicen las cosas a medias", se prolonga con la participación de los "hombres de letras" en la Revolución francesa –aun cuando, como lo ha mostrado Robert Darnton, la "bohemia literaria" aprovecha los "desórdenes" revolucionarios para tomarse la revancha contra los más consagrados de los continuadores de los "filósofos".

En el período de restauración posrevolucionaria, los "hombres de letras", porque son considerados responsables no solamente del movimiento de las ideas revolucionarias –a través del rol de *opinion makers* que les había conferido la multiplicación de los periódicos en la primera fase de la Revolución–, sino también de los excesos del Terror, son mirados con desconfianza, incluso con desprecio, por la joven generación de los años 1820, y muy especialmente por los románticos, que, en la primera fase del movimiento recusan y rechazan la pretensión del "filósofo" de intervenir en la vida política y de proponer una visión racional del devenir histórico. Pero, al encontrarse amenazada la autonomía del campo intelectual por la política reaccionaria de la Restauración, los poetas románticos –que habían sido conducidos a afirmar su deseo de autonomía en una rehabilitación de la sensibilidad y del sentimiento religiosos contra la Razón y de la crítica de los dogmas–, no tardan en reivindicar la libertad para el escritor y el científico (especialmente, con Michelet y Saint Simon) y en asumir, de hecho, la función profética, que era la del filósofo del siglo XVIII.

Pero, nuevo movimiento pendular, el romanticismo populista que pareció apoderarse de la casi totalidad de los escritores en el período, que precede a la revolución de 1848, no sobrevive al fracaso del movimiento y a la instauración del Segundo Imperio: el desmoronamiento de las ilusiones, que yo llamaría, a propósito, cuarentayochescas (para evocar la analogía con las ilusiones sesentayochescas, cuyo derrumbamiento todavía frecuenta nuestro presente), conduce a ese extraordinario desencanto, tan vigorosamente evocado por Flaubert en *La educación sentimental*, que proporciona un terreno favorable a una nueva afirmación de la autonomía, radicalmente elitista esta vez, de los intelectuales. Los defensores del arte por el arte, como Flaubert o Théophile Gautier, afirman la autonomía del artista oponiéndose tanto al "arte social" y a la "bohemia literaria" como al arte burgués, subordinado, en materia de arte y también de arte de vivir, a las normas de la clientela burguesa. Se oponen a ese nuevo poder naciente que es la industria cultural rechazando las servidumbres de la "literatura industrial" (salvo en calidad de sustituto alimentario de la renta, como en Gautier o Nerval). Al no admitir otro juicio que el de sus pares, afirman el cierre sobre sí mismo del campo literario, pero también la renuncia del escritor a salir de su torre de marfil para ejercer cualquier forma de poder (rompiendo en ello con el poeta *vates*, a lo Hugo, o con el científico profeta, a lo Michelet).

Por una paradoja aparente, es solamente a finales del siglo, en el momento en que el campo literario, el campo artístico y el campo científico acceden a la autonomía, que los agentes más autónomos de estos campos autónomos pueden intervenir en el campo político como intelectuales –y no como productores culturales convertidos en hombres políticos, a la manera de Guizot o

Lamartine–, es decir, con una autoridad fundada en la autonomía del campo y en todos los valores asociados a él, pureza ética, competencia específica, etc. Concretamente, la autoridad propiamente artística o científica se afirma en actos políticos como el "Yo acuso" de Zola y las peticiones destinadas a sostenerlo. Estos actos políticos de un tipo nuevo tienden a maximizar las dos dimensiones constitutivas de la identidad del intelectual que se inventa a través de ellos, la "pureza" y el "compromiso", dando nacimiento a una *política de la pureza* que es la antítesis perfecta de la Razón de Estado. En efecto, implican la afirmación del derecho de transgredir los valores más sagrados de la colectividad –los del patriotismo por ejemplo, con el apoyo manifestado a favor del artículo difamatorio de Zola contra el ejército o, mucho más tarde, durante la guerra de Argelia, el llamamiento a apoyar al enemigo–, en nombre de valores trascendentes a los de la ciudad o, si se quiere, en nombre de una forma particular de universalismo ético y científico que puede servir de fundamento no sólo a una suerte de magisterio moral, sino también a una movilización colectiva con vistas a un combate destinado a promover esos valores.

Habría bastado con agregar, a esta evocación muy sumaria de las grandes etapas de la génesis de la figura del intelectual, algunas indicaciones sobre la política cultural de la República de 1848 o la de la Comuna, para diseñar el cuadro de las relaciones posibles entre los productores culturales y los poderes, tal como uno puede observarlos, sea en la historia de un único país, sea en el espacio político actual de los Estados europeos, de Thatcher a Gorbachov. La historia aporta una enseñanza importante: estamos en un juego en el que todas las jugadas que se hacen hoy, aquí o allá, ya han sido jugadas –desde el rechazo de lo político y el retorno a lo religioso hasta la resistencia a la acción de un poder político hostil a la actividad intelectuales, pasando por la rebelión contra la influencia de lo que algunos llaman hoy los medios de comunicación o el abandono desengañado de las utopías revolucionarias.

Pero, el hecho de encontrarse así al "final de la partida" no conduce necesariamente al desencantamiento. Resulta claro, en efecto, que el intelectual no se ha instituido de una vez por todas y para siempre con Zola y que los detentadores de capital cultural siempre pueden "retroceder" hacia una u otra de las posiciones designadas por el péndulo de la historia, es decir, hacia el rol del poeta, del artista o del científico "puros" o hacia el rol del actor político, periodista, hombre político, etc. Además, contrariamente a lo que podría hacer creer la visión ingenuamente hegeliana de la historia intelectual que se obtendría por la acumulación de rasgos seleccionados, la reivindicación de la autonomía que está inscrita en la existencia misma de un campo de producción cultural debe contar con obstáculos y poderes renovados sin cesar, ya se trate de poderes externos, como los de la Iglesia, del Estado o de las grandes empresas económicas, o de poderes internos, y, en particular, los que confieren el control de los instrumentos de producción y de difusión específicos (prensa, editoriales, radio, televisión, etc.).

En todo caso, y contrariamente a las apariencias, los invariantes, que son el fundamento de la unidad posible de los intelectuales de todos los países, son más importantes que las variaciones que resultan del estado de las relaciones presentes y pasadas entre el campo intelectual y los poderes políticos y de las formas que revisten, en cada país, los mecanismos adecuados para trabar el impulso de los productores culturales hacia la autonomía. La misma *intención de autonomía* puede, en efecto, expresarse en tomas de posición opuestas (laicas en un caso, religiosas en otro) según la estructura y la historia de los poderes contra los cuales debe afirmarse. Los intelectuales de los diferentes países deben ser plenamente conscientes de este mecanismo, si quieren evitar dejarse dividir por oposiciones coyunturales y fenomenales, que tienen por principio el hecho de que la misma voluntad de emancipación se choca con obstáculos diferentes. Podría tomar aquí el ejemplo de los filósofos franceses y de los filósofos alemanes más en boga que, porque oponen la misma preocupación de autonomía a tradiciones históricas opuestas, se oponen en apariencia en relaciones con la verdad y con la razón aparentemente invertidas. Pero, del mismo modo podría también tomar el ejemplo de un problema como el de los sondeos de opinión, donde algunos, en Occidente, pueden ver un instrumento de dominación particularmente sutil, mientras que otros, en los países del Este de Europa, pueden ver allí una conquista de la libertad.

Para comprender y dominar las oposiciones que amenazan con dividirlos, los intelectuales de los diferentes países europeos deben tener siempre en la mente la estructura y la historia de los poderes contra los cuales deben afirmarse para existir como intelectuales; deben, por ejemplo, saber reconocer en las declaraciones de tal o cual de sus interlocutores –y, en particular, en lo que esas declaraciones pueden tener de desconcertante o de chocante– el efecto de la distancia histórica y geográfica con experiencias de despotismo político como el nazismo o el estalinismo, o con movimientos políticos ambiguos como las revueltas estudiantiles del '68, o, en el orden de los poderes internos, el efecto de la experiencia presente y pasada de mundos intelectuales muy desigualmente sometidos a la censura abierta o larvada de la política o de la economía, de la universidad o de la academia, etc. (Cuando hablamos como intelectuales, es decir, con la ambición de lo universal, es, en cada momento, el inconsciente histórico inscrito en la experiencia de un campo intelectual singular el que habla a través de nosotros.) Hubo un tiempo en el cual se hablaba mucho de comunicación de las conciencias. Creo que estamos muy habitualmente destinados a la comunicación –evidentemente, desafortunada e imperfecta– de los inconscientes y que no tenemos ninguna posibilidad de alcanzar una verdadera comunicación de las conciencias sino a condición de objetivar y de dominar los inconscientes históricos que nos separan, es decir, las historias específicas de los universos intelectuales de las cuales son el producto nuestras categorías de percepción y de pensamiento.

Una autonomía amenazada

Quiero referirme ahora a la exposición de las razones particulares que imponen hoy, con especial urgencia, una movilización de los intelectuales y la creación de una verdadera *Internacional de los intelectuales* dedicada a defender la autonomía del campo. No creo estar sometiéndome a una visión apocalíptica del estado del campo de producción cultural en los diferentes países europeos diciendo que su autonomía está fuertemente amenazada o, más precisamente, que amenazas de una especie totalmente nueva pesan hoy sobre su funcionamiento; y que los intelectuales están cada vez más completamente excluidos del debate público, a la vez porque están menos inclinados a intervenir y porque la posibilidad de intervenir eficazmente en él se les ofrece cada vez menos.

Las amenazas sobre la autonomía: la interpenetración es cada vez más grande, en los diferentes países occidentales, entre el mundo del arte y el mundo del dinero. Pienso en la nuevas formas de mecenazgo y en las nuevas alianzas que se instauran entre ciertas empresas económicas, a menudo las más modernistas –como, en Alemania, Daimler-Benz o los bancos–, y los productores culturales; pienso también en el recurso cada vez más frecuente de la investigación universitaria a los patrocinadores o a la creación de enseñanzas directamente subordinadas a la empresa (como, en Alemania, los *Technologiezentren* o, en Francia, las escuelas de comercio). Pero el dominio o el imperio de la economía sobre la investigación artística o científica también se ejerce en el interior mismo del campo, a través del control de los medios de producción y de difusión cultural e, incluso, de las instancias de consagración.

Los productores vinculados a grandes burocracias culturales (periódicos, radio, televisión) están cada vez más obligados a aceptar y a adoptar normas y coacciones (por ejemplo, en materia de ritmo de trabajo) que ellos tienden, más o menos inconscientemente, a constituir como medida universal de la realización intelectual (pienso por ejemplo en el *fast writing* y en el *fast reading* que devienen la ley de la producción y de la crítica periodísticas). Puede preguntarse si la división en dos mercados, que es característica de los campos de producción cultural desde mediados del siglo XIX, con, por un lado, el campo restringido de los productores para productores, y, por el otro, el campo de gran producción y la "literatura industrial", no está en peligro de desaparición, ya que la lógica de la producción comercial tiende a imponerse cada vez más a la producción de vanguardia (a través, especialmente en el caso de la literatura, de las coacciones que pesan sobre el mercado de los libros). Y sería necesario trabajar para elevar la conciencia y la vigilancia para con el regalo envenenado que puede representar toda especie de mecenazgo.

La tecnocracia de la comunicación

La exclusión fuera del debate público: esta exclusión es el resultado de la acción conjugada de varios factores, de los cuales algunos dependen de la evolución interna de la producción cultural –como la especialización cada vez más acentuada que impulsa a los investigadores a prohibirse la ambición total del intelectual a la antigua–, mientras que otros son resultado del dominio cada vez mayor de una tecnocracia que manda a los ciudadanos de vacaciones, favoreciendo la "irresponsabilidad organizada" –según la fórmula de Ulrich Beck–, y que encuentra una complicidad inmediata en la tecnocracia de la comunicación, cada vez más presente, a través de los medios de comunicación, en el universo mismo de la producción cultural. Sobre el primer punto, sería necesario desarrollar, por ejemplo, el análisis de la producción y de la reproducción del poder de los que se han llamado los "nucleócratas", es decir, esos miembros de la nobleza de Estado que son objeto de una delegación cuasi-incondicional (va de suyo que para comprender la complicidad tácita de la que se benefician, particularmente en Francia, estos nucleócratas –que no son sino el límite de todos los tecnócratas, y especialmente de todos los que, hasta en el seno del Partido socialista, hoy tienden a reducir la política a un problema de gestión–, no es suficiente invocar, como lo hace Ulrich Beck, la virtud dormitiva de un discurso de "informe de perito" capaz de adormecer la responsabilidad: es necesario tomar en cuenta, como lo hice en *La Noblesse d'Etat*, toda la lógica de un sistema escolar que confiere a sus elegidos una legitimidad sin precedente histórico).

La gran tecnocracia encuentra una complicidad inmediata en la nueva tecnocracia de la comunicación, conjunto de profesionales del arte de comunicar que monopolizan el acceso a los instrumentos de comunicación y que, al no tener sino muy pocas cosas que comunicar, instauran el vacío de la rutina mediática en el corazón del aparato de comunicación. Los intelectuales orgánicos de la tecnocracia monopolizan el debate público en detrimento de los profesionales de la política (parlamentarios, sindicalistas, etc.); en detrimento de los intelectuales que están sometidos, hasta en su propio universo, a especies de golpes específicos –los que se llaman "golpes mediáticos"–, como las encuestas periodísticas apuntan a producir clasificaciones manipuladas, o las innumerables listas de adhesiones que los periódicos publican con ocasión de los aniversarios, etc., o incluso las verdaderas campañas de prensa que apuntan a acreditar o desacreditar autores, obras o escuelas.

Se ha podido demostrar que, cada vez más, una manifestación política exitosa es una manifestación que ha tenido éxito en hacerse visible, manifiesta, en los periódicos y sobre todo en la televisión, por lo tanto, en imponer a los medios de comunicación (que puedan contribuir a su éxito) la idea de que ha sido un éxito (de allí el hecho de que las formas más sofisticadas de manifestación están orientadas, frecuentemente con la ayuda de asesores en comunicación, hacia los medios de comunicación, que deben dar cuenta de ella). Del mismo modo, una parte cada vez más importante de la producción cultural, cuando no es el producto de gente que trabaja en los medios de comunicación y cuya firma es solicitada porque están seguros de tener el apoyo de los medios de comunicación, viene definida en su fecha de publicación, su título, su formato, su volumen, su contenido y su estilo, con el objeto de colmar las expectativas de los periodistas que la harán existir hablando de ella.

No es a partir de hoy que existe una literatura comercial y que las necesidades del comercio se imponen en el seno del campo cultural. Pero la influencia de los detentadores del poder sobre los instrumentos de circulación –y, por ello, al menos por una parte, de consagración– no ha sido, sin duda, jamás tan extensa y profunda; ni la frontera jamás tan confusa entre la obra de vanguardia y el *best-seller*. Esta confusión de las fronteras a la cual los productores mediáticos están espontáneamente inclinados (como atestigua el hecho de que las listas periodísticas de premiados mezclan siempre a los productores más autónomos y a los más heterónomos, Claude Lévi-Strauss y Bernard-Henri Lévy) constituye, sin duda, la peor amenaza para la autonomía de la producción cultural. El productor heterónomo, al que los italianos llaman magníficamente *tuttologo*, sobre todo cuando va sobre el terreno de la política pero sin la autoridad y la autonomía que da la competencia específica, es, sin duda, el caballo de Troya a través del cual la heteronomía penetra en el campo de producción cultural. La condena que puede expresarse contra los *doxósofos*, como decía Platón, está implicada en la idea de que la fuerza específica del intelectual, incluso en política, descansa sobre la autonomía que confiere la capacidad de responder a las exigencias internas del campo. El zdanovismo, que florece siempre entre los autores fracasados, no es sino un testimonio entre otros de que la heteronomía adviene siempre en un campo a través de los productores menos capaces de triunfar según las normas del campo.

La naturaleza paradójica, aparentemente contradictoria, del intelectual, hace que toda acción política que apunte a reforzar la eficacia política de los intelectuales esté condenada a dotarse de consignas de apariencia contradictoria: por un lado, reforzar la autonomía, especialmente reforzando la separación con los intelectuales heterónomos, y luchando para asegurar a los productores culturales las condiciones económicas y sociales de la autonomía (y, en primer lugar, en materia de publicación y evaluación de los productos de la actividad intelectual); por otro lado, liberar a los productores culturales de la tentación de la torre de marfil, incitándolos a luchar, al menos, para tomar el poder sobre los instrumentos de producción y de consagración y para entrar en el mundo y afirmar, en él, los valores asociados a su autonomía.

Esta lucha no puede ser sino *colectiva*, porque una parte de los poderes a los cuales los intelectuales están sometidos deben su eficacia al hecho de que los intelectuales les enfrentan en orden disperso, y en la concurrencia. Y también porque las tentativas de movilización siempre resultarán sospechosas, y estarán condenadas al fracaso, mientras quepa la sospecha de que puedan ser puestas al servicio de las luchas por el *leadership* de un intelectual o de un grupo de intelectuales. Ella sólo es posible si, al sacrificar de una vez por todas el mito del "intelectual orgánico", los productores culturales aceptan trabajar colectivamente en la defensa de sus propios intereses: lo que puede conducirlos, en el marco de la Europa naciente, a afirmarse como un poder de crítica y de vigilancia, incluso de propuesta, frente a los tecnócratas, o –por una ambición a la vez más alta y más realista–, a comprometerse en una acción racional de defensa de las condiciones económicas y sociales de la autonomía de esos universos sociales privilegiados, donde se producen y se reproducen los instrumentos materiales e intelectuales de lo que llamamos la Razón. Esta *Realpolitik de la razón* estará sin ninguna duda expuesta a la sospecha de corporativismo. Pero le corresponderá demostrar, mediante los fines al servicio de los cuales pondrá sus medios, duramente conquistados, de su autonomía, que se trata de un *corporativismo de lo universal.*

"¿Qué es hacer hablar a un autor?" A propósito de Michel Foucault*

Quisiera comentarles muy simplemente algunos pensamientos deshilvanados que me han venido mientras escuchaba hablar de Foucault. Creo que es necesario saber que en las reuniones como éstas –se trata realmente de lo que se habla–, la cuestión de la cual se habla está planteada en la situación misma en la que se habla. Así, por ejemplo, a través de las palabras que se dicen sobre Michel Foucault, se encuentra planteada la cuestión, típicamente foucaultiana, de saber lo que es un autor, y también la cuestión de saber lo que es hacer hablar a un autor. Se han escuchado muchas frases que comienzan con "para Foucault" o "según Foucault", "como dice Foucault": ¿por qué y para quién se pronuncian tales expresiones? Para responder, sería necesario contar las citas, analizar su forma y su función, relacionándolas al contexto textual y al contexto social, y especialmente a la posición social del autor de la cita. Quizás así se comprendería mejor lo que se hace cuando se cita a un autor. ¿No se sucumbe a una forma de fetichismo, a un foucaultismo no muy foucaultiano?

Se recuerda siempre que Marx decía: "yo no soy marxista". Creo que Foucault habría dicho gustosamente: "yo no soy foucaultiano". Sin duda, lo ha dicho (lo que no quiere decir que no deseara que hubiera foucaultianos). Ha hecho

* " 'Qu'est-ce que faire parler un auteur?'. À propos de Michel Foucault" (Intervención hecha en el coloquio de Vaucresson, el 12 de octubre de 1995), *Sociétés & Représentations,* noviembre de 1996, pp. 13-18.

cosas que muestran que quería que hubiera foucaultianos. De modo que se deben someter siempre las citas a las críticas, examinar en ellas el status, la función, la veracidad, la validez. Se puede oponer una cita de Foucault a otra, no solamente porque Foucault se contradice como todo el mundo, porque no ha dicho la misma cosa en el mismo momento, porque no ha dicho la misma cosa a las mismas personas, según las circunstancias (lo que no quiere decir que haya mentido aquí o allá). Recuerdo frecuentemente esta frase de Scholem: "No digo la misma cosa a los judíos de New York, de París, de Berlín o de Jerusalem y sin embargo no miento jamás". Esto es importante para comprender lo que es responder a una entrevista, administrar una obra, interpretar retrospectivamente sus propios escritos.

Lectores y auctores

Las lecturas retrospectivas que da Foucault de lo que dijo Foucault (a veces a propósito de Foucault) pueden estar fundadas sobre el olvido, pero también sobre estrategias espontáneas. Lo que hace todo entrevistado, se puede suponer, *a fortiori*, que lo hará un profesional de la manipulación simbólica: quiere dar coherencia a su vida y a su obra. Estará tentado de decir: "desde que escribí sobre Biswanger, sabía que iba a escribir *Vigilar y castigar*", etc. Todo el mundo hace eso. Por lo tanto, es necesario tener una relación desfetichizada con los autores, lo que no quiere decir "no respetuosa". Al contrario. Pienso que no se respeta lo suficiente el esfuerzo de pensamiento (que uno siempre está inducido a subestimar, porque está separado –especialmente por el pensamiento del autor considerado, por las respuestas que ha aportado, los nuevos problemas que ha planteado, etc.–, del estado del pensamiento en el cual ha comenzado a pensar).

Para ser verdaderamente fiel al espíritu de Foucault, ¿no sería necesario leer a Foucault como él mismo ha dicho que leía, y así solamente? Se ha recordado, en efecto, que Foucault había dicho que había leído tal o cual autor no para sacar de él saberes, sino para sacar reglas para construir su propio objeto. Es necesario distinguir entre los *lectores*, los comentadores –que leen para hablar después de lo que han leído–, y los que leen para hacer algo, para hacer avanzar el conocimiento, los *auctores*. ¿Cómo hacer una lectura de *auctor*, que quizás podrá ser infiel a la letra de Foucault, pero fiel al espíritu foucaultiano?

Pero esto no es todo. Una lectura de *lector* que quiere comprender verdaderamente a Foucault en cuanto *auctor*, en cuanto creador de pensamiento y no lector letrado del pensamiento de los otros (lo que, creo, no le interesaría mucho), ¿no debe ir más allá de la lectura de los textos? Se habla de teoría de la recepción (a mí no me gusta mucho M. Jauss, ni el hombre ni la obra, una de esas viejas hermenéuticas poco presentables que hoy se nos recicla del lado de *Esprit*). Pero, para comprender una obra, es necesario comprender en primer lugar la producción, el campo de producción y la relación entre el campo en el cual ha sido producida y el campo en el cual es recibida o, más precisamente, la relación entre las posiciones del autor y del lector en sus campos respectivos. Por ejemplo, la mayor parte de las citas tenían por sujeto "se" o "nosotros". Foucault no hablaba en nombre de un grupo como portavoz, pero hablaba dentro de un grupo, expresando los pensamientos de un grupo en el cual había tomado cosas y en el cual había enseñado cosas. El producto complejo que ha circulado debe, una parte de sus propiedades, a las condiciones sociales de producción, y, entre otras cosas, a este efecto de grupo. Sería necesario analizar ese grupo; había, por una parte, colegas, pero también gente que no era del mismo universo y que pertenecía a otros campos, que era a veces completamente extraña al universo universitario, etc.

Además, sería necesario restituir a Foucault al campo de la producción académica de la época: ¿qué era hacer filosofía en aquel momento? ¿Qué es lo que quería decir para un filósofo interesarse por las prisiones, lo que representaba una transgresión considerable, pero socialmente admisible? ¿Qué es lo que quería decir para un filósofo ocuparse de la historia? En la jerarquía de las disciplinas, siempre muy potente en la objetividad y en los cerebros, la historia es una disciplina subordinada con relación a los filósofos. Es necesario, pues, tener en la mente todas esas estructuras en las cuales Foucault se encontraba inserto y que se expresan también en lo que él ha dicho. Mi demanda se justifica tanto más cuanto, creo, Foucault mismo, en una respuesta a un artículo de Derrida titulado "*Cogito et Histoire de la folie*" recordaba, hasta donde me acuerdo, que los textos tienen implicaciones, que están insertos en redes de problemas, a los que es necesario reconstituir si uno no quiere contentarse con reproducir y comentar la palabra de los maestros.

Radicalismo intelectual y radicalismo político

Sería necesario, también, interrogar su postura de filósofo, de filósofo de primer rango (Escuela normal, etc.). Ser filósofo, en esas condiciones, era heredar una inmensa ambición encarnada por Sartre –de la que era de buen tono mofarse, pero con la que era necesario rivalizar–, una suerte de radicalismo filosófico-político, que es causa de considerables malentendidos en la circulación de los productos que emanan de ese tipo de condiciones sociales de producción. Por radicalismo, entiendo una suerte de irresponsabilidad intelectual estatutaria que los filósofos se otorgan como una suerte de deber de Estado, un derecho-deber de ruptura, de transgresión de las normas del buen sentido y de la decencia que, en ciertas condiciones, puede tomar un giro político, pero que es esencialmente intelectual. Es lo que separaba a Sartre de Arón, filósofo del buen sentido burgués, que uno opone tradicionalmente a Sartre, hoy en día, del lado de las Ciencias Políticas (donde Arón ha enseñado largo tiempo), del *Débat* y de la Fundación Saint-Simon.

Foucault, aun habiéndose opuesto mucho a Sartre, estaba de su lado, sin discusión, desde este punto de vista. Esta disposición radical (duda radical, cuestionamiento radical, etc.) era constitutiva de la postura del filósofo de ese lugar y de ese tiempo, y el radicalismo político no hacía sino continuar el radicalismo filosófico por otros medios. Este radicalismo intelectual –en la manera de plantear las cuestiones, en la naturaleza de los objetos abordados, etc.– es el que separa a Foucault (y a todos los que salen de la misma fábrica) de muchos de los que lo leen hoy, especialmente del lado de Ciencias Políticas (donde incluso es asombroso que sea leído). Es lo que lo separa también de la gran mayoría de los historiadores. Ese rol de constructor de objetos nuevos irrita mucho a ciertos historiadores. Braudel, mientras estaba un poco desconcertado por el lado radical, es decir, un poco "excesivo", "filósofo", de Foucault, tenía una gran admiración por su capacidad para crear conceptos, por lo tanto, objetos que permanecían extraños al territorio del historiador. (Sería necesario precisar que mientras Foucault estaba, por su radicalismo filosófico, en la misma familia que Sartre, se situaba, en el campo filosófico, en un campo completamente opuesto, es decir, como yo, del lado de la tradición de la historia de la filosofía de las ciencias, con Koyré, Bachelard, Canguilhem, Vuillemin, etc., y contra la tradición existencialista).

Sería necesario también ver lo que ha sido el efecto Foucault en los diferentes campos eruditos y fuera de esos campos. Se ha comparado a Foucault con el profeta en la tradición weberiana. Es verdad que había en él, como en Sartre, que creó el modelo, un costado de "profeta ejemplar". Esta profecía es la que se ejerce por la práctica, por ejemplo, y no solamente por la palabra, por el discurso o por la teoría. Para comprender el efecto de profecía ejemplar que Foucault ha ejercido, sería necesario prolongar este análisis weberiano con otro, que se encuentra en el judaísmo antiguo. Weber dice que los profetas son gente que ha ido a decir en la calle cosas que no se decían hasta ese momento, sino en los cenáculos restringidos de los especialistas. El ha llevado fuera del universo erudito problemas, debates, conceptos, discusiones que estaban hasta ese momento reservados al universo de los especialistas. Lo que ha engendrado un malentendido estructural. Es un fenómeno muy general (que se plantea, por ejemplo, a propósito de los orígenes intelectuales de la Revolución francesa). Ocurre que, en ciertas circunstancias, los mensajes esotéricos –escritos y destinados solamente a ser leídos por sabios o letrados, abstractos y destinados a ser comprendidos abstractamente–, se echan a la calle, devienen exotéricos, pasan al acto, a la acción, a la práctica. Hay, evidentemente, transformaciones que se operan en esta oportunidad, y según ciertas leyes. Entre paréntesis, sería necesario analizar el rol de Vincennes que, en este aspecto, fue muy importante: Vincennes es la calle para los filósofos. Podían creer (o hacerse creer) que tenían relaciones con el pueblo, mientras que eso sólo lo hacía Vincennes, pero Vincennes era otra cosa que París IV.

El destino americano de la obra de Foucault no ha hecho sino prolongar y amplificar este proceso, con las relecturas que hacen de él uno de los maestros del "posmodernismo".

"Rumor intelectual" y lectura canónica

Sería necesario preguntarse, también, cómo Foucault ha sido leído en el interior de los universos eruditos (y lo que él ha leído de sus contemporáneos en el seno de esos universos). Tendería a formular la hipótesis de que los contemporáneos se leen mucho menos de lo que se cree y que una parte importante de lo que saben unos de otros se aprende *ex auditu*, a través de lo que ellos oyen decir, a los colegas, a los periódicos (rol terrible del *Nouvel Observateur*), a los estudiantes; en resumen, a través de una suerte de rumor intelectual en el que circulan palabras-clave, slogans un poco reduccionistas ("vigilar y castigar", "encerramiento", "panóptico", etc.). Dicho de otro modo, la hipótesis de que los contemporáneos se leen entre ellos es muy arriesgada; y que, al leerse, se comprenden, es todavía más arriesgada... Habría que hacer una revisión de la historia de las ideas que descansa en la hipótesis de que los textos son leídos, y que, siendo leídos, son comprendidos, etc. En general, lo que circula son los títulos: "Vigilar y castigar" (han habido, desde entonces, muchos títulos con infinitivos, sobre todo entre los historiadores... En el siglo XIX, todo el mundo se decía "saturnino", sin que se supiera demasiado lo que esto quería decir). Si se parte de la hipótesis de que la gente no se lee, se comprenden un cúmulo de cosas que no se comprenden cuando se cree que se leen. El conocimiento por slogans, por palabras-clave, es muy importante; los enemigos, que tienen interés en "reducir" y en destruir (según la lógica del insulto: tú no eres sino un...) colaboran con los amigos (protégeme de mis amigos, decía Enrique IV, yo me encargo de mis enemigos) que pueden también reducir (por fetichismo o, simplemente, por tontería...), en la construcción de la imagen social de un autor. Un análisis conducido con esta perspectiva permitiría comprender –pero sería necesario todavía plantear la problemática– la diferencia entre la recepción nacional, en el país –donde hay enemigos, concurrentes directos, y amigos, donde las connotaciones políticas (en el sentido amplio, pero también en el sentido específico de política intelectual, ligada a la posición en el campo) están entendidas–, y la recepción en el extranjero. Y también entre la recepción entre los contemporáneos y la recepción en la posteridad, próxima (como nosotros hoy para Foucault) o lejana.

Hay también lecturas directas pero encuadradas. Al respecto, el rol del sistema escolar es capital: los profesores son un filtro o una pantalla entre lo que los investigadores buscan decir y lo que los alumnos reciben... Se dice, por ejemplo, que Wittgenstein demuele los falsos problemas filosóficos nacidos del abuso del lenguaje. De hecho, se olvida decir que también dice que el gran obstáculo al progreso de la filosofía son los filósofos que vehiculizan falsos problemas canónicos, frecuentemente dotados de una autoridad milenaria y formidablemente difíciles de destruir. Ahora bien, sobre Foucault, circula toda una serie de problemas que, por una parte, es el producto de la lectura escolar. También está el rol de los libros sobre Foucault, numerosos, frecuentemente salidos de cursos y destinados a volver allí, los fragmentos escogidos... Y sería necesario ver, en fin, cómo Foucault circula por gente que no ha leído jamás una línea de él.

"Una denegación de comprensión"

Finalmente, hay gente que no puede leer a Foucault, porque es insoportable. Porque en Foucault se trata de su ser, de las cosas que ellos no quieren saber. Esto es lo que se olvida siempre en el análisis de la "recepción": para comprender la recepción, es necesario comprender las fuerzas de no-recepción, la negativa de saber, el "odio a la verdad", de lo cual Pascal habla en alguna parte. Sartre, en una nota de *La Crítica de la razón dialéctica*, dice, a propósito de sus lecturas de juventud de Marx (que no se leía en la Universidad): "yo comprendía todo y no comprendía nada". Quiere decir con eso que hay una comprensión (escolar en general) que es una no-comprensión, un hacer-apariencia de comprender, una denegación de comprensión fundada en resistencias profundas. Foucault, como todos los pensadores un poco radicales y subversivos, se ha enfrentado y se enfrenta todavía con formidables resistencias a la lectura.

Delante de todas las amenazas que encierra la recepción, uno puede preguntar, muy seriamente, si un pensador consciente no tiene interés, a veces, de hacerse ilegible –no en el sentido de la gran oscuridad carismática heideggero-hölderliniana–; quiero decir, hacerse difícil de leer para intentar tener algunos verdaderos lectores más que esos terribles no-lectores que parecen leer. Es una pregunta muy foucaultiana, que debería, creo, plantearse en sus palinodias (porque ha evolucionado, ha cambiado). Al respecto, las entrevistas son muy importantes, pues hacen ver lo que coexistía con esta suerte de fachada a la cual se es reducido cuando no se tiene acceso sino a la parte pública de la obra. (Esto constituye otra diferencia entre los contemporáneos y la posteridad: una obra no es accesible en totalidad sino a título póstumo; los contemporáneos no tienen acceso sino a una parte ínfima de la obra –ignoran la mayor parte de las entrevistas, la correspondencia privada, etc.– y, si puedo decirlo, golpe por golpe, en el orden cronológico, y no de un golpe, *uno intuito*, como en las obras completas.)

Todo esto conduce a concluir con una exhortación a la duda sobre la posibilidad de recibir realmente una obra, que es la condición de una recepción no demasiado mala, activa, práctica, no fetichista, destinada no a una suerte de encantamiento cultural alrededor del autor sino a un uso activo del autor, en una práctica que puede ser científica, que quizás también puede ser de juicio...

Pierre Bourdieu y Loïc Wacquant. Sobre las astucias de la razón imperialista*

El imperialismo cultural descansa sobre el poder de universalizar los particularismos ligados a una tradición histórica singular, haciéndolos desconocer como tales.[1] Así, del mismo modo que en el siglo XIX cierto número de cuestiones llamadas filosóficas que eran debatidas como universales, en toda Europa y más allá, tomaban su origen, como lo ha demostrado muy bien Fritz Ringer, en las particularidades (y los conflictos) históricas propias del universo singular de los universitarios alemanes,[2] hoy, muchos tópicos directamente surgidos de confrontaciones intelectuales ligados a la particularidad social de la sociedad y las universidades americanas son impuestas, bajo formas en apariencia des-historizadas, al conjunto del planeta. Estos *lugares comunes* en el sentido aristotélico de nociones o de tesis *con las*

* "Sur les ruses de la raison impérialiste", *Actes de la recherche en sciences sociales*, 121-122, marzo de 1998, pp. 109-118.

1. Es mejor decir de entrada, para evitar todo malentendido –y descartar la acusación de "antiamericanismo"– que nada es más universal que la pretensión a lo universal o, más precisamente, a la universalización de una visión del mundo particular, y que la demostración esbozada aquí valdría, *mutatis mutandi* para otros campos y otros países (especialmente Francia: cf. P. Bourdieu, "Deux impérialismes de l'universel", en: C. Fauré y T. Bishop (eds.), *L'Amérique des Français*, París, Ed. François Bourin, 1992).

2. F. Ringer, *The decline of de Mandarins*, Cambridge, Cambridge University Press, 1969.

cuales se argumenta pero *sobre las cuales* no se argumenta, o, en otros términos, esos presupuestos de la discusión que permanecen indiscutidos, deben una parte de su fuerza de convicción al hecho de que, al circular como libros de éxito en coloquios universitarios, como informes de expertos en revistas semicientíficas, como balances de comisiones en tapas de revistas, están presentes en todas partes a la vez, de Berlín a Tokio, y de Milán a México, y son poderosamente relevados por esos lugares pretendidamente neutros que son los organismos internacionales (tales como la OCDE o la Comisión europea) y los centros de estudios y de asesoramiento en políticas públicas (como el Adam Smith Institute y la Fundación Saint Simon).[3]

La neutralización del contexto histórico, que resulta de la circulación internacional de los textos y del olvido correlativo de las condiciones históricas de origen, produce una universalización aparente que viene a redoblar el trabajo de "teorización". Suerte de axiomatización ficticia adecuada para producir la ilusión de una génesis pura, el juego de las *definiciones* previas y de las deducciones que apuntan a sustituir la apariencia de la necesidad lógica, por la contingencia de las necesidades sociológicas denegadas, tiende a ocultar las raíces históricas de todo un conjunto de cuestiones y de nociones que se dirán filosóficas, sociológicas, históricas o políticas, según el campo de recepción. Así planetarizadas, mundializadas, en el sentido estrictamente geográfico, por el desarraigo, al mismo tiempo que desparticularizadas por el efecto de falsa ruptura que produce la conceptualización, esos lugares comunes de la gran vulgata planetaria que el machaque mediático transforma poco a

3. Entre los libros que testimonian esta McDonaldización rastrera del pensamiento, se puede citar la jeremiada elitista de A. Bloom, *The Closing of de American Mind*, New York, Simon & Shuster, 1987, inmediatamente traducido al francés en Juilliard bajo el título *L'âme desarmée* (1987), y el panfleto rabioso del inmigrado indio neo-conservador (y biógrafo de Reagan) sito en el Manhattan Institute, D. DiSouza, *Illiberal Education: The Politics of Race and Sex on Campus*, New York, The Free Press, 1991, traducido al francés bajo el título *L'Education contre les libertés*, París, Gallimard (colección le Messager), 1993. Uno de los mejores índices para identificar las obras que participan de esta nueva doxa intelectual con pretensión planetaria es la *celeridad* totalmente infrecuente con la cual son traducidas y publicadas en el extranjero (sobre todo, por comparación con las obras científicas). Para una visión nativa de conjunto de la suerte y desgracia de las universidades americanas hoy, ver el reciente número de *Daedalus* consagrado a "The American Academic Profession", nº 126, otoño de 1997, especialmente B. Clark, "Small Worlds, Different Worlds: The Uniqueness and Troubles of American Academic Profession", pp. 21-42, y P. Altbach, "An International Academic Crisis? The American Profesoriate in Comparative Perspective", pp. 315-388.

poco en sentido común universal, llegan a hacer olvidar que ellos han tenido su origen en las realidades complejas y controvertidas de una sociedad histórica particular, tácitamente constituida en modelo y en medida de todas las cosas.

Así sucede, por ejemplo, con el debate vago y flojo alrededor del "multiculturalismo", término que, en Europa, ha sido sobre todo utilizado para designar el pluralismo cultural en la esfera cívica, mientras que en los Estados Unidos remite a las secuelas perennes de la exclusión de los negros y a la crisis de la mitología nacional del "sueño americano", correlativa del incremento generalizado de las desigualdades, en el curso de las dos últimas décadas.[4] Crisis que el vocablo "multicultural" disimula acantonándola artificialmente sólo en el microcosmo universitario y expresándola en un registro ostensiblemente "étnico", mientras que ella tiene por apuesta principal, no el reconocimiento de las culturas marginalizadas por los cánones académicos, sino el acceso a los instrumentos de (re)producción de las clases media y superior –en el primer rango de los cuales figura la universidad– en un contexto de liberalización masivo y multiforme del Estado.[5]

A través de este ejemplo, puede verse de paso que, entre los productos culturales difundidos a escala planetaria, las más insidiosas no son las teorías de apariencia sistemática (como el "fin de la historia" o la "globalización") y las visiones del mundo filosóficas (o que se pretenden como tales, como el "posmodernismo"), en resumidas cuentas fáciles de identificar. Son más bien términos aislados con apariencia técnica, tales como la "flexibilidad" (o su versión británica, la "empleabilidad"), que, por el hecho de que condensan y

4. D. Massey y N. Denton, *American Apartheid*, París, Descartes et Cie, 1996, orig. 1993; M. Waters, *Etnic Options*, Berkeley, University of California Press, 1990; D. A. Hollinguer, *Postethnic America*, New York, Basic Books, 1995; y J. Hochschild, *Facing up to the American Dream: Race, Class, and the Soul of de Nation*, Princeton, Princeton University Press, 1996; para un análisis de conjunto de estas cuestiones que a justo título saca a la luz su anclaje y su recurrencia históricos, D. Lacorne, *La crise de l'identité americaine. Du melting pot au multiculturalisme*, París, Fayard, 1997.

5. Sobre el imperativo de reconocimiento cultural, C. Taylor, *Multiculturalism: Examining the Politics of Recognition*, Princeton, Princeton University Press, 1994, y los textos compilados y presentados por T. Goldberg (ed.), *Multiculturalism: A Critical Reader*, Cambridge, Blackwell, 1994; sobre el entorpecimiento de las estrategias de perpetuación de la clase media en los Estados Unidos, L. Wacquant, "La generalisation de l'insecurité salarial en Amérique: restructurations d'entreprises et crise de reproduction social", *Actes de la recherche en sciences sociales*, 115, diciembre de 1996, pp. 65-79; el malestar profundo de la clase media americana está bien descrito por K. Newman, *Declining Fortunes*, New York, Basic Books, 1993.

vehiculizan toda una filosofía del individuo y de la organización social, son adecuadas para funcionar como verdaderas contraseñas políticas (es este caso: el "Estado mínimo", el estrechamiento de la cobertura social y la aceptación de la generalización de la precariedad salarial como una fatalidad, incluso como un beneficio).

Se podría analizar, también, en sus pormenores, la noción fuertemente polisémica de "mundialización", que tiene por efecto, si no por función, ahogar en el ecumenismo cultural o el fatalismo economista los efectos del imperialismo, y hacer aparecer una relación de fuerza transnacional como una necesidad natural. Al término de una inversión simbólica fundada sobre la naturalización de los esquemas del pensamiento neoliberal, cuya dominación se ha impuesto después de veinte años gracias a la labor de zapa de los *think tanks* conservadores y de sus aliados en los campos político y periodístico,[6] el remodelamiento de las relaciones sociales y de las prácticas culturales de las sociedades avanzadas conforme al patrón norteamericano, fundado en la pauperización del Estado, la mercantilización de los bienes públicos y la generalización de la inseguridad social, es aceptado hoy con resignación como el desenlace obligado de las evoluciones nacionales, cuando no es celebrado con un entusiasmo borreguil que recuerda extrañamente el entusiasmo por América que había suscitado, hace medio siglo, el plan Marshall en una Europa devastada.[7]

Numerosos temas afines aparecidos recientemente sobre la escena intelectual europea, y singularmente parisiense, han atravesado así el Atlántico; ya sea con toda claridad, ya sea de contrabando, con la ayuda del retorno de influencia que gozan los productos de la investigación americana, tales como lo "políticamente correcto" –paradójicamente utilizado, en los medios intelectuales franceses, como instrumento de reprobación y de represión contra

6. P. Grémion, *Preuves, une revue européenne à Paris*, París, Julliard, 1989; *Intelligence de l'anticommunisme: le Congrèspour la liberté de la culture à Paris*, Fayard, 1995; J. A. Smith, *The Idea Brokers: Think Tanks and the Rise of the New Police Elite*, New York, The Free Press, 1991; K. Dixon, "Les Evangélistes du Marché", *Liber*, 32, septiembre de 1997, pp. 5-6.

7. Sobre la "mundialización" como "proyecto americano", N. Fligstein, "Rhétoriques et réalités de la "mondialisation"", *Actes de la recherche en sciences sociales*, 119, septiembre de 1997, pp. 36-47; sobre la fascinación ambivalente por América en el período de posguerra, L. Boltanski, "America, America, Le plan Marshall et l'importation du 'management' ", *Actes de la recherche en sciences sociales*, 38, 1981, pp. 19-41; y R. Kuisel, *Seducing the French: The Dilemma of Americanization*, Berkeley, University of California Press, 1993.

toda veleidad de subversión, especialmente feminista u homosexual–, o el pánico moral alrededor de la "ghetización" de los barrios llamados "de inmigrantes", o incluso el moralismo –que se insinúa por todas partes, a través de una visión ética de la política, de la familia, etc., que conduce a una suerte de despolitización principista de los problemas sociales y políticos, así vaciados de toda referencia a toda especie de dominación–, o, por último, la oposición devenida canónica, en las regiones del campo intelectual más próximas del periodismo cultural, entre el "modernismo' y el "posmodernismo" –que, fundado sobre una relectura ecléctica, sincrética y la mayoría de las veces deshistorizada y muy aproximada de un puñado de autores franceses y alemanes, está en trance de imponerse, en su forma americana, a los europeos mismos.[8]

Sería necesario hacer un lugar aparte y otorgar un desarrollo más importante al debate que opone hoy a los "liberales" y a los "comunitarios"[9] (otros tantos términos directamente *transcriptos*, y no traducidos, del inglés), ilustración ejemplar del efecto de *falsa ruptura* y de *falsa universalización* que produce el pasaje al orden del discurso con pretensión filosófica: definiciones fundadoras que marcan una ruptura aparente con los particularismos históricos que permanecen en un segundo plano del pensamiento del pensador históricamente situado y datado (¿cómo no ver, por ejemplo, como se lo ha sugerido varias veces, que el carácter dogmático de la argumentación de Rawls a favor de la prioridad de las libertades se explica por el hecho de que atribuye tácitamente a los *partenaires*, en su posición original, un ideal latente que no es otro que el suyo, el de un universitario americano, atado a una visión ideal de la democracia americana?);[10] presupuestos antropológicos antropológicamente injustificables, pero dotados de toda la autoridad *social* de la teoría económica neo-marginalista de la cual han sido tomados; pretensión a la deducción rigurosa, que permite encadenar formalmente consecuencias infalsificables sin exponerse a encontrar jamás la menor refutación empírica; alternativas rituales, e irrisorias, entre

8. Este no es el único caso en que, por una paradoja que manifiesta uno de los efectos más típicos de la dominación simbólica, numerosos tópicos que los Estados Unidos exportan e imponen en todo el universo, comenzando por Europa, han sido tomados prestado a aquellos mismos que los reciben como las formas más avanzadas de la teoría.

9. Para una bibliografía del inmenso debate, ver: *Philosophy &social criticism*, 3/4 v. 14, 1988, special issue, Universalism vs. Communitarianism: contemporary debates in ethics.

10. H. L. A. Hart, "Rawls on Liberty and its Priority", en: N. Daniels (ed.), *Reading Rawls*, New York, Basic Books, 1975, pp. 238-259.

atomistas-individualistas y holistas-colectivistas, y tan visiblemente absurdas que obligan a inventar "holistas-individualistas", para colocar a Humboldt, o "atomistas-colectivistas"; y todo en una extraordinaria *jerga*, una terrible *lingua franca* internacional, que permite acarrear, sin jamás tomarlos en cuenta conscientemente, todas las particularidades y los particularismos asociados a las tradiciones *filosóficas y políticas* nacionales (de tal modo que pueden escribir *liberty* entre paréntesis después de la palabra libertad, pero aceptar sin problema barbarismos conceptuales como la oposición entre lo "procedual" y lo "sustancial"). Este debate y las "teorías" que opone, y entre las cuales sería en vano tratar de introducir una elección política, debe sin duda una parte de su éxito entre los filósofos, conservadores particularmente (y especialmente católicos), al hecho de que ellos tienden a reducir la política a la moral: el inmenso discurso sabiamente neutralizado y políticamente des-realizado que suscita, ha venido a relevar a la gran tradición alemana de la *Antropología filosófica*, palabra noble y falsamente profunda de *denegación* (*Verneinung*) que ha sido durante mucho tiempo pantalla y obstáculo, en cualquier parte donde la filosofía alemana podía afirmar su dominación, a todo análisis científico del mundo social.[11]

En un dominio más próximo a las realidades políticas, un debate como el de la "raza" y de la identidad da lugar a intrusiones etnocéntricas semejantes. Una representación histórica, nacida del hecho de que la tradición americana pega la dicotomía entre blancos y negros de manera arbitraria sobre una realidad infinitamente más compleja, puede incluso imponerse en países donde los principios de visión y de división, codificados o prácticos, de las diferencias étnicas son totalmente diferentes y que, como Brasil, eran considerados todavía recientemente como contra-ejemplos del "modelo americano".[12] Conducidas por americanos o latinoamericanos formados en los Estados Unidos, la mayor parte de las investigaciones recientes sobre la desigualdad etno-racial en Brasil se esfuerzan por probar que, contrariamente a la imagen que los brasileños se hacen de su nación, el país de las "tres tristes razas" (indígenas, negros descendientes de los esclavos, blancos provenientes de la colonización y de las oleadas de inmigración

11. Desde este punto de vista, bajamente sociológico, el diálogo entre Rawls y Habermas, de los cuales no es exagerado decir que son casi equivalentes a la tradición filosófica, es altamente significativo (cf., por ejemplo, J. Habermas, "Reconciliation through the Public Use of Reason: Remarks on Political Liberalism", *Journal of Philosophy*, 1995, 3, pp. 109-131.

12. Según el estudio clásico de C. Degler, *Neither Black Nor White: Slavery and Race Relations in Brazil and the United States*, Madison, University of Wisconsin Press, 1995, 1° publ. 1974.

europea) no es menos "racista" que los otros y que los brasileños "blancos" no tienen nada que envidiar a sus primos norteamericanos en este tema. Peor, el *racismo enmascarado* a la brasileña sería por definición más perverso, por disimulado y denegado. Esto es lo que pretende, en *Orpheus and Power*,[13] el politólogo afro-americano Michael Hanchard, que, aplicando las categorías raciales norteamericanas a la situación brasileña, erige la historia particular del movimiento por los derechos civiles como patrón universal de la lucha de los grupos de color oprimidos. En lugar de considerar la constitución del orden etno-racial brasileño en su propia lógica, estas investigaciones se contentan, la mayoría de las veces, con reemplazar en bloque el mito nacional de la "democracia racial" (tal como lo expresa por ejemplo la obra de Gilberto Freire),[14] por el mito según el cual todas las sociedades son "racistas", incluso aquellas en el seno de las cuales las relaciones raciales parecen, a primera vista, menos distantes y hostiles. De herramienta analítica, el concepto de racismo deviene un simple instrumento de acusación; bajo la cobertura de ciencia, es la lógica del proceso jurídico que se afirma (al asegurar el éxito de librería, en lugar del éxito de prestigio).[15]

En un artículo clásico, publicado hace ya treinta años, el antropólogo Charles Wagley demostraba que la concepción de la "raza" en las Américas admite varias definiciones, según el peso otorgado a la ascendencia, a la apariencia física (que no se limita al color de la piel) y al status sociocultural (profesión, nivel de ingresos, diplomas, región de origen, etc.), en función de la historia de las relaciones y de los conflictos entre grupos en las diversas zonas.[16] Los norteamericanos son los únicos que definen la "raza" sobre la única base de la ascendencia y ello sólo en el caso de los afro-americanos: se es

13. M. Hanchard, *Orpheus and Power: The Movimiento Negro of Rio de Janeiro and São Paulo, 1945-1988*, Princeton, Princeton University Press, 1994. Se encontrará un poderoso antídoto al veneno etnocéntrico sobre este tema en la obra de Anthony Marx, *Making Race and Nation: A Comparison of the United States, South Africa and Brazil*, Cambridge, Cambridge University Press, 1998; que demuestra que las divisiones raciales son estrechamente tributarias de la historia política e ideológica del país considerado, cada Estado fabrica de alguna manera la concepción de la "raza" que le conviene.

14. G. Freire, *Maîtres et esclaves*, París, Gallimard, 1978.

15. ¿Para cuándo un libro titulado "Le Brésil raciste", sobre el modelo de la obra científicamente incalificable, "La France raciste", de un sociólogo francés más atento a las expectativas del campo periodístico que a las complejidades de lo real?

16. C. Wagley, "On de Concept of Social Race in América", en: D. B. Heath y R. N. Adams (eds.), *Contemporary Cultures and Societies in Latin America*, New York, Random House, 1965, pp. 531-545.

"negro" en Chicago, Los Ángeles o Atlanta, no por el color de su piel sino por el hecho de tener uno o varios antepasados identificados como negros, es decir, al término de la regresión, como esclavos. Estados Unidos no es la única sociedad moderna que aplica la *one-drop rule* y el principio de "hipodescendencia", según el cual los hijos de una unión mixta se ven automáticamente asignados al grupo inferior (aquí, los negros). En Brasil, la identidad racial se define por referencia a un *continuum* de "color", es decir, por la aplicación de un principio flexible o vago que, al tomar en cuenta rasgos físicos como la textura del cabello, la forma de los labios y de la nariz y la posición de clase (los ingresos y la educación, especialmente), engendran un gran número de categorías intermedias (más de una decena catalogadas luego del censo de 1980) y no ocasionan ostracismo radical ni *estigmatización* sin remedio. Testimonian ello, por ejemplo, los índices de segregación exhibidos por las ciudades brasileñas, muy claramente inferiores a los de las metrópolis norteamericanas, y la ausencia virtual de estas dos formas típicamente norteamericanas de violencia racial, que son el linchamiento y el motín urbano.[17] Totalmente opuesto, en Estados Unidos no existe categoría social y legalmente reconocida de mestizo.[18] Se está en relación con una división que se emparenta más con las de las *castas definitivamente definidas y delimitadas* (como prueba, la tasa de casamientos mixtos excepcionalmente baja –menos del 2% de los afro-americanos contraen uniones "mixtas"–, contra cerca de la mitad de las mujeres de origen hispánico o asiático) que se intenta enmascarar diluyéndola por la "globalización" en el universo de las visiones diferenciantes.

¿Cómo explicar que puedan encontrarse así elevadas, tácitamente, al rango de patrón universal –con relación al cual debe ser analizada y medida toda situación de dominación étnica–,[19] "teorías" de las "relaciones raciales" que

17. E. E. Telles, "Race, Class, and Space in Brazilian Cities", *International Journal of Urban and Regional Research*, 19-3, septiembre de 1995, pp. 395-406; y G. A. Reid, *Blacks and Withes in São Paulo*, 1888-1988, Madison, University of Wisconsin Press, 1992.

18. F. J. Davis, *Who is Black? One Nation's Rule*, University Park, Pennsylvania State Press, 1991, y J. Williamsom, *The New People: miscegenation and Mulattoes in the United States*, New York, New York University Press, 1980.

19. Este status de patrón universal, de "meridiano de Greenwich", con relación al cual son evaluados los avances y los retrasos, los "arcaísmos" y los "modernismos" (la vanguardia), es una de las propiedades universales de los que dominan simbólicamente un universo (cf. P. Casanova, *L'espace littéraire international*, Thèse de doctorat, París, 1997).

son *transfiguraciones conceptualizadas*, y renovadas sin cesar por las necesidades de actualización, de estereotipos raciales de uso común que no son ellos mismos sino justificaciones primarias de la dominación de los blancos sobre los negros?[20] El hecho de que la sociodicea racial (o racista) haya podido "mundializarse", en el curso de los últimos años, perdiendo al mismo tiempo sus características de discurso justificador de uso interno o local, es, sin duda, uno de los testimonios más ejemplares del imperio y del dominio simbólicos que los Estados Unidos ejercen sobre toda especie de producción científica, y sobre todo semi-científica, especialmente a través del poder de consagración que detentan y de los beneficios materiales y simbólicos que procura a los investigadores de los países dominados, la adhesión más o menos asumida o vergonzosa al modelo venido de los Estados Unidos. Pues, uno puede decir, con Thomas Bender, que los productos de investigación han adquirido una "estatura internacional y un poder de atracción" comparable a los "del cine, de la música popular, de los *logiciels* y del basketball americano".[21] En efecto, la violencia simbólica no se ejerce jamás sin una forma de complicidad (arrancada) de los que la sufren, y la "globalización" de los temas de la doxa social americana o de su transcripción, más o menos sublimada, en el discurso semi-científico no sería posible sin la colaboración, consciente o inconsciente, directa o indirectamente interesada, de todos los "pasadores" e importadores de productos culturales con marca o sin marca (editores, directores de instituciones culturales, museos, óperas, galerías, revistas, etc.) que, en el país mismo o en los países "blancos", proponen y propagan, frecuentemente con total buena fe, los productos culturales americanos que, sin estar explícitamente concertados, acompañan, orquestan y a veces incluso organizan el proceso de conversión colectiva a la nueva Meca simbólica.[22]

20. James McKee demuestra a la vez, en su libro maestro, *Sociology and the Race Problem: The Failure of a Perspective*, Urbana and Chicago, University of Illinois Press, 1993, por una parte, que estas teorías con pretensión científica retoman el estereotipo de la inferioridad cultural de los negros y, por otra parte, que se han revelado singularmente inaptas para producir, luego para explicar, la movilización negra de la pre-guerra y los tumultos raciales de los años '60.

21. T. Bender, "Politics, Intellect, and the American University, 1945-1995", *Daedalus*, 126, invierno de 1997, pp. 1-38; sobre la importación de la temática del ghetto en el debate reciente en torno a la ciudad y a sus males, L. Wacquant, "Pour en finir avec le mythe des 'cités-ghettos': les différences entre la France et les Etats-Unis", *Annales de la recherche urbaine*, 52, setiembre de 1992, pp. 20-30.

22. Se encontrará una descripción ejemplar del proceso de transferencia del poder de consagración de París a New York en materia de arte de vanguardia en el libro clásico de Serge Guilbaut, *How*

Pero todos estos mecanismos que tienen por efecto *favorecer* una verdadera "globalización" de las problemáticas americanas, que dan así razón, sobre un punto, a la creencia americano-céntrica en la "globalización" –entendida, simplemente, como *americanización* del mundo occidental y, poco a poco, de todo el universo–, no bastan para explicar la tendencia del punto de vista americano –científico o semi-científico– sobre el mundo, a imponerse como punto de vista universal, sobre todo cuando se trata de cuestiones como la de la "raza", en la que la particularidad de la situación americana es particularmente flagrante y está particularmente lejos de ser ejemplar. Se podría aún invocar, evidentemente, el rol motor que juegan las grandes fundaciones americanas de filantropía y de investigación en la difusión de la doxa racial norteamericana, en el seno del campo universitario brasileño, tanto al nivel de las representaciones como de las prácticas. La Fundación Rockefeller financia un programa sobre "Raza y etnicidad", en la Universidad Federal de Río de Janeiro, así como el Centro de estudios afro-asiáticos (y su revista *Estudos Afro-asiáticos*) de la Universidad Candido Mendes, para favorecer los intercambios de investigadores y de estudiantes. Impone como condición de su asistencia que los equipos de investigación obedezcan a los criterios de *affirmative action* a la americana, lo que plantea problemas espinosos, ya que, como se ha visto, la dicotomía blanco/negro es de aplicación, por lo menos, arriesgada en la sociedad brasileña.

Además del rol de las fundaciones filantrópicas, es necesario, por último, contar, entre los factores que contribuyen a la difusión del "pensamiento USA" en ciencias sociales, la internacionalización de la edición universitaria. La integración creciente de la edición de los libros académicos en lengua inglesa (desde entonces vendidos, frecuentemente, por las mismas editoriales, en los Estados Unidos, en los diferentes países del antiguo Commonwealth británico, pero también en los pequeños países políglotas de la Unión Europea –tales como Suecia y Holanda– y en las sociedades más directamente sometidas a la dominación cultural americana) y la desaparición de la frontera entre edición universitaria y edición comercial han contribuido a alentar la puesta en circulación de términos, temas y tropos de fuerte circulación descontada o constatada que, recíprocamente, deben su poder de atracción al simple hecho de su muy amplia difusión. Por ejemplo, la importante editorial

---

New York Stole the Idea of Modern Art: Abstract Impressionism, Freedom, and the Cold War, Chicago, The University Chicago Press, 1983.

medio-comercial, medio-universitaria (lo que los anglosajones llaman *crossover press*), Basil Blackwell no duda en imponer a sus autores títulos acordes a este nuevo sentido común planetario que contribuye a forjar so capa de hacerse su eco. Tal es el caso de la compilación de textos sobre las nuevas formas de pobreza urbana en Europa y en América reunidos en 1996 por el sociólogo italiano Enzo Mingione, que se ha visto aparecer con el título *Urban Poverty and the Underclass*, contra la opinión de su responsable y de los diversos contribuyentes, puesto que toda la obra tiende a demostrar la vacuidad de la noción de *underclass* (Blackwell ha rechazado, incluso, ponerlo entre comillas).[23] En caso de reticencia muy marcada de los autores, Basil Blackwell tiene el buen juego de pretender que un título que atrae es el único medio de evitar un precio elevado que, de todas formas, mataría al libro en cuestión. Así, decisiones de pura política de mercado editorial orientan la investigación y la enseñanza universitarias en el sentido de la homogeneización y de la sumisión a las modas venidas de América, cuando no hacen decididamente existir "disciplinas" como los *cultural studies*, dominio híbrido, nacido en los años '70 en Inglaterra, que debe su difusión internacional a una política de propaganda editorial exitosa. Así, el hecho de que esta disciplina esté ausente de los campos universitario e intelectual franceses no ha impedido a Routledge publicar un compendio titulado *French Cultural Studies*, sobre el modelo del *British Cultural Studies* (existe también un tomo de *German Cultural Studies*). Y se puede predecir que, en virtud del principio de partenogénesis étnico-editorial en boga hoy, se verá dentro de poco aparecer un manual de *French Arab Cultural Studies*, que haga pareja con su primo de más allá de la Mancha, *Black British Cultural Studies*.

Pero todos estos factores reunidos no pueden dar razón completamente de la hegemonía que la producción americana ejerce sobre el mercado mundial. Por ello, es necesario tomar en cuenta el rol de algunos de los responsables de las estrategias de *import-export* conceptual, mistificadores mistificados que pueden vehiculizar sin saberlo la parte oculta –y frecuentemente maldita– de los productos culturales que hacen circular. ¿Qué pensar, en efecto, de

23. E. Mingione, *Urban Poverty and the Underclass: A Reader*, Oxford, Basil Blackwell, 1996. No se trata aquí de un incidente aislado: en el mismo momento en que este artículo parte a impresión, la misma casa editorial ha entablado un combate furioso con los urbanólogos Ronald van Kempen y Peter Marcuse, a fin de que éstos cambien el título de su obra colectiva, *The Partitioned City*, por *Globalizing Cities*.

esos investigadores americanos que van a Brasil a alentar a los líderes del *Movimiento Negro* a adoptar las tácticas del movimiento afro-americano de defensa de los derechos civiles y a denunciar la categoría de *pardo* (término intermedio entre *branco*, blanco, y *preto*, negro, que designa a las personas de apariencia física mixta), a fin de movilizar a todos los brasileños de ascendencia africana sobre la base de una oposición dicotómica entre "afro-brasileños" y "blancos", en el momento mismo en que, en los Estados Unidos, los individuos de origen mixto se movilizan a fin de obtener del Estado americano (comenzando por la Oficina de empadronamiento) el reconocimiento oficial de los americanos "mestizos", dejando de ordenarlos a la fuerza bajo la única etiqueta "negro"?[24] Semejantes constataciones autorizan a pensar que el descubrimiento tan reciente como súbito de la "globalización de la raza"[25] resulta, no de una brusca convergencia de los modos de dominación etno-racial en los diferentes países, sino de la cuasi-universalización del *folk concept* norteamericano de "raza" bajo el efecto de la exportación mundial de las categorías científicas americanas.

Se podría hacer la misma demostración a propósito de la difusión internacional del verdadero-falso concepto de *underclass* que, por un efecto de *allodoxia* transcontinental, ha sido importado por los sociólogos del viejo continente más deseosos de formarse una segunda juventud científica surfeando sobre la oleada de popularidad de los conceptos *made in USA*.[26] Para avanzar rápido, los investigadores europeos entienden "clase" y creen hacer referencia a una nueva posición en la estructura del espacio social urbano, mientras sus colegas americanos entienden *"under"* y piensan en un montón de pobres peligrosos e inmorales, en una óptica resueltamente victoriana y racistoide. Sin embargo, Paul Peterson, profesor de politología en Harvard y director del "Comité de investigación sobre la *underclass* urbana" del Social Science Research Council (financiado allí también por las fundaciones

24. J. M. Spencer, *The New York Colored People: The Mixed Race Movement in America*, New York, New York University, 1997, y K. DaCosta, *Remaking "Race": Social Bases and Implications of de Multiracial Movement in America*, Thèse de doctorat, Université de Californie, Berkeley, 1998.

25. H. Winant, "Racial Formation and Hegemony: Global and Local Developments", en: A. Rattanski y S. Westwood (eds.), *Racism, Identity, Ethnicity*, Oxford, Basil Blacwell, 1994, e *ibidem, Racial Conditions*, Minneapolis, University of Minnesota Press, 1995.

26. Como lo había señalado hace ya algunos años John Westergaard en su alocución presidencial ante la British Sociological Association: "About and Beyon the Underclass: Some Notes on the Influence of the Social Climate on British Sociology Today", *Sociology*, 26-4, julio-setiembre de 1992, pp. 575-587.

Rockefeller y Ford), no deja subsistir ningún equívoco cuando resume, con aprobación, las enseñanzas de un gran coloquio sobre la *underclass* mantenido en 1990 en Chicago, en estos términos, que prescinden de todo comentario: "El sufijo '*class*' es el componente menos interesante del término. Aunque implica una relación entre dos grupos sociales, los términos de esta relación quedan indeterminados mientras que no se agregue a él el término más familiar '*under*'. '*Under*' sugiere algo de bajo, de vil, de pasivo, de resignado y, al mismo tiempo, algo de vergonzoso, de peligroso, de disruptivo, de sombrío, de maléfico, incluso de demoníaco. Y, además de estos atributos personales, implica la idea de sumisión, de subordinación, y de miseria".[27]

En cada campo intelectual nacional, se encuentran "pasadores" (a veces uno solo, a veces varios) para retomar este mito sabio y reformular en estos términos alienados la cuestión de las relaciones entre pobreza, inmigración y segregación en sus países. Así, no tienen mayor importancia los artículos y obras que se proponen probar –o invalidar, lo que viene a ser casi lo mismo–, con una bella aplicación positivista, la "existencia" de este "grupo" en tal sociedad, ciudad o barrio, a partir de indicadores empíricos la mayoría de las veces mal construidos y mal correlacionados entre ellos.[28] Pues, plantear la cuestión de saber si existe una *underclass* (término que ciertos sociólogos franceses no han dudado en traducir como *"sous-classe"*, esperando sin duda introducir el concepto de *sous-hommes*) en Londres, Lyón, Leiden o Lisboa, es suponer –como mínimo–, por una parte, que el término está dotado de cierta consistencia analítica y, por otra parte, que tal "grupo" existe perfectamente en los Estados Unidos.[29] Pues la noción medio-periodística y medio-científica de *underclass* está tan desprovista de coherencia semántica como de existencia

27. C. Jenks y P. Peterson (eds.), *The Urban Underclass*, Washington, Brookings Institution, 1999, p. 3.

28. Pueden considerarse tres ejemplos entre muchos otros: T. Rodant, "An Emerging Ethnic Underclass in the Netherlands? Some Empirical Evidence", *New Community*, 19-1, octubre de 1992, pp. 129-141; J. Dangschat, "Concentration of Poverty in the Landscapes of 'Boomtown' Hamburg: The Creation of a New Urban Underclass?", *Urban Studies*, 31-77, agosto de 1994, pp. 1133-1147; y C. T. Whelm, "Marginalization, Deprivation, and Fatalism in the Republic of Ireland: Class and Underclass Perspectives", *European Sociological Review*, 12-1, mayo de 1996, pp. 33-51.

29. Tomándose mucho trabajo para argüir una evidencia, al hecho de que el concepto de *underclass* no se aplique en las ciudades francesas, Cyprien Avenel acepta y refuerza la idea preconcebida según la cual éste sería operatorio en los Estados Unidos ("La question de l'*underclass* des deux côtés de l'Atlantique", *Sociologie du travail*, 39-2, abril de 1997, pp. 211-237).

social. Las poblaciones heteróclitas que los investigadores americanos incluyen habitualmente bajo este término –tributarios de la asistencia social y desocupados crónicos, madres solteras, familias monoparentales, desechos del sistema escolar, criminales y *gangsters*, drogados y desalojados, cuando no todos los habitantes del ghetto a granel– no deben ser incluidos en esta categoría *fourre-tout* sino por el hecho de que son percibidas como otras tantas desmentidas vivientes del "sueño americano" de éxito individual. El "concepto" emparentado de "exclusión" es comúnmente empleado en Francia y en numerosos otros países europeos (bajo la influencia de la Comisión Europea especialmente), en la frontera de los campos políticos, periodístico y científico, con funciones similares de des-historización y de despolitización. Lo que da una idea de la inanidad de la empresa que consiste en retraducir una noción inexistente por otra más que incierta.[30]

La *underclass* no es, en efecto, sino un grupo ficticio, producido sobre el papel por las prácticas de clasificación de los científicos, periodistas y otros expertos en gestión de los pobres (negros urbanos), que comulgan en la creencia en su existencia porque es adecuada para restituir una legitimidad científica a unos y un tema políticamente rentable a los otros.[31] Inapto e inepto en el caso americano, el concepto de importación no aporta nada al conocimiento de las sociedades europeas. En efecto, los instrumentos y las modalidades del gobierno de la miseria están lejos de ser idénticos en los dos lados del Atlántico, sin hablar de las divisiones étnicas y de su status político.[32] De ello se deriva que las "poblaciones con problemas" no están definidas ni tratadas de la misma manera en Estados Unidos y en los diferentes países del viejo mundo. Y lo más extraordinario es, sin duda, que, según una paradoja ya encontrada con motivo de otros falsos conceptos de la vulgata mundializada, esta noción de *underclass* que nos llega de América ha nacido de hecho en Europa, exactamente igual que la de ghetto, la que tiene por función ocultar en razón de la censura política severa que pesa sobre la investigación de la desigualdad urbana y racial en los

30. N. Herpin, "L'underclass dans la sociologie américaine: exclusion sociale et pauvreté", *Revue française de sociologie*, 34-3, julio-setiembre de 1993, pp. 421-439.
31. L. Wacquant, "L'underclass' urbaine dans l'imaginaire social et scientifique américain", en: S. Paugam (ed.), *L'exclusion: l'état des savoirs*, París, Editions La Découverte, 1996, pp. 248-262.
32. Estas diferencias se enraízan en zócalos históricos profundos, como lo indica la lectura comparada de los trabajos de Giovanna Procacci y Michael Katz: G. Procacci, *Gouverner la misère: la question sociale en France, 1789-1848*, París, Seuil, 1993; y M. Katz, *In the Shadow of the Poorhouse: A History of Welfare in America*, New York, Basic Books, 1997, nueva edición.

Estados Unidos. Es el economista Gunnar Myrdal quien la había forjado en los años '60, a partir del sueco *onderklass*. Pero su intención era entonces describir el proceso de marginalización de las fracciones inferiores de la clase obrera de los países ricos, para criticar la ideología del aburguesamiento generalizado de las sociedades capitalistas.[33] Puede verse cómo el rodeo por América puede transformar una idea: de un concepto estructural que apunta a poner en cuestión la representación dominante, ha salido una categoría behaviorista recortada a medida para reforzarla, imputando a los comportamientos "antisociales" de los más desposeídos la responsabilidad de su desposesión.

Estos malentendidos se deben, por una parte, al hecho de que los "pasadores" transatlánticos de los diversos campos intelectuales importadores, que producen, reproducen y hacen circular todos estos (falsos) problemas descontando al paso su pequeña parte de beneficio material o simbólico, están expuestos –por su posición y por sus habitus científicos y políticos–, a una doble heteronomía. Por una parte, miran hacia América, centro supuesto de la (pos) "modernidad" social y científica, pero ellos mismos son dependientes de los investigadores americanos que exportan hacia el extranjero productos intelectuales (frecuentemente ajados), puesto que generalmente no tienen conocimiento directo y específico de las instituciones y de la cultura americanas. Por el otro, se inclinan hacia el periodismo, hacia las seducciones que propone y los éxitos inmediatos que procura, y, al mismo tiempo, hacia los temas que florecen en la intersección de los campos mediático y político –por lo tanto, en el punto de rendimiento máximo sobre el mercado exterior (como lo demostraría un inventario de las recensiones complacientes que reciben sus trabajos en las revistas)–. De donde su predilección por problemáticas *soft* –ni verdaderamente periodísticas (se engalanan de conceptos), ni completamente científicas (se enorgullecen de estar en simbiosis con "el punto de vista de los actores")–, que no son sino la retraducción semi-científica de los problemas sociales del momento en un idioma importado de los Estados Unidos (etnicidad, identidad, minoría, comunidad, fragmentación, etc.) y que se suceden según un orden y un ritmo dictado por los medios de comunicación: juventud de los barrios suburbanos, xenofobia de la clase obrera en decadencia, desajustes de los *licéens* y de los estudiantes, violencias urbanas, etc. Estos sociólogos-periodistas, siempre dispuestos a comentar los "hechos de sociedad", en un lenguaje a la vez accesible y "modernista", por lo tanto, frecuentemente percibido como vagamente progresista (por referencia a los "arcaísmos" del viejo

33. G. Myrdal, *Challenge to Affluence*, New York, Pantheon, 1963.

pensamiento europeo), contribuyen, de manera particularmente paradójica, a la imposición de una visión del mundo que está lejos de ser incompatible, a pesar de las apariencias, con las que producen y vehiculizan los grandes *think tanks* internacionales, más o menos directamente conectados con las esferas del poder económico y político.

Quienes en los Estados Unidos están comprometidos, frecuentemente sin saberlo, en esta inmensa empresa internacional de *import-export* cultural, ocupan en su mayoría una posición dominada en el campo del poder americano, e incluso muy frecuentemente en el campo intelectual. Del mismo modo que las producciones de la gran industria cultural americana, como el jazz o el rap, o las modas de la ropa y de los alimentos más comunes, como el jean, deben una parte de la seducción casi universal que ejercen sobre la juventud al hecho de que son producidas y llevadas por minorías dominadas,[34] de igual modo los tópicos de la nueva vulgata mundial sacan, sin duda, una buena parte de su eficacia simbólica del hecho de que, portados por especialistas de disciplinas percibidas como marginales y subversivas –tales como los *cultural studies*, los *minority studies*, los *gay studies* o los *women studies*–, toman –a los ojos, por ejemplo, de los escritores de las antiguas colonias europeas– el cariz de los mensajes de liberación. En efecto, el imperialismo cultural (americano u otro) no se impone jamás mejor que cuando es favorecido por intelectuales progresistas (o "de color", en el caso de la desigualdad racial), poco sospechosos en apariencia de promover los intereses hegemónicos de un país contra el cual portan la lanza de la crítica social. Así, los diversos artículos que componen el número de verano de 1996 de la revista *Dissent*, órgano de la "vieja izquierda" democrática neoyorquina, consagrado a las "Minoridades en lucha sobre el planeta: derechos, esperanzas, amenazas",[35] proyectan sobre el conjunto de la humanidad, con la nueva conciencia humanista característica de cierta izquierda académica, no solamente el sentido común *liberal* norteamericano, sino la noción de *minority* (sería necesario conservar siempre el término inglés, para recordar que se trata de un concepto nativo importado en la teoría, e, incluso, originario de Europa) que presupone, aun aquello cuya existencia real o posible se trataría de demostrar:[36] que categorías recortadas en el

34. R. Fantasia, "Everything and Nothing: The Meaning of Fast-Food and Other American Cultural Goods in France", *The Tocqueville Review*, 15-7, 1994, pp. 57-88.

35. "Embattled Minorities around the Globe: Rights, Hopes, Threat", *Dissent*, verano de 1996.

36. El problema de la lengua, evocado aquí de paso, es de los más espinosos. Al saber las precauciones que toman los etnólogos en la introducción de términos nativos, uno puede asombrarse, aunque también sepa todos los beneficios simbólicos que aporta este barniz de

seno de un Estado-nación, dado a partir de rasgos "culturales" o "étnicos", tienen el deseo y el derecho de exigir un reconocimiento cívico y político *en cuanto tales*. Pues, las formas bajo las cuales los individuos buscan hacer reconocer su existencia y sus pertenencias por el Estado varían según los lugares y los momentos en función de las tradiciones históricas y constituyen siempre una apuesta de luchas en la historia. Así, un análisis comparativo en apariencia riguroso y generoso puede, incluso sin que sus autores tengan conciencia de ello, contribuir a hacer aparecer como universal una problemática hecha por y para americanos.

Se acaba, así, en una doble paradoja. En la lucha por el monopolio de la producción de la visión del mundo social universalmente reconocida como universal, en la que ocupan hoy una posición eminente, incluso dominante, los Estados Unidos, son bastante excepcionales; pero su excepcionalismo no se sitúa allá donde la sociodicea y la ciencia social nacionales están de acuerdo en situarlo, es decir, en la fluidez de un orden social que ofrece posibilidades extraordinarias a la movilidad (especialmente por comparación con las

---

modernity, de que los profesionales de las ciencias sociales pueblan su lenguaje científico de tantos "falsos amigos" teóricos fundados sobre el simple calco lexicológico (*minority*, minoría, *profession*, profesión liberal, etc.) sin ver que estos términos morfológicamente gemelos están separados por toda la distancia entre el sistema social en el cual han sido producidos y el nuevo sistema en el cual son introducidos. Los más expuestos a la *fallacy* del "falso amigo" son evidentemente los ingleses porque hablan en apariencia la misma lengua, pero también porque frecuentemente han aprendido sociología en manuales, *readers* y libros americanos, no tienen gran cosa para oponer a la invasión conceptual, salvo vigilancia epistemológica extrema. (Existen, desde luego, polos de resistencia demostrada a la hegemonía americana, como, por ejemplo, en el caso de los estudios étnicos, alrededor de la revista *Ethnic and Racial Studies*, dirigida por Martin Bulmer, y del grupo de estudio del racismo y de las migraciones de Robert Miles de la Universidad de Glasgow; pero estos paradigmas alternativos, cuidadosos de tomar plenamente en cuenta las especificidades del orden británico, no tienen que definirse menos por oposición a las concepciones americanas y a sus derivadas británicas.) De ello se deriva que Inglaterra está estructuralmente predispuesta a oficiar de caballo de Troya, por lo cual las nociones del sentido común científico americano penetran en el campo intelectual europeo (sucede lo mismo tanto en materia intelectual como en política económica y social). En Inglaterra, la acción de las fundaciones conservadoras y de los intelectuales-mercenarios es la más antiguamente establecida, la más sostenida y la más rentable. Testimonio de ello son la difusión del mito científico de la *underclass* a continuación de intervenciones ultra-mediatizadas de Charles Murray –experto del Manhattan Institute y gurú intelectual de la derecha liberal en los Estados Unidos–, y de su compañero, el tema de la "dependencia" de los desposeídos respecto a las ayudas sociales, que Tony Blair se propone hoy reducir drásticamente a fin de "liberar" a los pobres de la "picota" de la asistencia –como lo ha hecho Clinton para sus primos de América en el verano de 1996.

estructuras sociales rígidas del *viejo* continente): los estudios comparativos más rigurosos están de acuerdo en concluir que los Estados Unidos no difieren profundamente sobre este punto de las otras naciones industriales, incluso que el abanico de las desigualdades es allí claramente más abierto.[37] Si los Estados Unidos son realmente excepcionales, según la vieja temática tocquevilleana, incansablemente retomada y periódicamente reactualizada, es antes que nada por el *dualismo rígido* de las divisiones del orden social. Es más todavía por su capacidad de imponer como universal lo que ellos tienen de más particular, mientras hacen pasar por excepcional lo que tienen de más común.

Si es verdad que la des-historización que resulta, casi inevitablemente, de la migración de las ideas a través de las fronteras nacionales es uno de los factores de des-realización y de falsa universalización (por ejemplo, con los "falsos amigos" teóricos), entonces sólo una verdadera historia de la génesis de las ideas sobre el mundo social, asociado a un análisis de los mecanismos sociales de la circulación internacional de estas ideas, podría conducir a los científicos, en este dominio como en otra parte, a un mejor dominio de los instrumentos con los cuales argumentan sin inquietarse previamente en argumentar a propósito de ellos.[38]

37. Cf. especialmente R. Erickson y J. Goldthorpe, *The Constant Flux: A Study of Mobility in Industrial Societies*, Oxford, Clarendon Press, 1992; Erik Olin Wrigth llega al mismo resultado con una metodología sensiblemente diferente, en *Class Counts: Comparative Studiesin Class Inequality*, Cambridge-París, Cambridge University Press-Editions de la Maison des Sciences de l'Homme, 1997; sobre los determinantes políticos de la escala de las desigualdades en los Estados Unidos y su crecimiento durante las dos últimas décadas, C. Fischer *et al.*, *Inequality by Design: Craking the Bell Curve Myth*, Princeton, Princeton University Press, 1996.

38. En una obra esencial para medir plenamente la parte de inconsciente histórico que sobrevive, bajo una forma más o menos irreconocible y reformulada, en las problemáticas científicas de un país, y el peso histórico que da al imperialismo académico americano una parte de su extraordinaria fuerza de imposición, Dorothy Ross revela como las ciencias sociales americanas (economía, sociología, politología y psicología) son construidas de entrada sobre dos dogmas complementarios constitutivos de la doxa nacional, el "individualismo metafísico" y la idea de una oposición diametral entre el dinamismo y la flexibilidad del "nuevo" orden social americano, por una parte, y el estancamiento y la rigidez de las "viejas" formaciones sociales europeas, por el otro. Ver: D. Ross, *The Origins of American Social Science*, Cambridge, Cambridge University Press, 1991. Dos dogmas fundadores de los cuales se encuentran retraducciones directas en el lenguaje ostentatoriamente depurado de la teoría sociológica, para el primero, con la tentativa canónica de Talcott Parsons de elaborar una "teoría voluntarista de la acción", y, más recientemente, en el resurgimiento de la teoría llamada de la elección racional, y, por el segundo, con la "teoría de la modernización" que reina por completo sobre el estudio del cambio social en las tres décadas de posguerra, y que hace hoy un regreso inesperado en los estudios post-soviéticos.

Una revolución conservadora en la edición*

El editor es el que tiene el poder totalmente extraordinario de asegurar la *publicación*, es decir, de hacer acceder un texto y un autor a la existencia *pública (Öffentlichkeit)*, conocido y reconocido.[1] Esta suerte de "creación" implica la mayoría de las veces una *consagración*, una *transferencia de capital simbólico* (análoga a la que opera un prefacio) que es tanto más importante cuanto quien la realiza está él mismo más consagrado, especialmente a través del "catálogo" –conjunto de los autores más o menos consagrados–, que ha publicado en el pasado.

* "Une révolution conservatrice dans l'édition", *Actes de la recherche en sciences sociales,* 126-127, marzo de 1999, pp. 3-28.
Este trabajo se apoya en una investigación bibliográfica y en una recolección de datos estadísticos en los archivos y en editoriales, que han sido realizados por Paul Dirkx; en 38 entrevistas en profundidad (y a veces repetidas) realizadas a editores y a directores de colección distribuidos en el conjunto del campo editorial, de los traductores, de los críticos, de los responsables administrativos, de los agregados de prensa, de los responsables de la gestión de los derechos extranjeros, que han sido dirigidas por Pierre Bourdieu, Rosine Christin, Paul Dirkx, Saliha Felahi, Claire Givry, Isabelle Kallinowski. Los datos sometidos al análisis estadístico han sido preparados y controlados por Rosine Christin. La realización y la transcripción de las entrevistas han sido financiadas por el observatorio *France-Loisirs* de la lectura.

1. Joachim Unseld ha analizado, a propósito del caso de Kafka, la figura casi divina del editor cuyos "veredictos" pueden sacar de la nada o, al contrario, devolverlo allí, al escritor que se remite a él. J. Unseld, *Franz Kafka, une vie d'écrivain: histoire de ses publications*, París, Gallimard, 1984.

Conocimiento y desconocimiento

Para comprender el proceso de selección que, en el interior de la producción escrita, distingue lo "publicable" de lo "impublicable" (para un editor particular y también, y sobre todo, para el conjunto de los editores), es necesario evidentemente tomar en cuenta el *dispositivo institucional* (comités de lectura, lectores, directores de colección especializados o no, etc.) que, en cada editorial, está encargado de operar la selección entre los manuscritos propuestos (a través de los intermediarios y de los intercesores o por simple envío postal).[2] Más precisamente, es necesario aprehender las relaciones objetivas entre los diferentes agentes que contribuyen a la decisión de publicar, es decir, además de las comisiones y de los comités, instancias especialmente habilitadas para este fin, el editor mismo y sus allegados, los directores de colección, los lectores, el personal administrativo, los consejeros influyentes que pueden actuar como directores de colección oficiosos, y, por último, los traductores, que, en más de un caso, orientan la publicación de autores extranjeros.

Pero toda la lógica del campo editorial y de la creencia literaria que allí se engendra inclinan a olvidar que las interacciones, más o menos encantadas, de las cuales cada microcosmo editorial es el lugar, están determinadas por la estructura del campo editorial en su conjunto: es ella, especialmente, quien determina el tamaño y la estructura de la unidad responsable de la decisión (va del "decisor" único, al menos en apariencia, de las pequeñas editoriales, hasta el verdadero campo de poderes diferenciados de las grandes editoriales); es ella la que define el peso relativo, en las relaciones entre los diferentes agentes, de los diferentes criterios de evaluación que los inclinan, por ejemplo, a propender hacia el lado de lo "literario" o hacia el lado de lo "comercial" o, según la vieja oposición cara a Flaubert, a privilegiar el arte o el dinero. En efecto, cada editorial ocupa, en un momento dado, una *posición* en el campo editorial, que depende de su posición en la distribución de los recursos raros (económicos, simbólicos, técnicos, etc.) y de los poderes que ellos confieren sobre el campo; es esta posición estructural la que orienta las *tomas de posición* de sus "responsables", sus estrategias en materia de

2. Cf. A. Simonin y P. Fouché, "Comment on a refusé certains de mes livres. Contribution à une histoire sociale du littéraire ", en: *Actes de la recherche en sciences sociales*, 126-127, marzo de 1999, pp. 103-115.

publicación de obras francesas o extranjeras, definiendo el sistema de las coacciones y de los fines que se imponen a ellos y los "márgenes de maniobra", frecuentemente muy estrechos, abandonados a las confrontaciones y a las luchas entre los protagonistas del juego editorial. El más importante de los cambios observados en la política editorial de las diferentes editoriales puede, así, estar relacionado a cambios de la posición que ellas ocupan en el campo, el desplazamiento hacia las posiciones dominantes se acompaña de un reforzamiento de la tendencia a privilegiar la gestión de los logros en detrimento de la búsqueda de la innovación y a poner el capital simbólico detentado al servicio de autores mucho más "comerciales", los que no eran, en los tiempos heroicos de los comienzos, los que han contribuido a la acumulación de ese capital.[3]

Contra la ilusión de la autonomía de los lugares de "decisión" visibles, que lleva a ignorar las coacciones del campo, bastará con recordar, por ejemplo, que el conjunto de los textos ofrecidos a la "elección" de los "responsables" editoriales es ya él mismo el producto de una selección reglada por la lógica diacrítica del campo: en efecto, los autores se orientan, en la ubicación de sus manuscritos, en función de una representación más o menos justa de los diferentes editores o, al menos, de aquellos a quienes están ligados nombres de escuelas ("la nueva novela") o grandes nombres propios, del presente o del pasado; es esta representación la que guía la conducta de todos los actores, los editores mismos, pero también los críticos, particularmente sensibles al efecto de etiqueta ejercido por las cubiertas ("la Blanche" de Gallimard), los directores de colección y todos los intermediarios, que, por sus intervenciones o sus consejos (deberías llevar tu manuscrito a Fulano...), favorecen el ajuste, frecuentemente exaltado como "descubrimiento", entre un editor y un autor. En efecto, a cada posición en el campo editorial está ligado un sistema de coacciones y de fines al menos negativamente definidos, y frecuentemente redoblados por las disposiciones de los agentes (ellas mismas ajustadas, en la mayoría de los casos, a la posición) que tiende a orientar a sus ocupantes hacia una clase más o menos amplia de tomas de posición.

3. Para evaluar el capital simbólico ligado a una editorial y a su nombre y, a través de ella, a todos sus miembros y a todos sus autores, habrá que apoyarse en un conjunto de características que contribuyen a la representación colectiva de esta editorial como perteneciente a la "nobleza" de la profesión: la antigüedad (que, en todos los universos sociales está asociada a la nobleza), la importancia y la calidad del fondo editorial, medido con el número de escritores consagrados y clásicos, y en particular con el número de laureados al premio Nobel.

Podemos apoyarnos, para hacer sentir mejor la diferencia entre la visión estructural del juego y la visión que tienen de él los jugadores, incluso los más lúcidos, en un testimonio tan valioso como el de Michel Deguy que evoca la experiencia que él ha hecho del santo de los santos del templo literario, el "Comité" de Gallimard.[4] Esta experiencia, que es la del encantamiento seguido del desencantamiento, forma parte integrante de la verdad completa de un juego que, como la producción literaria, descansa sobre la creencia. La coacción de la estructura que el análisis objetivista actualiza, armado de la estadística, no puede imponerse, en efecto, sino a los que están dispuestos a *reconocer* todos los soportes visibles de la fe literaria, atributos míticos de la "gran editorial", como el "salón oval" o el "comité", y sus encarnaciones temporales, personas y nombres familiares, Gastón, Claude o Antoine, y reservados a los verdaderos familiares, tuteos selectivos, tics y trucos en uso en las interacciones siempre sutilmente jerárquicas de aquello que los allegados mismos llaman "la corte". Estos "elegidos" son también las víctimas de elección de la violencia simbólica que sufren con una suerte de arrobamiento y que podrá aparecerles súbitamente, retrospectivamente, gracias a una crisis. Habitados por la creencia en la literatura, están inclinados –al menos hasta la desilusión final, que, como en los cuentos, rompe súbitamente el encanto– a *desconocer* la verdad de las relaciones sociales de dominación a las que ella posibilita: "La decepción de los miembros del comité llega cada vez que están extremadamente asombrados por sufrir que la reunión efectiva no se parece en nada a la que debería parecer, si tuvieran todavía la procedencia y la imposición simbólica en su red".[5] Abismo que se abre súbitamente entre la apariencia a distancia y la realidad a vista cercana o, más exactamente, entre la experiencia desencantada de lo real ordinario y los entusiasmos fetichistas de la *illusio*, ligada a naderías, como las inflexiones inimitables e inolvidables de las voces de Jean Paulhan o de Raymond Queneau o los misterios apenas decibles de la "copa" –simple "vaso" en cualquier otro lugar banal–, que clausura las sesiones del "comité" y que se encuentra, allá, investida de los prestigios y de los misterios de una suerte de Cena literaria. Doble verdad que puede ser vivida por relampagueos en el desdoblamiento casi esquizofrénico de los que saben y no quieren saberlo, y que están separados sin cesar de la verdad de la institución y de lo que allí hacen, por la pantalla de una *denegación* individual y colectiva constantemente mantenida.

4. Michel Deguy, *Le Comité, Confessions d'un lecteur de grande editorial*, Seysel, Champ Vallon, 1988.
5. Michel Deguy, *op. cit.*, p. 31. Ver también p. 64.

Descubrir que el comité no cumple verdaderamente su función oficial de selección (puesto que la decisión pertenece, de hecho, al presidente y a su "secretaría" y que, según las declaraciones de los iniciados, "un libro para ser editado debe 'no' pasar por el comité")[6] no es, sin embargo, percibir la verdadera utilidad, la de banco de *capital social y de capital simbólico* a través del cual la editorial puede ejercer su imperio sobre las academias y los premios literarios, sobre la radio, la televisión y los periódicos, siendo conocidos varios de los miembros del comité por la extensión de su red de enlaces literarios (dos de entre ellos están citados en un artículo consagrado a las treinta personalidades más poderosas de la edición,[7] y cerca de la mitad son responsables de emisiones y de tribunas críticas en las radios o en los periódicos).[8]

Para salir del ejemplo de Gallimard, se puede tomar el caso de Grasset. Ives Berger, director literario es muy influyente cerca de los grandes premios; Jean-Paul Enthoven, director editorial, y consejero de redacción en *Point*; Manuel Carcassone, director literario adjunto, escribe en *Point* y en *Figaro*; Bernard Hénri-Lévy, que dirige la colección "Figures" y la revista *La Règle du jeu* y es consejero literario, tiene una crónica en *Point y* es omnipresente en los medios de comunicación; Hector Bianchotti es miembro de la Academia francesa; Dominique Fernandez y François Nourissier, consejeros literarios titulares de la editorial, escriben en *Le Monde*, el primero, y en *Le Nouvel Observateur*, el segundo, y participan en numerosos jurados, Fernandez en el Medicis y Nourissier en el Goncourt, este último también crítico en *Figaro Magazine* y en *Point*.

Y para observar la forma que toma, en el plano propiamente literario, el doble juego consigo mismo que autoriza la doble verdad de una experiencia donde coexisten la visión mítica (o ideal) y todo lo que visiblemente la contradice –como el reemplazo por los Labro, Gisbert, Deniau o Jardin de estos "verdaderos grandes autores que precisamente han formado el prestigio de la NRF desde hace un siglo y hacen fieles todavía hoy a su conjunto de lectores"–,[9] basta leer las cartas, especialmente la primera, que otro miembro del

6. Michel Deguy, *op. cit.*, p. 111.

7. A. Liebaert, "Les Parrains de l'édition", en: *L 'Evénement du jeudi,* 19 de marzo de 1998.

8. No ha escapado a Michel Deguy (*op. cit.*, p. 26) que su evicción del "comité" es, sin duda, ella misma un testimonio de la función verdaderamente impartida a esta instancia; es tan claro que, autor esotérico y reservado –por lo tanto, muy poco mediático–, Michel Deguy no podía aportar a la institución los beneficios asociados a la posesión de un fuerte capital específico.

9. Jean Lahougue, *in* Jean-Michel Laclavetine y J. Lahougue, *Écriverons et liserons en vingt lettres,* Seyssel, Camp Vallon, 1998, p. 28.

comité, Jean-Marie Laclavetine, escritor investido del estatuto de lector-selector, dirige a Jean Lahougue, escritor rechazado (después de haber sido publicado en otros tiempos), para justificar su rechazo. Ellas enuncian bajo el modo de la *evidencia* las expectativas tácitas que, devenidas constitutivas del dogma o, peor, de la *doxa* literaria de la "gran editorial", orientan las aceptaciones o los rechazos:[10] "la sólida composición de los relatos del último siglo", la "consistencia de los personajes principales", la "fluidez y la simplicidad de la narración", "el acto de creación solitaria que escapa a las determinaciones coyunturales" –designadas más arriba como "socio-económico-históricas"–, "la vida presentada accesible, legible, sensible al lector", etc. Tales evidencias fundamentan el rechazo de la "teoría", asociada al "terrorismo de los años '60", como dicen los *interview* de editores –y no solamente "comerciales"– o las recensiones de las críticas –no siempre conscientemente conservadoras– y que sirven de justificación a una de las más extraordinarias restauraciones literarias, a un retorno de la ortodoxia, como creencia (*doxa*) derecha (*orthè*) "y" de derecha.[11] Y sería necesario también –pero ese será el objeto de todo este artículo– describir los mecanismos y, en particular, los antagonismos entre las empresas establecidas y los pequeños editores debutantes, que deben, para imponerse, volver a las fuentes mismas de la creencia artística y a las observancias más estrictas de la religión del arte, y que contribuyen así a mantener, entre ellos mismos y entre los otros, la ilusión necesaria de que todo el campo obedece a las leyes no escritas del arte puro y perfectamente desinteresado, que "la lógica espectacular mercantil no es todavía tan poderosa en la edición francesa[12] y que siempre hay, incluso en Gallimard, gente para 'sufrir' (Michel Deguy emplea este término), por ver lo que se ha hecho de lo que fue la fábrica 'número uno' de lo literario".[13]

Y es significativo que el observador más lúcido pueda dejar escapar los cambios estructurales que se expresan en el interior del microcosmo familiar, a la vez exaltado e íntimamente detestado, y que termine por imputar a personas o a arreglos organizacionales apenas concertados (especialmente la secretaría), tendencias y evoluciones que, conociendo de cerca

10. Jean-Michel Laclavetine y J. Lahougue, *op. cit.*, pp. 8, 32 y 56.

11. Jean-Michel Laclavetine, *in* Jean-Michel Laclavetine y J. Lahougue, *op. cit.*, p. 32 (" Los años más productivos en el plano de la teoría literaria [*grosso modo* 1955-1975] han sido también los más pobres en materia de creación novelesca").

12. Jean Lahougue, *in* Jean-Michel Laclavetine y J. Lahougue, *op. cit.*, p. 22.

13. Michel Deguy, *op. cit.*, p. 31.

a quienes son considerados los responsables, no puede ver que son, hablando con propiedad, "sin sujeto". Como es siempre el caso de la experiencia ordinaria del mundo ordinario, ocurre que la verdad de la estructura es percibida apenas, por relampagueos, sin que la percepción práctica de las causas y de las razones se encuentre radicalmente transformada: "Y es posible que sea *fatal* la estrategia, no de Gallimard ni de nadie en particular, sino más bien de la 'época', y que conduzca a una editorial de la grandeza original de su estilo a las mutaciones de su propia falsificación (...) luego a las monotonías del tráfico atestado de las influencias y del juego periodístico (...) del deslizamiento de 'valores' (...) a los valores económico-culturales; (...) es posible que no se haya debido a ninguna 'gran' decisión de adaptar la edición a una época que exige los grandes tirajes (...), la renovación de los stocks (...), las puestas de bolsillo, la descalificación, luego la caja, ensayos o poemas".[14] ¿Por qué la explicación estructural, que se esboza allí, no juega en definitiva casi ningún rol, ni para la conducción de la acción ni para la comprensión de los comportamientos propios o ajenos? Quizás porque al no haber sido buscada verdaderamente por sí misma y metódicamente planteada hasta el fin con todos los medios de investigación disponibles (la definición misma de la intención científica está muy lógicamente excluida de la práctica), no puede proporcionar la visión sistemática del juego concebido y construido como tal, que procura el trabajo de investigación y del cual uno puede armarse para desbaratar la apariencia de fatalidad y superar el fatalismo.[15]

La estructura del campo editorial

Si se quiere evitar caer en esta otra forma de fatalismo, que consiste en imputar todo lo que sobreviene en el mundo de la edición a fuerzas económicas fuera de asidero ("la mundialización") o a la manifestación de esas fuerzas en el seno del mundo de la edición ("los dos grandes grupos"), es necesario tomar por objeto el campo editorial como espacio social relativamente autónomo –es decir, capaz de retraducir, según su propia lógica,

14. Michel Deguy, *op. cit.*, pp. 17-18.

15. Sin embargo, es necesario cuidarse de sobrestimar los efectos prácticos del conocimiento científico que, en los usos ordinarios de la vida, puede coexistir con una experiencia ingenua inalterada.

todas las fuerzas externas, económicas y políticas, especialmente–, en el cual las estrategias editoriales encuentran su principio. Para analizar los determinantes de estas estrategias, era importante tener en cuenta, entre las empresas dotadas de una existencia nominal (atestiguada, al menos, por la presencia de un nombre de marca sobre una cubierta –Fayard, Laffont, etc.–), a las que disponen de una autonomía suficiente como para tener una política editorial propia. Selección difícil, por el hecho de que, como ocurre también en el campo de las empresas industriales y comerciales tomadas en su conjunto,[16] las editoriales están unidas por toda una red de relaciones complejas, financieras (a través de las participaciones más o menos importantes en el capital), comerciales (a través de la difusión), y familiares. Otra dificultad, pero de otro orden, es el cierre extremo de un medio profesional muy preocupado por protegerse de las intrusiones y de las interrogaciones, y poco inclinado a proporcionar informaciones estratégicas, especialmente sobre las ventas o sobre las características sociales de los dirigentes.[17]

La población estudiada está compuesta por 61 editores de literatura francesa o traducida, que han publicado entre julio de 1995 y julio de 1996, y de los cuales 56 han sido tratados como elementos activos y 5 como elementos suplementarios en el análisis de las correspondencias múltiples. Como no se trataba de hacer un recuento exhaustivo de los editores franceses o, incluso, de los editores de literatura, ni un análisis de una muestra representativa de esta población, sino de desprender la estructura del campo de los editores de literatura, se ha descartado el estudio, por una parte, de los editores de ciencias sociales –sin ignorar el hecho de que la mayor parte de los editores de literatura tiene en su catálogo una proporción más o menos importante de obras consagradas a este dominio–, las unidades especializadas en las ediciones de bolsillo (reediciones), las obras de arte, los libros prácticos, los diccionarios o enciclopedias, los libros escolares, así como los clubes (France-Loisirs, Le Grand Livre du mois), y, por otra parte, los pequeños editores que no han alcanzado una talla suficiente como para afirmar su existencia en este campo ejerciendo aquí efectos

16. Ver Pierre Bourdieu, *La Noblesse d'État. Grandes Écoles et esprit de corps*, París, Minuit, p. 428 y subsiguientes.

17. Sobre este punto, como sobre el conjunto de los obstáculos para un análisis de las estrategias editoriales, cf. Paul Dirkx, "Les obstacles à la recherche sur les stratégies éditoriales", *Actes de la recherche en sciences sociales,* 126-127, marzo de 1999, pp. 70-74.

reales (y respecto a los cuales es extremadamente difícil recoger los datos necesarios para el análisis estadístico).[18]

El grado de autonomía dejado a la decisión es difícil de medir, en particular cuando se trata de filiales de grupos, y puede variar en el curso del tiempo. Por esta razón, estas filiales han sido sometidas a un examen detallado, caso por caso, apoyándose en todas las informaciones proporcionadas por las fuentes documentales disponibles y las entrevistas con informantes, en vistas a determinar las que tienen una independencia editorial real. Desde el año de referencia (1996), operaciones financieras importantes han conmovido el mundo de la edición (la más importante de las cuales ha sido la absorción, en 1998, de Havas por la Compagnie Généralc des Eaux) y un cierto número de modificaciones han podido aparecer para ciertas unidades editoriales (por ejemplo, con la creación en 1997, de Hachette Littératures, la absorción de L'Olivier por Le Seuil y muchas tomas de participación minoritarias y mayoritarias, etc.). La dificultad está duplicada por el hecho de que mientras más importante y compartimentada es una editorial, más tiende el dispositivo institucional de decisión a ganar en extensión y en complejidad (al menos aparente), hasta llegar a funcionar como un sub-campo, en el seno del cual diferentes agentes (financieros, comerciales, literarios) se enfrentan con pesos diferentes, que dependen –ellos mismos– de la posición de la unidad de decisión considerada en el campo editorial global (y que pueden variar en el curso del tiempo, en función de los cambios de esta posición y también en función del tipo de obra puesta en discusión).

Las unidades comprendidas son, la mayoría de las veces, sociedades independientes o filiales que disponen de un capital propio, que pueden estar constituidas bajo la forma de sociedades anónimas (SA) o de sociedades anónimas de responsabilidad limitada (SARL) (para las unidades pequeñas o medianas) o, incluso, tener el estatuto de sociedad en nombre colectivo, como Lattès (de sociedad comanditaria), como Le Seuil (de atelier-librería), como Corti (Complexe o Zoé son sociedades extranjeras francófonas que difunden ampliamente

18. La población comprendida es muy semejante, para las principales variables, al conjunto de la profesión tomada a través de los indicadores dados por el INSEE. A pesar de la dominación de los dos grandes grupos, el sector de la edición, que cuenta con numerosos medios y sobre todo pequeñas empresas, frecuentemente familiares y con frágil independencia, ha conocido un fuerte crecimiento en los años 1960 (la tasa de creación, 6,3% para el año 1996, es superior a la media de los sectores industriales, siendo, en efecto, bastante débil la colocación de fondos en este sector) y la cifra de negocios está en ligero aumento.

en Francia, como Noir sur Blanc, sociedad suiza representada por una librería y una pequeña SARL en Francia). Se ha hecho un tratamiento aparte, en ACM, a cinco unidades (puestas como elementos suplementarios), Harlequin (literatura popular traducida); J'ai lu, que en 1995-1996 publicaba esencialmente libros de bolsillo y que juega cierto rol en la actualidad con algunas novelas de primera edición; Presse de la Cité, marca del Groupe de la Cité que, después de haber desaparecido temporariamente, ha reaparecido al año siguiente en el seno del departamento Preses-Solar-Belfond, Payot y Fixot.

Fixot-Laffont (Nouvelles Éditions Robert Laffont de la cual Bernard Fixot deviene el director general en 1993) aparece en el análisis, por una parte, como grupo jurídico y financiero surgido de la fusión de Fixot y Laffont, y, por otra, bajo la forma de la marca Laffont que ha sido aislada y tratada igualmente como elemento activo; la marca Fixot, que no publica sino ensayos, ha sido conservada como elemento suplementario. Asimismo, el grupo Rivages-Payot, surgido de la compra de Rivages por Payot-France, ha sido tratado en cuanto grupo, al estar las dos sociedades estrechamente mezcladas en el nivel de la distribución de las tareas editoriales, del capital y de la cifra de negocios, y la marca Rivages ha sido puesta como elemento activo y Payot como elemento suplementario. Las colecciones ("L'Arpenteur", por ejemplo) no han sido aisladas de la unidad editora.[19]

La construcción de las características pertinentes[20]

Para construir el espacio de los editores, han sido comprendidas dieciséis variables, repartidas en cinco grupos.

19. En Anexo, se encontrará la exposición detallada de las elecciones efectuadas para cada uno de los grupos.

20. El suplemento del número 216 (30 de septiembre de 1996) de *Livres-Hebdo* presenta un total de 1.002 editores francófonos, con su fecha de creación, los nombres de sus responsables, sus efectivos totales, su difusor, sus especialidades y el número de títulos publicados por año. Se encuentran datos análogos en el catálogo del Salon du Livre, tomo 1, 1997, pp. 39-626. Las informaciones proporcionadas por estos dos documentos han sido completadas y a veces corregidas por el recurso a las bases de datos accesibles en la red de Internet, por ejemplo, o a la encuesta directa a los editores mismos. Las publicaciones y estadísticas anuales del SNE han sido consultadas, y la cámara de comercio nos ha proporcionado datos estructurales y biográficos. La Documentation française propone algunas publicaciones generales, especialmente, Janine Cardona y Chantal Lacroix, *Satistiques de la culture. Chiffres clés*, París, La Documentation française, 1996, pp. 59-70.

Estatuto jurídico y financiero (en rojo, en los diagramas 1 y 3)

La variable estatuto jurídico se presenta en tres categorías: sociedad anónima (SA [n = 24]); sociedad de responsabilidad limitada (SARL [23]); otras (sociedad comanditaria, sociedad en nombre colectivo, sociedad extranjera, etc. [n = 9]).

El tamaño de la empresa –un índice importante, construido combinando el capital social, la cifra de negocios y, en menor medida, el número de dirigentes–, divide la población en 5 categorías, que son, yendo de mayor a menor: n = 14; n = 12; n = 12; n = 8; n = 6; para 4 empresas el índice no ha podido ser construido por falta de información.

A estas dos variables se agrega el número de asalariados (5 categorías): de 1 a 3 asalariados (15); de 4 a 9 (14); de 10 a 40 (11); de 40 a 100 (6); de 100 a 400 (5); para 5 empresas estos datos no han podido ser obtenidos.

Lazos de dependencia financieros o comerciales con otros editores (en negro)

Una variable que toma en cuenta la participación de otros editores en el capital del editor ha sido construida con dos modalidades: hay un editor entre los accionistas (20); no hay editor entre los accionistas (36).

Una variable que distribuye las unidades según los difusores (que a veces controlan una parte de su capital), ha sido construida en 7 categorías: Harmonia Mund (11); CDE (5); Le Seuil (11); Hachette (9); Interforum-Dil (7); Otros: Ulysse + Belles Lettres (11); Flammarion-Gallimard (2).

Peso sobre el mercado (en gris)

Por no poder medir el éxito comercial a partir de los tirajes medios, cifras que no son comunicadas, se ha intentado construir un índice aproximado del éxito comercial a partir de las listas de Best-sellers (la de *L'Express* y la de *Livres-Hebdo*), tomando en cuenta el rango ocupado por el editor en cada una de las listas publicadas durante el año de referencia. El editor citado en primer lugar recibe 15 puntos; en el segundo lugar, 14 puntos; y así sucesivamente. Para construir el índice se ha tomado el promedio de las dos listas. Así, se han distinguido cinco modalidades: 0 citación (28); 1 a 11 (8); 14 a 100 (8); 100 a 300 (6); más de 400 (6). La fuerza comercial de las empresas puede asirse también a través de su aptitud para obtener, a través de sus autores, un premio literario nacional: la variable "ha editado un premio" ha sido construida a partir de seis premios comúnmente considerados como los más importantes (Goncourt, Femina, Médicis, Interallié, grand prix du Roman de l'Académie française y Renaudot), siguiendo dos modalidades: sí (13); no (43); esta variable ha sido completada por una variable complementaria: "ha editado a un miembro de jurado de un premio" con dos modalidades: sí (12); no (44).

La capacidad del editor para obtener ayudas ministeriales puede también contribuir a reforzar la fuerza comercial de la empresa; por tanto, se ha construido un índice a partir de la lista de los editores franceses que, desde 1993 a 1996, en el dominio literario, han sido beneficiarios de la ayuda a la traducción de la dirección del libro y de la lectura del Ministerio de la Cultura, y a partir de la lista de los editores franceses que, de 1990 a 1997, en el dominio literario, han sido beneficiarios de la ayuda a la traducción de la Dirección General de Asuntos Culturales, Científicos y Técnicos del Ministerio de Asuntos Extranjeros; siendo establecidas las dos listas según el número de títulos subvencionados. A partir de estas dos cifras se ha creado una variable "ayuda de los ministerios" con cinco categorías: 0 KF (25); de 0,5 a 4 KF (16); de 4 a 8 KF (6); de 8 a 20 KF (5); más de 30 KF (4).

Capital simbólico (en verde)

Puede evaluarse con la ayuda de diferentes índices: la antigüedad, la localización, el prestigio del fondo editorial (capital simbólico acumulado) y el premio Nobel de Literatura.

Se han distinguido cuatro períodos para construir la variable "fecha de creación": de 1708-1945 (19); 1946-1975 (11); 1976-1989 (17); 1990-1995 (9).

El capital simbólico acumulado puede ser medido a partir de un índice construido partiendo de la lista de los autores franceses contemporáneos proporcionada por J. Jurt,[21] en la cual los autores están clasificados según el número de veces que son citados en un corpus de 28 manuales de historia literaria, diccionarios o panoramas publicados desde la Segunda Guerra Mundial. En un primer momento, se han relevado los 80 primeros autores (los que son citados más frecuentemente), luego se ha atribuido un punto a

21. J. Jurt, M. Ebel y U. Erzgräber, *Französichsprachige Gegenwartsliteratur 1918-1986/87. Eine bibliographische Bestansaufnahme del Originaltexte und der deutschen Übersetzungen*, Tübingen, Max Niemeyer Verlag, 1989.

cada editor por texto publicado. Así, la variable "Índice Jurt" fue reagrupada en tres categorías: 3 (44), 100 a 350 (7) y más de 350 (5).

La variable "Nobel francés" ha sido construida a partir del número de obras del editor producidas por laureados franceses con el Premio Nobel desde 1930, con dos modalidades: sí (10), no (46).

La sede de la empresa puede ser situada: en el 5º, 6º o 7º *arrondissement* de París (29); otros *arrondissement de la rive gauche* (4); *rive droit* (9); en provincia (9) o en el extranjero (5).

Importancia de la literatura extranjera (en azul)

Se ha construido una variable que representa el porcentaje de títulos traducidos con relación al conjunto de títulos publicados: de 1 a 5% (17), de 5 a 10% (12), de 10 a 25% (16) y más de 25% (19); para dos editores las informaciones no han podido ser obtenidas.

La variable "ha editado un premio Nobel extranjero", que releva más capital financiero que capital simbólico, tiene dos modalidades: sí (14); no (42).

La lengua dominante traducida por un editor es reveladora de la ubicación de este editor en el sector de la edición. Se ha construido una variable que permite situar la ubicación de las diferentes lenguas en la muestra de los editores. Se han creado diez grupos de lenguas de G 1 a G 10, a partir de los 50 editores para los cuales se disponía de información. Sobre la base de una estadística de las afinidades lingüísticas y geográficas, se ha podido constituir un cuadro (titulado: "Est-ce qu'il publie une langue?"), en el cual nos hemos apoyado para crear una variable "lengua" con seis modalidades: inglés y raras (5), sólo inglés (9), inglés y europeo + otras (16), inglés y europeo (7), no-inglés + otras (9), alguna lengua (8), sin respuesta (2).

Los datos precedentes han sido analizados con la ayuda del análisis de correspondencias múltiples específico, variante del ACM, que permite poner como suplementarias modalidades de cuestiones activas.[22] Los diagramas

22. No se presentará aquí sino una primera lectura, provisoria y reducida a lo esencial, de un análisis de las correspondencias múltiples, que ha sido conducido en un primer momento con Salah Bouhedja y en un segundo momento, luego de una recolección más sistemática y una codificación más precisa de los datos, con Brigitte Le Roux y Henry Rouanet, y cuyos resultados completos serán publicados posteriormente, con todo el instrumental metodológico necesario. Ver P. Bourdieu, B. Le Roux y H. Rouanet, *L'Édition littéraire en France, une mise en oevre raisonnée de l'analyse géométrique des données*, en preparación.

siguientes presentan el espacio de las 59 modalidades activas en el plano de los dos primeros ejes (diagrama 1) y en el plano de los ejes 1 y 3 (diagrama 3), y el espacio de los 56 editores activos en estos mismos planos (diagramas 2 y 4), para la codificación de los datos, se ha utilizado el programa SPSS 8.0 1F y el programa ADDAD 97I.8;[23] para la exploración posfactorial, el programa EyeLID 2.0.[24] En los diagramas 1 y 3, están en caracteres pequeños las modalidades que tienen una débil contribución a uno y otro eje del diagrama; en los diagramas 2 y 4, están en caracteres pequeños los editores cuya calidad de representación en el plano del diagrama es muy débil.

Como se ve en el diagrama 2, las diferentes editoriales se distribuyen, sobre el primer eje, desde las más grandes y las más antiguas, que, por el hecho de que acumulan un fuerte capital financiero y un fuerte capital simbólico, están en condiciones, como lo atestigua –entre otras variables– su ubicación en las listas de best-sellers, de dominar el mercado (a través de diferentes mediaciones, tales como la influencia que ejercen sobre los premios literarios y sobre la prensa), hasta las más pequeñas y las más recientes, Chambon, Climats o Zoé, quienes, poco provistos de recursos económicos y casi completamente desposeídos de capital simbólico *institucionalmente reconocido*, no acceden prácticamente nunca a las listas de best-sellers (las posiciones intermedias son ocupadas por editoriales que poseen una u otra de las propiedades que condicionan el acceso a las posiciones dominantes, como la participación en los jurados de los premios o la obtención de premios nacionales).

Se puede, con la ayuda de la clasificación jerárquica ascendente[25] (CJA), distinguir una primera clase de 7 editores, Le Seuil, Gallimard, Flammarion, Grasset, Minuit, Albin Michel y Laffont (en rojo sobre los diagramas 2 y 4), que se oponen a todos los otros por su estatuto de sociedad anónima (con excepción de Le Seuil), su fecha de creación anterior a 1946, la magnitud de su personal –superior a 100 asalariados (salvo para Grasset [n = 70] y Minuit [n = 11])–, su índice de importancia (igual a 5, salvo para Grasset

23. ADDAD (Asociación para el desarrollo y la difusión del análisis de los datos), 151 boulevard de l'Hôpital, 75013 París.

24. Ver J. M. Bernard, R. Baldy y Henry Rouanet (1988), "The Language for interrogating data LID", en: E. Diday (bajo la dirección de), *Data Analysis and Informatics V*, pp. 461-468, Elsevier (North Holland).

25. Sobre la clasificación euclidiana, ver, por ejemplo, Henry Rouanet y Brigitte Leroux, *Analyse des donées multidimensionnelles*, París, Dunod, 1993, p. 120.

y Minuit), su tasa de títulos traducidos inferior a 10, el monto superior a 30 KF de las ayudas para la traducción que reciben (salvo para Albin Michel [17 KF], Flammarion [26 KF] y Laffont [15 KF]), su capital simbólico (superior a 350 para 5 de ellos, nulo para Albin Michel e igual a 127 para Laffont), el hecho de que han publicado al menos un premio Nobel francés (con excepción de Laffont y de Le Seuil), al menos un premio Nobel extranjero y un laureado con uno de los premios nacionales (Femina, Goncourt, etc.), así como un miembro de jurado de uno de estos premios, un índice de éxito comercial (presencia en la lista de los best-sellers) elevado (superior a 400, salvo Flammarion [200] y Minuit [60], porque, a parte de Grasset y de Laffont, no tienen editores entre sus accionistas, porque, a parte de Minuit, traducen del inglés y de las lenguas de Europa Occidental y porque, por último, están situadas en París, 5 de las cuales en el 5º, 6º o 7º *arrondissement*).

En el interior de la clase complementaria, mayoritariamente compuesta por pequeñas SARL, creadas después de 1946, que cuentan pocos asalariados (menos de 10), poco dotadas de capital simbólico y poco tocadas por el éxito comercial, se puede aislar la clase (en negro) de las más pequeñas editoriales (n = 19): Âge d'homme, Chambon, Champvallon, Climats, Complexe, Des Femmes, Hamy, Nadeau, Noir sur Blanc, Ombre, Picquier, Jean-Michel Place, Présence africaine, Salvy, Le Temps qu'il fait, Verdier, Virag, Zoé y Zulma. Son sociedades anónimas de responsabilidad limitada, más bien situadas en provincia o en el extranjero, y no figuran en las listas de best-sellers, no obtienen premios y sus estrategias editoriales se distinguen particularmente en materia de traducción: una mitad de ellas (n = 9) no traducen del inglés y ninguna traduce sólo del inglés. (Esta clase de las pequeñas editoriales tiene en sí misma como complementaria a una clase compuesta sobre todo por casas parisienses [en gris, azul y verde], fundadas después de 1946, que cuentan más de 10 asalariados, de mediana importancia, la mitad SARL y que publican casi todas traducciones del inglés.)

Estos pequeños editores novatos, aunque pesan muy poco en el conjunto del juego, le proporcionan, sin embargo, su razón de ser, sus justificaciones de existir y su "pundonor espiritual" –y son, por ello, uno de los principios de su transformación–. Pobres y desposeídos, están de alguna manera condenados al respeto a las normas oficiales que profesa y proclama todo el universo. Como dice la responsable de una pequeña editorial del sur de Francia: "Uno no puede dar un golpe, no tiene los medios. Uno es virtuoso por obligación".[26] Y expresa de una manera particularmente ejemplar la visión del mundo y las estrategias de todos los pequeños editores condenados a la virtud literaria: para sobrevivir en un medio editorial que "detesta", intenta descubrir autores que convengan "con lo que [ella] espera [de la] literatura", desconfía de los informes de lectura, lee ella misma un "máximo de manuscritos", "rechaza siempre ver a los autores antes de conocer sus textos", se dice "muy maniática de las traducciones", etc. Por referencia a lo que le parece como la definición dominante del oficio, define este trabajo de manera negativa: "No me siento un verdadero editor". Y explica especialmente: "[Mis relaciones] no es gente que tiene poder. No publico periodistas que después van a hacer artículos".

Más frecuentemente provincianos, más frecuentemente dirigidos por mujeres –y dotados de una fuerte cultura literaria–, desprovistos de todas las instancias de evaluación y de selección (comités de lectura), que son también lugares de acumulación de un capital social de conexiones útiles para la promoción de los autores y de los libros, estos pequeños editores están ausentes (o excluidos) de todos los juegos del gran comercio editorial –como la carrera a los premios literarios, el recurso a la publicidad, el arte de cultivar los contactos mundanos y las complicidades periodísticas (en su mayoría están desprovistos de agregados de prensa), la concurrencia por la compra de los grandes best-sellers internacionales–. Publican, mucho menos que los otros, a autores de lengua inglesa, y ello aunque hagan frecuentemente un lugar particularmente grande (más de un cuarto) a la traducción; y, también como una manera –pero indiscutiblemente virtuosa– de hacer de necesidad virtud, ejercen sus talentos y sus audacias de descubridores sobre pequeños autores de pequeñas lenguas (catalán, brasileño, coreano, húngaro, etc.), menos caros para la compra, no obstante más "interesantes" literariamente. (Es necesario observar, entre paréntesis, que ellos pueden apoyarse en los *pequeños libreros* que ocupan una posición homóloga a la de ellos en la estructura del campo de la librería –"Uno cuenta más con los libreros que con los críticos", dice un responsable de Corti– y que se comprometen, con una devoción próxima al sacerdocio, en la defensa de los pequeños editores y de los autores de vanguardia, al proporcionar un contrapeso comercialmente muy

26. Contrariamente a las reglas que seguimos habitualmente en la publicación de extractos de entrevistas, hemos debido renunciar a continuar cada entrevista con las características de su autor, lo que habría tenido por efecto permitir su identificación.

eficaz, con la red de *representantes*, a la potencia comercial y a los triunfos publicitarios de las grandes editoriales.)

Con todo rigor, un análisis del campo editorial debería tomar en cuenta a agentes que, aunque no tengan estatuto oficial, intervienen eficazmente en el funcionamiento de este campo a través de su poder de consagración y de la influencia que ejercen sobre la circulación de los libros, en tanto que *taste makers*: son los críticos influyentes que están frecuentemente "atados" a editoriales (una de las tradiciones recientes del medio, que consiste en confiar a toda crítica de cualquier autoridad, la dirección de una colección o una responsabilidad en las instituciones editoriales, como los comités de lectura) o, por último, las "personalidades", dotados de un gran peso en el "medio", como las que detallaba un artículo reciente del *Magazine littéraire*, que, siendo una propiedad de Grasset, está particularmente en una buena posición para describir las redes de poder, de las cuales Grasset es una pieza maestra. Al lado de editores como Yves Berger, Claude Cherki, Claude Durand, Olivier Cohen, Jean-Claude Fasquelle, Francis Esménard, Charles-Henri Flammarion, Bernard Fixot, Antoine Gallimard, Jerôme Lindon, Olivier Orban o Jean-Marc Roberts, se registran allí personajes dotados del poder de promoción que da una tribuna en la televisión, tales como Guillaume Durand o Bernard Pivot; un estatuto periodístico-editorial, como Jean-Paul Enthoven, director editorial de Grasset, consejero de la dirección de la redacción de *Point* y director de la colección "Biblio-Essais" en el Livre de Poche; o Franz-Olivier Gisbert, "director de dos redacciones, *Le Figaro* y *Le Figaro Magazine*, biógrafo de François Mitterrand y de Jacques Chirac, novelista y, desde hace un año, animador de una emisión literaria"; o Bernard-Henri Lévy, "fiel entre todos de Jean-Claude Fasquelle", PDG[27] de Grasset y director de diversas revistas, entre ellas de *Le Magazine Litteraire*; o incluso Pierre Nora, responsable de una colección en Gallimard y director de *Débat*, Angelo Rinaldi y, *last but not least*, Philippe Sollers, "cúspide del mundo de la edición".[28]

En resumen, se ve así como se oponen, bajo la relación del *volumen global del capital poseído*, las grandes empresas antiguas que acumulan todas las especies de capital –económico, comercial y simbólico–, cuyo paradigma es Gallimard, y las pequeñas empresas recientes, que, estando en la fase de acumulación inicial del capital, están casi desposeídos de todas las especies

27. Presidente-Director General [N. del T.].

28. A. Liebaert, *Loc. Cit.*

de capital, aun cuando detentan un cierto capital simbólico bajo la forma de la estima o de la admiración de algunos "descubridores", críticos y escritores de vanguardia, libreros ilustrados y lectores informados. Este capital simbólico en estado naciente es casi imposible de asir a través de los indicadores disponibles: en efecto, no se acumula sino muy lentamente, a la manera de lo que se llama el "fondo", verdadera riqueza del editor, formado por todo el conjunto de los *escritores de larga duración*; y los signos de consagración específicos, como el premio Nobel o el status de "clásico", concedido por el reconocimiento universitario, no pueden llegar sino al término del *trabajo de conversión* que es realizado por los escritores mismos, asistidos por todo su entorno de "descubridores", y que, en cuanto tal, toma necesariamente mucho tiempo.

El segundo eje (diagramas 1 y 2) distingue las editoriales según *la estructura de su capital*, es decir, según el peso relativo de su capital financiero (así como de su fuerza comercial) y del capital simbólico que deben *a su pasado reciente o a su actividad presente* (por oposición al que han acumulado desde el origen y que mide el índice).[29] Sobre este segundo eje, los editores se distribuyen según el grado y la forma de la dependencia en la cual se encuentran, tanto desde el punto de vista financiero como desde el punto de vista de la distribución: las editoriales independientes, grandes o pequeñas, se oponen a las filiales de grandes grupos que dependen de otras instancias u organismos (Centre de diffusion de l'édition, Hachette) para la difusión de sus publicaciones. Así las viejas editoriales medianas, la mayoría de las veces dependientes, disponen de un capital económico que predomina ampliamente sobre su capital simbólico *actual* (aun cuando pueden tener vestigios de un gran pasado). Resueltamente inclinados hacia fines más o menos exclusivamente comerciales, se oponen a todos los otros, es decir, por un lado, a los grandes editores consagrados según todas las relaciones, y, por el otro, a los pequeños editores desposeídos, entre los cuales el ojo sagaz de los "descubridores" es el único capaz de discernir entre aquellos que, al final, se orientarán hacia el polo de la literatura de fuerte capital simbólico –asociado más o

29. Se ha podido verificar que, para estas editoriales, lo esencial de los índices del capital económico censados (especialmente en las listas que han servido de base a la construcción del índice Jurt y que se detienen en 1987) fue acumulado antes de la Segunda Guerra Mundial, y que, si se tomaba en cuenta solamente a los autores reconocidos publicados desde 1945, se situarían al lado de los pequeños editores recientes sin tener –como ellos– la estima y el respeto del pequeño medio de los entendidos.

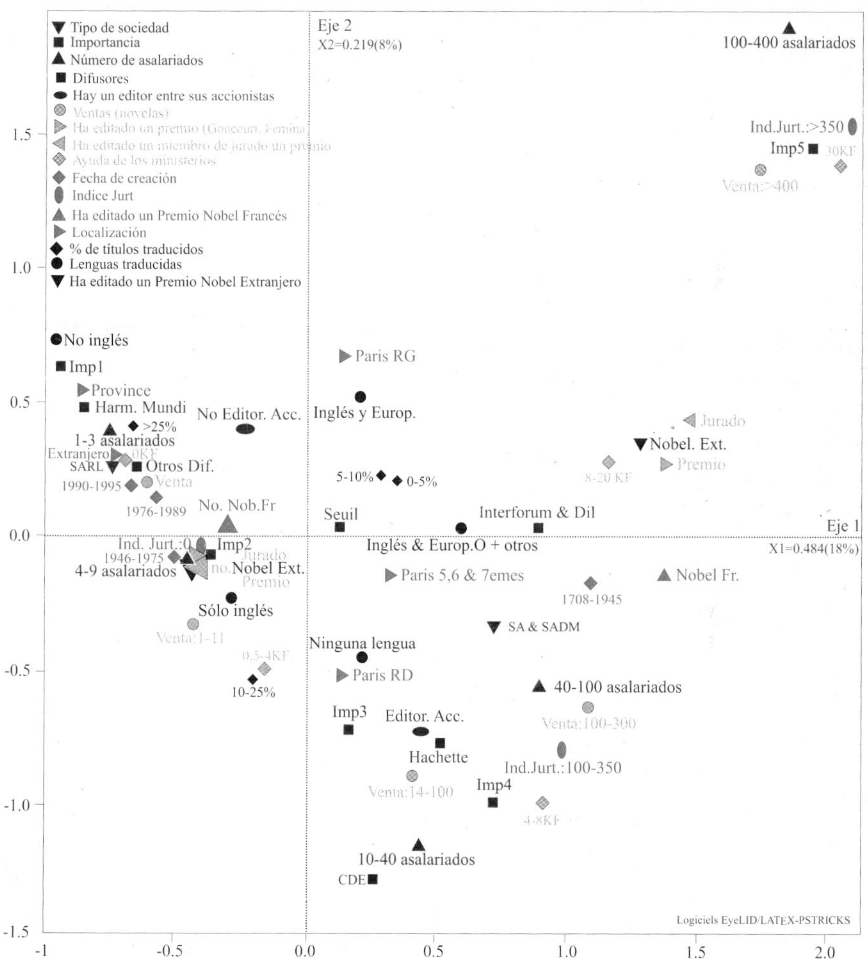

Diagrama 1: espacio de las propiedades en el plano de los ejes 1-2 (59 modalidades activas).

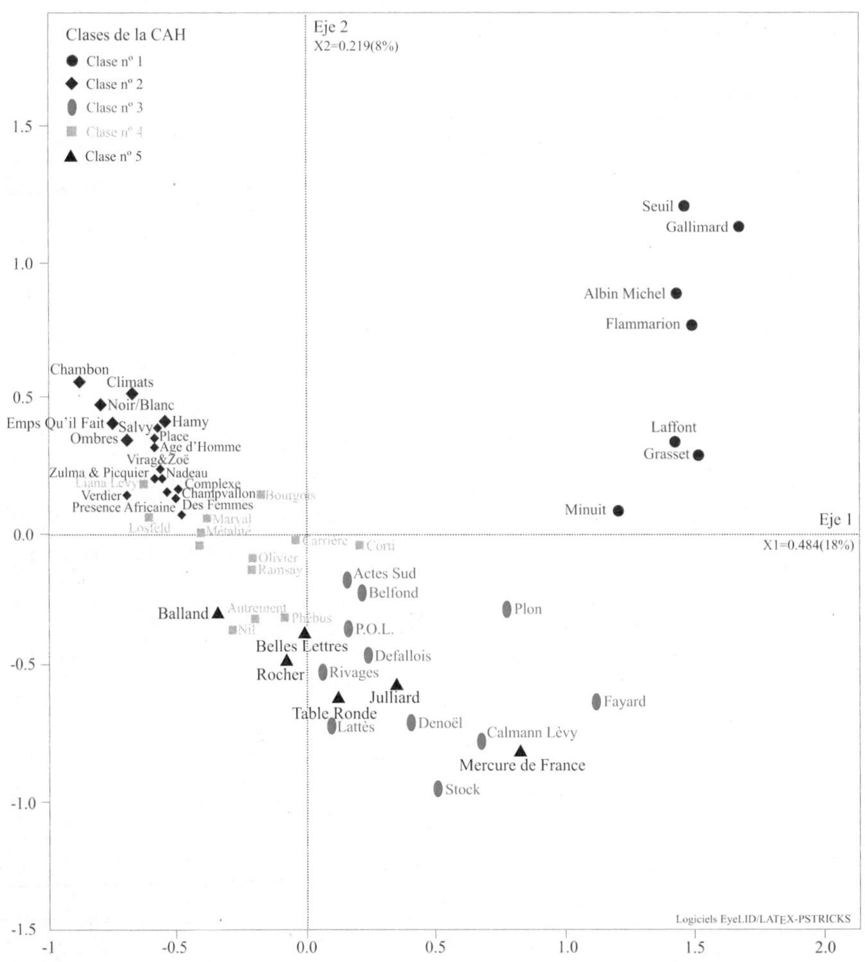

Diagrama 2: espacio de los 56 editores en el plano de los ejes 1-2, distinguidos según su pertenencia a las clases de la CJA (clasificación jerárquica ascendente).

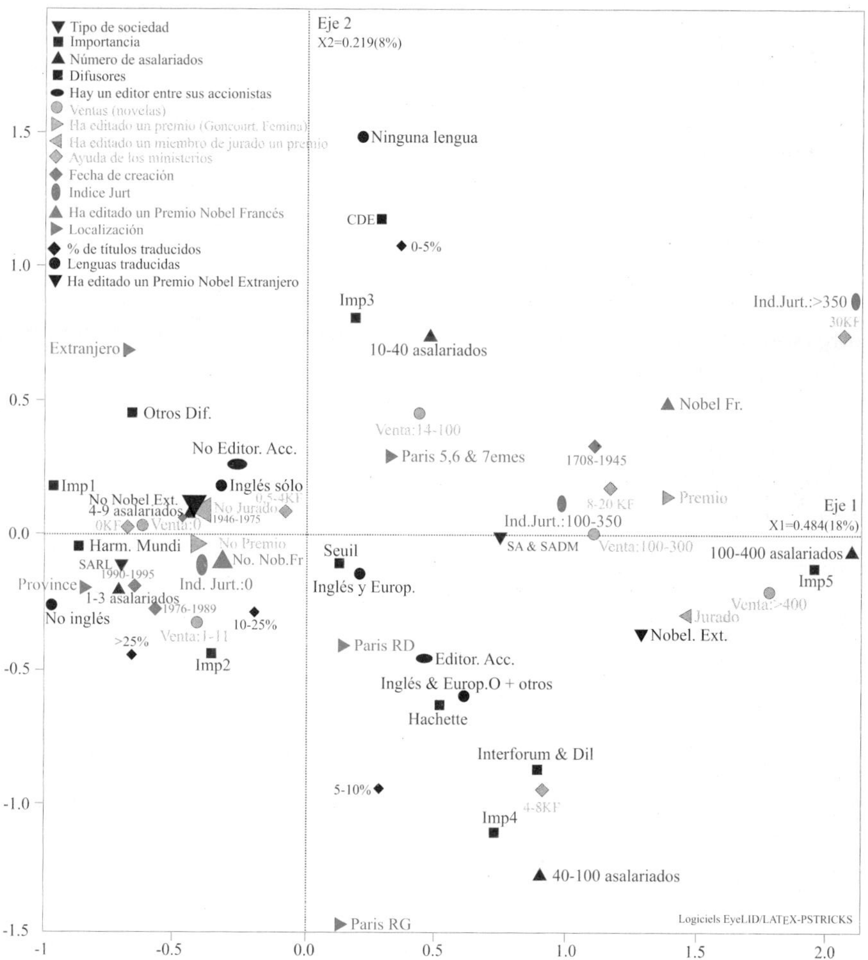

Diagrama 3: espacio de las propiedades en el plano de los ejes 1-3 (59 modalidades activas).

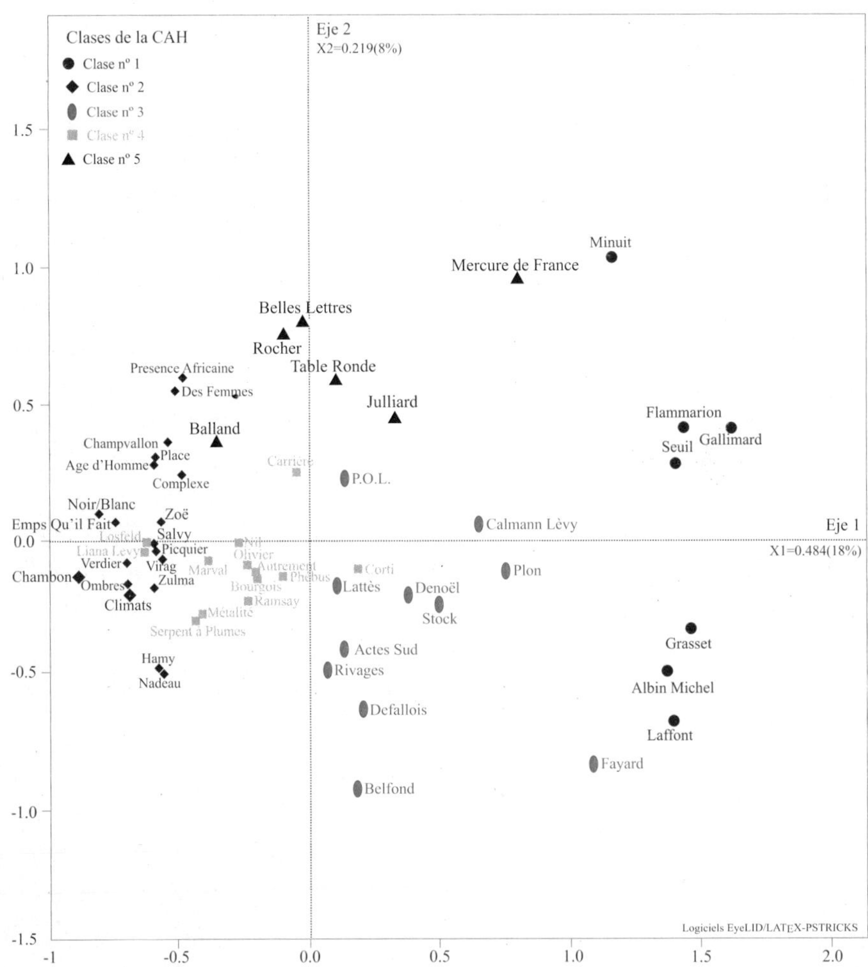

Diagrama 4: espacio de los 56 editores en el plano de los ejes 1-3, distinguidos según su pertenencia a las clases de la CJA.

menos rápidamente al capital comercial que el capital simbólico termina por procurar, especialmente cuando el sistema de enseñanza toma el relevo– y aquellos que se contentarán con crecer económicamente, por estrategias más o menos abiertamente comerciales.

Así, siendo en su mayoría *filiales* de grandes grupos (cuentan frecuentemente con un editor entre sus accionistas), estas empresas –que están también bien ubicadas desde el punto de vista del capital económico– tienen, por la debilidad de su capital simbólico, una estructura de capital disimétrica (a diferencia de las empresas situadas en los dos extremos del primer eje, que son homogéneas desde el punto de vista de las dos especies de capital). La división en cuatro clases permite aislar una clase compuesta por Actes Sud, Belfond, Calmann-Lévy, De Fallois, Denoël, Fayard, Lattès, Plon, POL, Rivages, Stock –en verde: que incluyen en lo esencial filiales con el estatuto de sociedad anónima, fundadas antes de 1990, que cuentan entre 10 y 100 asalariados, de mediana importancia y que han obtenido muchos éxitos de best-sellers, esta clase corresponde de manera muy cercana al grupo de empresas situadas en lo bajo del diagrama-. Como encumbradas por un pasado prestigioso, ellas son, según la expresión de un entendido, "el punto débil" de la producción editorial y, si tienen, como dice otro, "bellos restos" –por ejemplo para Plon, las colecciones "Terre humaine"y "Feux croisés", colección de literatura extranjera antigua y prestigiosa–, producen ya sea una literatura sin originalidad, ya sea una literatura comercial que no puede vivirse y brindarse como una forma de innovación sino gracias a la *allodoxia*.

En cuanto al tercer eje, él parece oponer, principalmente, los editores que no publican traducción o publican poco –y sobre todo de pequeñas lenguas raras–, y los que –más sometidos a las coacciones del mercado–, traducen mucho, y sobre todo del inglés; es decir, de la literatura comercial con éxito más o menos garantizado (diagramas 3 y 4).

Posiciones y tomas de posición

La autonomía del dispositivo institucional de decisión, con relación a las coacciones estructurales ejercidas por el campo, parece extremadamente reducida. Al punto tal que uno podría tener el sentimiento de que las tomas de posición, es decir las estrategias editoriales, se deducen de las posiciones ocupadas en el espacio editorial. En efecto, es indiscutible que las coacciones que están inscritas en la posición orientan a las editoriales que ocupan posiciones vecinas hacia políticas editoriales bastante semejantes (en materia de traducción, por ejemplo) e, incluso, al menos en el polo dominado del campo, hacia solidaridades completamente reales. Sin embargo, el efecto de estas coacciones está mediatizado por las disposiciones de los agentes que orientan la percepción que ellos pueden tener de las posibilidades inscritas en el campo en su conjunto y en su posición particular, la representación que pueden hacerse del espacio de los posibles que les es ofrecido y del margen de maniobra que la estructura de las posibilidades objetivas deja a sus iniciativas.

Por esta razón, se habría querido poder incluir en el sistema de los factores explicativos las propiedades distintivas de los editores, es decir, a la vez de las características objetivas –tales como el origen social, el capital escolar y la trayectoria social–, y de rasgos, sin duda más difíciles de definir, como las disposiciones éticas, la competencia específica, tanto literaria como técnica y comercial, tantas informaciones que, como muchos observadores han podido convencerse, están protegidas por una barrera de secreto particularmente temible. Sin embargo, se puede establecer, sobre la base de un análisis documental y de una encuesta etnográfica, que existe una correspondencia fuerte entre las características del editor y las características de su editorial, y comprender la lógica según la cual se establece: las pequeñas editoriales tienen más posibilidades de ser dirigidas por editores un tanto más jóvenes y mujeres, de origen social relativamente elevado, dotados de una fuerte cultura literaria y, sobre todo, muy investidos –intelectual y afectivamente– en su oficio; las grandes editoriales tienen más posibilidades de ser concedidas, ya sea a herederos, ya sea a técnicos, formados en el trabajo, o legitimados por títulos escolares raros. Mientras que, del lado de los recién llegados, la posición tiene más posibilidades de haber sido hecha por el que la ocupa, y a su imagen, del lado de los editores más antiguamente establecidos, la mayoría de las veces ella habrá producido a su ocupante, por las vías de la herencia (hay muchos herederos, hijos, hijas, sobrinos o sobrinas, en la profesión) o de la cooptación que tiene también por efecto dar a una editorial un "*chef de maison*" a su imagen.

Pero, otro principio de diferenciación, independiente del precedente, es la competencia específica, que es la condición del éxito o del fracaso en la profesión: por el hecho de que el libro, objeto de doble faz, económica y simbólica, es a la vez mercancía y significación, el editor es también un *personaje doble*, que debe saber conciliar el arte y el dinero, el amor a la literatura y la búsqueda del beneficio, en estrategias que se sitúan de alguna manera entre los dos extremos –la sumisión realista o cínica a las consideraciones comerciales y la indiferencia heroica e insensata a las necesidades de la economía–. La competencia del editor –y de todos los que tienen asuntos con el libro, en cualquier función que sea– está formada por dos partes antagonistas y por la aptitud para asociarlas armoniosamente, las aptitudes propiamente literarias del que sabe "leer", y las aptitudes técnico-comerciales del que sabe "contar". El editor en su definición ideal debería ser, a la vez, un especulador inspirado, dispuesto a las apuestas más arriesgadas, y un contador riguroso, incluso un poco parsimonioso. De hecho, según su posición en la estructura del campo –es decir, *grosso modo*, en la estructura de la distribución del capital económico y del capital simbólico–, y según las disposiciones ligadas a su posición y a la trayectoria que allí la ha conducido, el editor, hombre de negocios sumido –como el vendedor de cuadros– en la economía anti-económica del arte puro, propenderá hacia uno u otro polo, y realizará una combinación más o menos exitosa de esos dos sentimientos tan irreconciliables, sociológicamente, como el agua y el fuego, el amor puro del arte y el amor mercenario del dinero.[30]

Todas las formas de doble conciencia y de doble juego serán puestas en práctica por uno u otro o por el mismo en diferentes momentos, desde las "locuras" económicas destinadas a servir de coartada a la política editorial más mercantil del editor comercial, hasta la sumisión a las necesidades del mercado y a las costumbres mercenarias del editor "puro", siempre dispuesto a legitimar sus comprometimientos por la invocación de las audacias literarias que son consideradas como posibles.

En un sentido, es en el debut, en los comienzos necesariamente heroicos, que la elección es más fácil, porque, finalmente, no se tiene una elección así. Según la frase de un editor de vanguardia ya citado, "uno es virtuoso por obligación". Esto se ve bien en materia de traducciones de libros extranjeros. Según un agente literario, "los libros un poco '*cheap*', un poco baratos, un poco dirigidos al gran público, o incluso muy dirigidos al gran público, son muy caros, porque el mundo entero se los disputa, porque son éxitos mundiales. En cambio, usted tiene buenas novelas o de muy buenos autores que, potencialmente, no tienen una venta prevista muy importante, pero que tienen calidad. Y esos libros son tomados frecuentemente por pequeñas editoriales por su calidad. (...) El costado financiero, económico, comercial de la cosa no es el primer

30. Sobre el *marchand* de arte, del cual el editor es un caso particular, podrán leerse los análisis de la figura de Arnoux, el personaje flaubertiano, en: Pierre Bourdieu, *Les Règles de l'art*, París, Le Seuil, pp. 239 y 301 (Trad. esp.: *Las reglas del arte*, Barcelona, Anagrama, 1995).

elemento de la elección. (...) Aún cuando quisieran –creo que en primer lugar este no es su deseo, su dirección–, pero aún cuando quisieran, no serían capaces, habida cuenta de las sumas que hay que poner sobre la mesa para adquirir los derechos de John Grisham, de Stephen King o de gente como esa, no estarían en condiciones de enfrentar una competencia semejante, porque no tienen el medio para hacerlo. Pues, frecuentemente, se abocan a los libros de calidad". Está dicho, se ve, que, aun cuando quisieran no podrían, y también que, de todos modos, no quieren, porque no estarían en la posición que ocupan y donde ellos se han puesto, si no tuvieran las *disposiciones* necesarias para ocuparla, las *virtudes* necesarias para aceptar en ellas las necesidades (el mismo observador señala, por ejemplo, que "son frecuentes, por otra parte, mujeres [nombra a Viviane Hamy, Joëlle Losfeld o Jacqueline Chambon] que tienen este género de editoriales, que son verdaderas editoriales".

Las cosas son también relativamente simples en la otra punta del espectro, para los editores pura y simplemente "comerciales", cuyo símbolo es hoy Bernard Fixot, PDG de la filial del Groupe de la Cité, Nouvelles Éditions Robert Laffont-Fixot-Seghers, que, al asumir sin complejos su oficio de *publisher*, como él dice, declara sin rodeos la verdad económica de la profesión de editor: originario de un medio muy alejado de la cultura y de la literatura y advenedizo en la cima de un gran grupo, luego de haber recorrido todos los grados de la jerarquía en el sector más propiamente comercial (ha sido, sucesivamente, repositor en Gallimard, vendedor en Hachette, representante en Garnier, director comercial en Gallimard, antes de fundar su propia editorial), mal integrado en el mundo editorial (ha dejado el 6º *arrondissement* por la *rive droit*, lugar de los negocios), que lo mira de arriba o lo trata como un modelo negativo, está inclinado a una suerte de *populismo literario* cruzado con anti-intelectualismo que lo lleva a dirigirse prioritariamente (y con una cierta sinceridad) al público más vasto, comprometiéndose en la gestión de lo que considera como un comercio como cualquiera, con métodos de director de marketing de una empresa ordinaria y poniendo al servicio de la búsqueda del máximo beneficio todas las técnicas de gestión y de comercialización disponibles –marketing, publicidad, bajo precio, etc.–. Aunque esté obligado a hacer algunas concesiones a los valores del medio manifestando su solicitud a favor de Julliard, anexado en 1995, y la colección "Pavillons", y creando, para enmendarse, dos colecciones, "Bleu noir" y "Rideau rouge", multiplica los "golpes" comerciales tales como la publicación de "testimonios *chocs*" (historias de rapto, de violación, de incesto, testimonios de transexuales, etc.), novelas de kiosco, e historias sensacionalistas adecuadas para procurar grandes beneficios por la venta directa o a través de las cesiones de los derechos en el extranjero[31] y se compromete en la carrera a los grandes best-sellers internacionales.

Este editor de primera generación, formado en el trabajo, "vendedor sin estados de alma", que domina perfectamente el aspecto comercial de la empresa editorial, y plenamente justificado para pensarse como un profesional, no puede no aparecer como amputado en una dimensión importante, propiamente literaria, en una estrategia específicamente editorial. Desde el punto de vista de un agente literario "a la antigua", sin ninguna duda él forma parte de "esa gente que es –entre comillas– '*amateur*': hay un grupo de editores, de dueños de casas editoriales que, diría, sin ser otra vez demasiado malvado, son casi analfabetos; son los editores que no saben leer, lo que es el 'ABC', me parece, del editor. En cambio, saben contar. No saben leer, pero saben contar (...). Para mí es un poquito difícil ver pasar la edición a las manos de gente que (...) no aman verdaderamente los libros, que habrían sido también buenos patronos de una empresa farmacéutica". Y el límite extremo es alcanzado cuando con "ese sistema que viene de los Estados Unidos, las editoriales están frecuentemente en las manos de grupos que no tienen nada que ver con la edición, es decir, bancos, sociedades petroleras, compañías generales de electricidad".

¿Y qué decir de esos herederos que, por la evolución, por su editorial y por el campo editorial en su conjunto, pueden encontrarse en estrategias completamente vecinas a las de los llegados tardíamente más desprovistos de "educación literaria"? De hecho, aunque los riesgos corridos sean infinitamente menos importantes para una gran editorial que para una pequeña, las consideraciones comerciales se imponen también, en lo sucesivo, a través de los técnicos financieros, los especialistas del marketing y los contadores, a las mismas editoriales antiguas, como Gallimard, que están obligadas a entrar en la carrera del dinero, es decir, de los best-sellers: "Gallimard que –¿cómo decir?– ha aprovechado bien su estatuto de reina Victoria de la edición francesa –ellos han sido los primeros, los más grandes, los más conocidos en el

31. Bernard Fixot vende sus best-sellers en el extranjero: *La reigne des bandits* habría alcanzado 600.000 ejemplares en Japón; *Jamais sans ma fille* habría vendido 3,4 millones de ejemplares, cinco años después de su aparición, todas las ediciones, sin detallar. Para hacer hablar de sus libros a los críticos literarios –que los ignoran, en todos los sentidos del término–, ha puesto a punto una estrategia que debe suplir la ausencia del capital simbólico y del capital social del que disponen ciertas grandes editoriales, recurriendo a medios de acción que el dinero puede asegurar: una publicidad bien apuntada (por ejemplo, una prepublicación en una revista femenina), una campaña masiva en Europa 1, una invitación a *Sacrée Soirée* de Jean-Pierre Foucault.

extranjero durante muy mucho tiempo– (...) para poder, hoy, seguir el movimiento, estar siempre en la cabeza del pelotón (...) tienen necesidad de publicar también cosas que se venden bien, y el lado popular retrasado lo tiene aún cuando iracundo".

De hecho, se puede intentar dar razón de lo que se podría llamar el "estilo" de una editorial, resultante del habitus del editor y de las coacciones inscritas en la posición de su editorial, que se revela en su catálogo, reconstruyendo, como para una persona singular –un escritor o artista, por ejemplo–, la *fórmula generadora* de sus elecciones. Así, Gallimard tiene conductas de noble en decadencia que quiere retener y mantener su rango sin rebajarse, realizando las adaptaciones y los ajustes necesarios por la elección de entrar en la carrera de los best-sellers internacionales. Asocia hábiles estrategias de modernización atemperada, que le permiten, como frecuentemente a los dominantes, tener los beneficios de una elección y de su contraria, en algunas audacias y algunos descubrimientos de coartada planteados en los pequeños dominios lingüísticos, y en una gestión *chic* del fondo, a través de todas las colecciones de bolsillo, para adultos y para jóvenes, las reediciones, acompañadas de un remozamiento reducido, la mayoría de las veces, a un cambio de maqueta.

El mejor índice de la correspondencia entre la estructura de las posiciones y la estructura de las tomas de posición[32] es, sin duda, el hecho de que el incremento del capital literario de una editorial se acompaña casi inevitablemente de un reforzamiento del peso de los objetivos y de los criterios comerciales, no pudiendo quizás los responsables, en el mejor de los casos, sino retardar el destino, aminorando el deslizamiento hacia el polo comercial. Así, las estrategias de una editorial de vanguardia en vías de consagración,

32. Para verificar la correspondencia entre el espacio de las posiciones y el espacio de las tomas de posición, hemos censado 537 textos de 510 autores publicados por editores comprendidos en nuestro estudio, quienes han sido traducidos al francés entre julio de 1995 y julio de 1996 y tenido en cuenta, para cada uno de los títulos, las variables siguientes: género (novela, novela corta, relato, cuento), editor de origen y de llegada, lengua de origen (para el inglés se ha distinguido entre "inglés" y "americano"), nombre del traductor, nombre y sexo del autor, año de aparición de la edición original, de la traducción francesa (1995 o 1996), juicios de la crítica, precio, número de páginas, número total de los autores extranjeros por el editor de referencia, número de autores que tienen la misma lengua de origen nacional. La inmensidad de las investigaciones necesarias para llevarla a cabo nos han conducido a abandonar este proyecto.

como Minuit, toman un relieve completamente excepcional cuando se las resitúa en el conjunto del campo editorial: las estrategias de resistencia fundadas en un *aristocratismo ascético* le han permitido conservarse en la ausencia de éxito de los comienzos y contra el éxito posterior; y le otorgan valor por ser percibidas como libres de los compromisos y comprometimientos de la economía editorial;[33] ellas se oponen, a la vez, y casi tanto, por un lado, a las estrategias de las pequeñas editoriales de vanguardia –recientemente entradas en el campo–, y, por otro lado, a las estrategias de las grandes editoriales antiguas como Gallimard, que, canonizadas de larga data, canonizan autores académicos –al perpetuar las formas literarias más tradicionales–, o jóvenes autores –espontáneamente ajustados a modelos antiguos o bastante poco informados de las evoluciones literarias, para ligar todavía a la vieja editorial una idea de vanguardismo–. La consagración que es otorgada a muchos de los descubridores de la primera hora (Samuel Beckett y Claude Simon, especialmente) y al grupo de autores constituidos como "nueva novela", tanto por el efecto de la cubierta común como por la acción de promoción simbólica conducida por Alain Robbe-Grillet, no puede sino reforzar el capital simbólico de la editorial misma, e incrementar el poder de atracción que ella ejerce sobre la fracción más cultivada del público (como lo atestiguan las curvas de ventas), y también sobre los autores potenciales: estos pueden ser, en parte, continuadores que, por el acostumbramiento del público, obtienen así un éxito relativo; y, una vez que llega el pleno reconocimiento colectivo, algunos de los últimos llegados pueden beneficiarse de la indulgencia que la editorial les otorga, víctima paradójica de su preocupación por escapar al envejecimiento social, aunque no sean necesariamente por completo representativos de la línea original o aunque, más sutilmente, produzcan variantes atenuadas o suavizadas de las rupturas de los comienzos (a veces galardonadas, por esta razón, con los más triviales de los premios nacionales). Se puede preguntar si la pequeña editorial llegada a la cumbre de la consagración, podrá perseverar en la combinación de extrema audacia y de extrema contención, que le ha permitido permanecer hasta ese momento en la clase de las pequeñas empresas para los índices económicos –un número de asalariados muy restringido, una exclusión ostentatoria del marketing y de la publicidad, un número de títulos publicados relativamente débiles, un rechazo por

33. Michel Deguy, *op. cit.*, p. 18: "Con la única excepción de las Ediciones de Minuit, fieles a su origen clandestino".

las traducciones y por la carrera a los best-sellers extranjeros–, participando en la categoría de las más grandes, en todo lo demás, e, incluso, poco a poco, en los éxitos de venta, que el efecto de consagración ejercido por su etiqueta asegura a sus apuestas más arriesgadas.

La dinámica del campo y las nuevas tendencias de la producción editorial

La dinámica del campo no puede comprenderse como el conjunto de las evoluciones separadas y paralelas que describen las monografías históricas de empresas editoriales, y que uno desliza espontáneamente en el molde cómodo de la metáfora biológica: nacimiento, juventud, grandeza, decadencia. Ella encuentra su principio en la estructura del campo: son los nuevos ingresantes los que crean el movimiento; son ellos quienes, por su sola existencia y por la concurrencia que instauran –y en la cual la abnegación (o la autoexplotación) los hace competitivos–, arrancan al orden literario establecido de la inmovilidad. Y al volver a las fuentes mismas de la creencia, por una denegación ascética (por ejemplo, con la elección de cubiertas despojadas, sin ilustración) de todo lo que puede evocar la dimensión económica de la producción literaria –ya se trate de la publicidad o del marketing–, empujan a la antigua vanguardia, hoy consagrada o en vías de consagración, al pasado –identificada a lo superado, a lo desclasado, provisoria o definitivamente excluida del juego–, o a lo clásico –así puesta fuera de juego y arrancado al transcurso del tiempo.

Por esta razón, en el espacio-tiempo característico del campo, las diferentes posiciones sincrónicas corresponden a momentos diferentes de trayectorias diacrónicas (que la representación espacial sincroniza artificialmente). Los nuevos ingresantes son también, por una parte, indeterminados, y no es fácil de discernir, a partir sólo de los índices objetivos disponibles, si están destinados a desaparecer más o menos rápidamente o si, en el caso de que ellos llegaran a sobrevivir, se orientarán hacia el triunfo comercial o hacia la consagración literaria, asociada o no al éxito comercial (aunque se pueda prever, sin gran riesgo, que una empresa como Carrière, que, sostenida por una heredera de una gran editorial comercial,[34] ha publicado el best-seller de

34. Anne Carrière es la hija de Robert Laffont y ha dirigido, durante cierto tiempo, el servicio de prensa de Laffont.

los best-sellers, Paulo Coelho, traducido del brasileño, o, al contrario, el porvenir al menos provisoriamente difícil de los descubridores, a una editora como Ibolya Virag).

La sobrevivencia, como lo atestiguan las muy numerosas desapariciones anuales, es ya una proeza que no es prometida sino a aquellos que, según la ley fundamental del campo, saben combinar la competencia literaria y el realismo económico. Así, se puede encontrar entre los pequeños editores, aparentemente al extremo especializados, estrategias sutilmente diversificadas, que permiten obtener las ventajas asociadas al control de un *nicho*, donde la concurrencia es débil (es el caso de todos los aspectos lingüísticos más o menos abandonados por los grandes editores), escapando tanto como es posible de las limitaciones ligadas a la extrema especialización. Así, un editor como Philippe Piquier, especializado en las lenguas de Extremo Oriente, coreano, vietnamita, chino, japonés, intenta reunir las audacias de una edición de investigación con la publicación de obras y de autores que le permiten obtener éxito sin salir de su especialidad: clásicos del erotismo chino o japonés, novelas policiales, clásicos chinos o japoneses y, en fin, libros de éxito consagrados por adaptaciones al cine.

Si el porvenir de las pequeñas empresas principiantes y, al mismo tiempo, el sentido presente de sus elecciones deja frecuentemente a los observadores (y también a la crítica) completamente perplejos, no es sólo en razón de las incertidumbres inherentes a toda estrategia arriesgada de "descubrir", sino también porque el libro, objeto ambiguo, económico y simbólico, se presta muy particularmente a la *allodoxia* cultural, ese malentendido sobre la identidad y el estatuto simbólico de un objeto cultural que conduce a tomar la bijouterie y lo símil por lo "auténtico": *allodoxia* a la cual pueden sucumbir no solamente los escritores mismos, que, como se ha visto, están a veces engañados por una imagen antigua de un editor (el Gallimard de Georges Lambrichs y de la colección "Le Chemin", por ejemplo), sino también los críticos, frecuentemente víctimas también del efecto de histéresis, y el editor mismo que puede creer reconocer los signos de una gran obra de vanguardia en lo que no es sino una imitación en símil.

Ilusión tanto más probable hoy, cuando el conjunto de los protagonistas del juego literario, los autores y los editores especialmente, están advertidos de las aventuras de las vanguardias. Así como los escritores más astutos y sin escrúpulos pueden darse la ilusión de desafiar las censuras, imitando las transgresiones de los grandes heresiarcas del pasado en pequeños sacrilegios eróticos sin consecuencia, ciertos editores conocen bastante bien el juego como para ser capaces de jugar el doble juego, para ellos mismos tanto como para los otros, y producir simulaciones o simulacros del vanguardismo más o menos exitosos, con la seguridad de encontrar la complicidad, por lo tanto, el reconocimiento –de editores, de críticos y de aficionados, que estarán tanto más inclinados a la *allodoxia* cuanto, formados en la "tradición de la modernidad", querrán actuar a todo precio como descubridores capaces de evitar los errores de los conservadurismos del pasado.

Ciertos editores principiantes pueden, así, intentar conciliar estrategias que, en un estado más autónomo del campo literario, serían irreconciliables: la inversión, necesariamente a largo plazo, en autores de larga duración, y la búsqueda del éxito comercial de una producción literaria con rotación rápida, apoyándose en una forma de marketing modernizada, fundada en una explotación metódica de la *allodoxia.* En asociación con ciertos periodistas que, en nombre de la solidaridad "generacional", se ponen de acuerdo con ellos para pensar las luchas literarias según la categoría altamente incierta de "generación"[35]–arma de lucha que apunta a desclasar a los antiguos más que instrumento de conocimiento–, ciertos responsables de editoriales "jóvenes" (o de ramas "jóvenes" de las viejas editoriales comerciales) entienden ofrecer a los lectores "jóvenes", valorizados y valorizantes en tanto que tales, autores "jóvenes" y "a la moda", capaces de romper con las búsquedas esotéricas de la generación precedente. Es significativo que los comentarios alrededor de los nuevos "movimientos literario-comerciales" que agitan el campo editorial, hagan un lugar importante a una editorial como J'ai lu, filial de Flammarion, y a su directora literaria, Marion Mazauric, que se ha esforzado en reunir, en honor del "nuevo público de 20-30 años, lectores de versiones de bolsillo ante todo", en obras de bajo precio, "de 19 a 25 francos", autores desparramados en diversos editores (entre los cuales Raphaël Sorin, crítico literario en *L'Express*, editor en Flammarion, promovía, por otra parte, especialmente

35. La solidaridad "generacional" sirve para fundar una internacional literario-comercial enraizada en la unidad supuesta de *todas* las prácticas de *todos* los "jóvenes" de *todos* los países: "Hay más relaciones entre autores franceses y autores anglosajones, italianos o españoles de la misma generación que entre los autores franceses que publican hoy y los que han comenzado a escribir antes de los años '70. Por otra parte, ellos mismos están nutridos de novelas extranjeras (...). En todos estos países, como en Francia, ha devenido claro que se podía hacer literatura hablando del *foot* o del *rock* (...). Los periodistas que hablan de los libros en los periódicos, en la televisión o en las radios, forman parte de esta nueva generación de los 25-35 años, como los lectores y como los libreros". Olivier Cohen, citado por C. Ferrand, "Olivier Cohen au pied du mur", en: *Livres-Hebdo*, 279, 6 de febrero de 1968, pp. 56-57.

a través de la revista *Perpendiculaire*): "La operación tiene efectos por lo menos ambiguos, pues aunque conjuguen, treinta años después de Mayo del '68, con las mismas coplas libertarias, los 'jóvenes rebeldes' de nuestro tiempo se acomodan bien con la dialéctica del marketing", lo que tiene por efecto "fragilizar los catálogos".[36] Al orquestar las ideas recibidas con la moda[37] –que, a fuerza de circular de escritor "a la moda" a periodista mundano o a editor modernista, terminan por encontrarse tanto en L'Olivier como en Fayard o Fixot, tanto en POL como en Flammarion o Albin Michel–, celebran el retorno a las sanas tradiciones del relato (o, como dice el nuevo lenguaje a la moda, al *story telling*) y, al mismo tiempo, a la verdadera vida ("los novelistas miran lo que les rodea", dice uno, y el otro señala que ellos "abren más ampliamente sus libros a la realidad de hoy").[38] Este interés por los jóvenes novelistas franceses (y muy especialmente –esto no se inventa– por "la nueva escuela de novelistas surgidos de la literatura para la juventud") se asocia naturalmente con el interés también modernista por la "joven literatura americana" ("los americanos, los ingleses, cuentan historias"), que se considera que aporta, según un viejo estereotipo, todo lo que la literatura francesa, abstracta y tiesa, formalista y cerrada, es incapaz de ofrecer, y, en particular, "la rebelión, la violencia y el sexo". Y si los promotores de este filoneísmo decisorio asocian sincréticamente la juventud de los autores, la juventud del público e incluso la juventud (o el rejuvenecimiento) del personal de la edición, es porque, confundiendo la frontera entre la creación literaria y el marketing publicitario, ven en el éxito inmediato que obtienen –de las primeras novelas o de los

36. C. Ferrand, "La nouvelle génération", en: *Livres-Hebdo*, 282, pp. 60-63.

37. Michel Deguy evoca "el inepto cliché de los nuevos periodistas según el cual 'por más que se busque, no se percibe un escritor en Francia' –lo que quiere decir otro novelista diferente al que habla– mientras que, es evidente, la hierba británica rebosa de novelistas nobelizables, o el asfalto americano, o la pampa, incluso la Patagonia..." (M. Deguy, *op. cit.*, p. 113). Y evoca, más adelante, a los "nuevos clichés-prejuicios" del periodista literario: "1. la datación americana por década, la ninfomanía de lo nuevo y de lo usado (*early eighties, late seventies*); 2. la novela, y extranjera, es lo que hay más interesante; 3. es necesario desconfiar de los intelectuales" (p. 87).

38. Un solo ejemplo de tales encuentros inesperados, esta declaración de Bernard Fixot: "Cuando hemos llegado al oficio, con Antoine Audouard, mi socio, éramos más bien reticentes a la novela francesa: ¡esta manía de la introspección cuando lo único valedero es contar una historia! Entonces hemos publicado documentos sobre historias extraordinarias que llegaban a gente ordinaria, encontrando que en nuestra época la realidad superaba frecuentemente a la ficción" (B. Fixot, en: *Madame Figaro*, 4 de enero de 1993). Y se tendrán en la memoria las "evidencias" de Jean-Marie Laclaventine recordadas al comienzo.

autores debutantes– el testimonio más indiscutible de su instinto de "descubridores" de una nueva especie de literatura, más moderna, menos doctrinaria, más joven –en una palabra–, pero también menos "elitista", porque más ampliamente accesible que la literatura de investigación de los *sixties*, y sobre todo más conforme a los intereses inseparablemente literarios y comerciales de los jóvenes cuadros literarios con tono libertario, que pretenden imponer su *new deal* en el mercado de la edición.

Olivier es, sin duda, la editorial más típica de este "modernismo" que juega la juventud contra los establecidos –a la manera de Julliard que, en medio de los años 1950, oponía ya las recién llegadas, mujeres y jóvenes ellas también, Françoise Sagan y Minou Drouet, a los pontífices que envejecían de Gallimard–.[39] Sabe jugar en la forma moderna de las relaciones públicas, que se impone en los oficios de edición (cerca de la mitad de sus autores franceses son periodistas, algunos muy influyentes en los periódicos o los semanarios y en los jurados de premios)[40] y cuyos frutos se ven en la abundante "cobertura mediática" y también en los numerosos premios (entre ellos, dos Femina) asegurados a sus publicaciones. Su catálogo está constituido casi exclusivamente por obras que han conocido éxito en los Estados Unidos, y su gusto literario se liga, sobre todo –para retomar las palabras de un pequeño editor de vanguardia–, a "una literatura que habla de la ciudad, que es bastante violenta, bastante brutal, bastante *simple* también"[41] y que se supone que hace palpitar a un público joven, ávido de la evocación de "placeres prohibidos".

Se puede acordar con un gran agente literario internacional que lo que proporciona a estas obras el ser decretadas "jóvenes", o en afinidad con los "jóvenes", es, en efecto, quizás una cierta "simplicidad" de su forma literaria, es decir, de su estructura y de su estilo: "Hay cada vez más libros, tanto en Inglaterra como en Francia, que están escritos, no sé si para un público joven, sino con una especie de lenguaje joven, una especie de lenguaje casi hablado. Frecuentemente es fabricado, por ejemplo Marie Darrieussecq con *Truismes*

39. La operación que consiste en "publicar joven" se asociaba también a una campaña de marketing entre los libreros y la prensa; ver A. Simonin, "L'Édition littéraire", en: P. Fouché [bajo la dir. de], *L'Édition française depuis 1945*, París, Le Cercle de la Librairie, 1998, pp. 54-55.

40. Procedimiento que no escapa a los más lúcidos, tal como este pequeño editor provincial: "No tengo red del todo (...). No publico periodistas que, luego, van a hacer artículos".

41. Sobre la paradoja de una producción de masa devenida el soporte de un snobismo, ver Pierre Bourdieu y Löic Wacquant, "Sur les ruses de la raison impérialiste", en: *Actes de la recherche en sciences sociales*, 121-122, marzo de 1998.

(...): es evidentemente un libro trabajado, pero se escribe en una especie de estilo joven, moderno, un lenguaje (...) que parece simple y accesible literalmente a todo lector (...). Para gente que lee poco o que no ha tenido la posibilidad de hacer estudios o de tener una *educación literaria*, esto parece a pesar de todo un libro, un verdadero libro, y para los que tienen un poco más la costumbre le leer, no hay nada que sea demasiado primitivo y completamente inaceptable".

Estos acontecimientos comerciales convertidos en acontecimientos literarios (cuyo paradigma es el éxito dado a Houellebecq) constituyen, en su ambigüedad misma, una de las manifestaciones más significativas y más sutilmente enmascaradas de una transformación profunda del campo editorial. Constituyen la obra de una nueva categoría de agentes económico-literarios que, valiéndose de la familiaridad con el estado anterior del campo literario, más autónomo, pueden imitar, de manera sincera o cínica, a los modelos de vanguardia en un nuevo estado del campo, caracterizado por el reforzamiento de la presión de las coacciones económicas y de la atracción ejercida por el polo comercial.

Si es verdad que, como lo ha mostrado Jean-Yves Mollier, la edición ha pasado, entre 1880 y 1920, de la pequeña empresa familiar a la gran empresa casi industrial,[42] estos cambios no tendrían la amplitud ni la brutalidad de las conmociones estructurales que han sido suscitadas, desde hace una veintena de años, por la irrupción de una lógica financiera sin concesiones en el mundo relativamente protegido (otros dirán arcaico) de la edición francesa. Desde la OPA de Jimmy Goldsmith, en 1986, en las Presses de la Cité, revendidas algunos meses más tarde como cualquier empresa cotizada en bolsa, los fenómenos de concentración se han sucedido, yendo del rescate puro y simple a la toma de participación del capital –sin hablar de todos los lazos de dependencia asociados a la participación en la fabricación o en la difusión–, con la consecuencia, casi siempre, del abandono de una política editorial propiamente literaria en beneficio de una lógica puramente comercial. Así, por no tomar sino algunos ejemplos, Actes Sud, aparte de algunas colecciones como "Sindbad", antigua pequeña editorial especializada en la literatura árabe que ha rescatado, no tiene más una verdadera política de traducción y hace coexistir las inversiones militantes de una colección coreana y los compromisos

42. Ver Jean-Yves Mollier y Patricia Sorel, "L'histoire de l'édition, du livre et de la lecture en France aux XIXº y XXº siècles. Approche bibliographique", *Actes de la recherche en sciences sociales*, 126-127, marzo de 1999, pp. 39-59.

sin salida suscitados por un financiamiento ocasional (tales como los cuatro escritores finlandeses publicados uno tras otro en 1995, gracias a un fondo finlandés de ayuda a la traducción). Losfeld y Salvy han sido rescatados por Hachette, que guarda la marca pero excluye al fundador, y con él, su política editorial. Se puede temer que los dirigentes de La Découverte, a pesar de las promesas que les han sido hechas y de sus denegaciones, conozcan una suerte semejante.

Sin duda, los responsables de grupos se ponen de acuerdo, todos ellos, en pretender que conceden un gran margen de libertad a sus filiales: así Bernand Fixot afirma que deja a Julliard o a la colección "Pavillons" el esmero de publicar buenos libros sin ocuparse demasiado de la rentabilidad (ha retenido la lección de quien llama, sin ironía, su "maestro de pensamiento", Robert Laffont, de quien retoma, veinte años después, la consigna:[43] "Es necesario saber perder dinero"); pero la colección "Pavillons" no publica más de diez títulos por año y Julliard veinticinco. Sin duda, no es falso que a medida que ceden a la presión comercial en lo esencial, sacrificando la edición de investigación a la prosecución del best-seller, especialmente en los mercados extranjeros, los grandes editores comerciales y los grandes editores a la antigua convertidos a las leyes del mercado, continúan haciendo un lugar al trabajo de "descubridor" (por una suerte de homenaje un poco perverso que el vicio comercial rinde a la virtud oficial del oficio) en tal o cual colección clásica o en una unidad semi-independiente o satélite: "Le Promeneur" en Gallimard, "Fiction et Compagnie" en Le Seuil, "Seghers" en Laffont, "Payot Roman" en Payot, "Bibliotèque americaine" en el Mercure de France, la *Revue de littérature général* en POL, etc. Queda que, de modo general, la concentración se acompaña de una reducción del número y de la *autonomía literaria* de los lugares de decisión y que ella tiende a entregar a responsables financieros –poco dispuestos a favorecer las inversiones a largo plazo de una política literaria de vanguardia–, la gestión financiera de las obras de largo ciclo tanto como las obras de ciclo corto, favoreciendo, así, como lo observa Jean-Mairie Bouvaist,[44] el triunfo progresivo de los productos de débil tenor literario y de amplia difusión, suerte de *universal comercial* que se opone diametralmente, tanto por su génesis social como por su calidad literaria, al *universal literario* que se engendra, a lo largo del tiempo, en los intercambios internacionales.

43. Pierre Bourdieu, "La production de la croyance: contribution à une économie des biens symboliques", *Actes de la recherche en sciences sociales,* 13, febero de 1977, pp. 3-43.

44. J.-M. Bouvaist, *Crise et mutation de l'édition française,* París, Ministère de la Culture, 1993, pp. 8-9.

Otro índice de esta evolución hacia la asimilación de la edición a un sector productivo (de beneficios) como cualquiera, es el hecho de que el sector del libro propiamente dicho no representa más que el 25% aproximadamente de la cifra de negocios de los grandes grupos. Los nuevos mecanismos de distribución han contribuido a someter la fracción más "comercial" de la profesión a los imperativos del comercio mundial y, al mismo tiempo, al modelo que se ha impuesto, al otro lado del Atlántico, a la producción de libros: la integración de la mayor parte de los editores en poderosos grupos oligopólicos a las filiales dirigidas por empresarios, que, originarios del mundo de las finanzas o de los medios de comunicación, no son los más competentes en materia literaria[45] e imponen a la edición el modelo del *entertainment.* El campo editorial francés ha sufrido, con un cierto retardo con relación a los otros países europeos, los efectos de la imposición de este "modelo americano".[46] Así, una parte creciente de los responsables de la política editorial de las diferentes editoriales no pertenecen al medio de la edición, ni por su formación, ni por sus intereses profesionales.[47]

Así, para no tomar sino algunos ejemplos elegidos en los grandes grupos, Jean-Luc Lagardère, PDG de Matra, grupo en el cual el libro representa

45. Ver, para este tema, P. Calvocoressi y A. Bristov, *Freedom to Publish: a Report on Obstacles to Freedom in Publishing prepared for the Congress of the International Publishers Association,* International Publisgers Association / Almquist & Wiksell International, Stockholm, 1980.

46. Ver J.-M. Bouvaist, *op. cit.*, pp. 8-9. Philippe Schuwer tienen razón, sin duda, al imputar la famosa "crisis" de la edición a la importación brutal, desde 1970, de las técnicas de "Racionalización", tales como el control de la gestión, con sus cuentas de explotación previsionales (CEP), la información de los costos de gestión, etc. P. Schuwer, "Nouvelles pratiques et stratégies éditoriales", en: P. Fouché, *op. cit.,* pp. 425-459.

47. Un testimonio visible de estos cambios lo proporcionan las transformaciones de la estructura misma del espacio de la Feria de Frankfurt, que ofrece los emplazamientos más vastos y más centrales a Alemania y sobre todo a los países anglosajones, y que relega en los márgenes a toda la otra literatura, y, sobre todo, las de los pequeños países (ver G. Sorà, "Franckfort: la foire d'empoigne", en: *Liber*, 34, 1998, pp. 2-3). Como lo observa un pequeño editor francés, "esto deviene cada vez más comercial (...). Siempre ponen inmensas fotos que antes eran de los grandes escritores, ahora, por ejemplo, serán las de los ministros o de los grandes best-sellers internacionales más caros (...). En los comienzos, se estaba en la efervescencia de filas enteras de pequeñas editoriales de edición más politizadas... Esto ha desaparecido completamente y ha sido reemplazado por editoriales de espiritualidad, sectas, fulanas como esas, hay filas enteras". Y otro: "Cuando uno va al Salón del libro de Barcelona o de Madrid, es triste. Cuanto más están concentradas, más son burdas, más vacían la literatura".

solamente el 13% de la cifra de negocios, y que tiene como filiales a Fayard, Lattès, Stock, Harlequin, etc., es diplomado de la escuela superior de electricidad; Pierre Dauzier, PDG del Groupe de la Cité, es diplomado de la Essec; Serge Eyrolles, PDG de Eyrolles, director de las Editions d'Organisation, presidente del Syndicat national de la édition, es diplomado de la École spéciale des travaux publics y, después de numerosas estancias en los Estados Unidos, es completamente adicto al modelo americano; Jean-Marie Messier, presidente de la Compagnie Général des Eaux, que posee el 30% de Havas e impone una estrategia audiovisual y multimedia, es politécnico.

De las funciones antagonistas de la traducción

La política, en materia de literatura extranjera, ofrece, sin duda, una imagen ampliada de lo que se observa en las estrategias de publicación de los escritores nacionales. En efecto, la oposición es muy marcada entre los pequeños editores –que, en su mayoría, actúan como descubridores que invierten su competencia cultural y lingüística en la búsqueda de obras de vanguardia escritas en las lenguas raras de pequeños países–, y los grandes editores comerciales –que, piloteados por *scouts* o agentes al acecho de todas las informaciones útiles (comercialmente), publican los best-sellers internacionales, la mayoría de las veces anglosajones, que han comprado costosamente, en una sobrepuja de pago parcial anticipado, por su reputación comercial (atestiguada por la cifra de venta obtenidas) más que por su contenido–. La literatura extranjera que, para unos, es uno de los objetos de inversión económica más fructífera, es así, para los otros, y también, por razones económicas, una de las armas más seguras de la resistencia literaria contra la invasión de la literatura comercial, principalmente anglosajona.

En el polo literario, se importan textos de autores todavía poco conocidos, a bajos derechos, originarios de pequeños países literariamente dominados (*o de la fracción de la producción anglosajona más dirigida hacia la investigación*) y que permiten hacerse un fondo con poco capital económico: como lo señala un observador, "los costos son muy inferiores a los que habría desencadenado la constitución de un catálogo casi equivalente en notoriedad sobre autores franceses"; y ello con riesgos menos grandes (a pesar de las incertidumbres ligadas a los desfasajes entre las tradiciones nacionales), por el hecho de que, cuando un libro entra en negociación para la traducción, es porque ya ha conocido cierto éxito en su país.

La directora de una pequeña editorial de vanguardia, fundada en 1987, estima que "hacer literatura extranjera es escapar a la mar de peligros en la pequeña edición". Cuidadosa "de no seguir demasiado la moda anglosajona", ella ha invertido en una serie de jóvenes autores catalanes, así como en escritores austriacos (como Elfriede Jelinek), irlandeses y escoceses –como sí, más allá de las razones de costo, hubiera una afinidad entre el pequeño editor subversivo y los escritores originarios de minorías lingüísticas–. Muy consciente de que sus elecciones más osadas le son impuestas por su posición, observa que si está obligada a tomar muy pronto los libros que ansía, es porque "si ya tiene éxito, el libro es ya muy caro para [ella]". Pero observa también que ha podido tener autores de calidad, como Elfriede Jelinek, porque ellos habían sido rechazados por todo París. Una de sus vecinas en el espacio editorial habla casi el mismo lenguaje: "Estoy obligada a ser astuta: intento identificar autores en el momento en que emergen en el país cuya lengua practico bien. Porque de otro modo... no me voy a meter con los americanos. (...). La regla impuesta: estás obligado a ver las cosas que están naciendo, porque uno no puede comprar autores muy conocidos". Es lo que hace que los pequeños editores sirvan de rémora a editores más afortunados y que están siempre amenazados de "perder" sus descubrimientos (como Maurice Nadeau[48] y hoy Jacqueline Chambon).

El rechazo a tratar la traducción como una simple inversión comercial ocasiona el rechazo de las estrategias comerciales en uso entre los grandes editores. En Corti, por ejemplo, se considera el recurso a un *scout* como una forma de comprometimiento: "Eso no nos concierne del todo. (...). Me parece que los mejor ubicados para saber quiénes son los buenos escritores que suscitan el deseo de traducir, son los traductores. (...) Uno recurre a las agencias en general por las cuestiones de derechos, pero no mucho". La iniciativa de la elección recae a menudo en el traductor. Sin embargo, es frecuente que el editor mismo mantenga una verdadera complicidad, fundada en la familiaridad, con las obras y los autores de una lengua y una tradición nacionales, catalanes para Jacqueline Chambon, brasileños para Anne-Marie Métailié, húngaros para Ibolya Virag o extremo-orientales para Picquier.

Es necesario citar aquí a Jacqueline Chambon, que expresa bien el compromiso personal de ciertos editores, más próximos, en su trabajo, al crítico

48. Ver M. Nadeau, *Grâces leur soient rendues. Mémoires littéraires*, París, Albin Michel, 1990, especialmente el capítulo dedicado a John Hawkes, pp. 438-442.

"descubridor' que al director comercial: "Me he dado cuenta que había una literatura muy interesante (...), una literatura catalana *autónoma*, de lengua catalana, en Cataluña. Especialmente con gente como Pla, que ha escrito un gran libro que es un poco como su diario, que es una obra maestra, que es muy bueno... Que estaba Trabal, en los años 1930, y que si había jóvenes autores, se explicaba por ello (...). Hay una suerte de humor catalán que es muy divertido. Y que no es del todo mecánico como el humor inglés. (...). Es gente que me gusta mucho, además, en la vida. No son del todo hombres de letras. Es una vieja tradición francesa: un escritor es un hombre de letras; pertenece a un cenáculo, apunta más o menos a la Academia o por lo menos a los premios. Es una personalidad. Pero no se considera como un artista. Para él, ser escritor es casi un oficio. Mientras que en países como Alemania, un escritor es como un pintor, es un artista. Y ello, para los catalanes, es parecido. No son del todo hombres de letras. Pamiès, para ganarse la vida, hace la crítica de fútbol en *El País*. (...). Yo me siento de ese mundo. No hay eso que concierne a redes... Hacen televisión, radio. Por ejemplo, tenían una emisión muy graciosa, una suerte de Guignols en la radio (...). Son personas, uno tiene el placer de verlas; tienen una suerte de inteligencia del mundo".

Esta larga cita, de la cual uno podría encontrar varios equivalentes entre otros editores de la misma "familia" –y también entre muchos libreros–, está ahí para dar una idea de esta manera muy particular y muy expandida en todos los "oficios del libro", del autor al corrector, de vivir las cosas de la literatura, suerte de inversión total que contiene en sí misma su propia justificación y su propia recompensa, fuera de toda consideración utilitaria. Y Jacqueline Chambon condensa la oposición entre el mundo de la literatura y el universo de los *scouts*, de los agentes y del dinero, de los pagos parciales anticipados y de los *preemptive offers*, en la simple evocación de lo que debería ser una exigencia elemental del oficio de editor, la lectura en primera persona: "A mí, los informes de lectura, eso me deja helada, porque, para mí, en un libro no es el tema lo que cuenta, sino la manera como es tratado y, por lo tanto, no llego a decidirme sobre un informe de lectura".

A la inversa, en el polo comercial, donde el traductor es frecuentemente reducido al rol instrumental de simple adaptador de un producto extranjero (se habla de "poner en traducción"...), la traducción es, ante todo, una inversión financiera que apunta todavía más, abiertamente o no, a la producción de best-sellers, es decir, según la directora de una colección de literatura extranjera en una gran editorial, la "literatura extranjera más 'alimentaria', las grandes novelas femeninas, las novelas de evasión", sobre todo, anglosajonas.

En otros términos, mientras más se acercan a este polo, más las editoriales producen traducciones lucrativas recurriendo a los procedimientos de selección y de compra de la especulación internacional, introducidos masivamente por los *scouts* o los *literary agents* americanos (lo que hace decir a una informante que, incluso en Francia, "los americanos son los maestros"). Los grandes editores orientados hacia la producción de best-sellers (Albin Michel, por ejemplo, que, sólo para el año 1995, sobre un total de 35 autores y 36 títulos traducidos, publica 8 best-sellers típicos –dos de ellos de Mary Higgins Clark, reina indiscutida del género–, frecuentemente llevados al cine)[49] contribuyen en una parte muy importante a la importación de la literatura anglosajona (que representa cerca del 65% del conjunto de las traducciones publicadas por el conjunto de los editores estudiados, 36,7% para el americano, 26,5% para el inglés). Como lo explica un director de literatura extranjera de una gran editorial comercial, "los autores americanos tienen un agente. Cada mañana recibe pilas monstruosas de manuscritos, y si éstas no son cosas que él mismo ha comanditado o que van a imponerse por milagro como 'extraordinarias', son inmediatamente rechazadas como *unsollicited.* Quiero decir con ello que para atravesar el estadio de ser aceptado por un agente, es necesario ya tener extraordinarias cualidades". La fuerza financiera con la cual los productos son lanzados en el mercado es tal que los agentes franceses se constituyen más de una vez en compradores contra su grado.

En cuanto a los libros mismos, están construidos alrededor de universales que dependen de una suerte de menor común denominador existencial-sentimental, el que proporciona también sus temas a las *telenovelas* o a las *soap operas*: la mayoría de las veces escritas por mujeres, tienen por blanco a un público femenino y los resortes de su seducción comercial están enteramente contenidas en la faja aplicada sobre una novela de Jacquelyn Mitchard, *Aussi profond que l'océan,* y publicada por Calmann-Lévy en 1998: en el anverso, un *blurb* irresistible de Mary Higgins Clark, orfebre en materia de best-sellers internacionales: "Una historia soberbia que le desgarra el corazón, yo la he adorado"; en el reverso, el argumento implacable del éxito comercial: "3.500.000 lectores en el mundo".

49. Al lado de estos best-sellers, Albin Michel publica también clásicos y, en la colección "Grandes Traductions", modernos "autónomos", como, a granel, Jane Urquhart, canadiense lanzado por Nadeau, Élias Canetti, Victor Erofeev, Mia Couto, John Mc Gahern.

Los derechos son siempre más elevados, la concurrencia siempre más desenfrenada para las buenas colocaciones supuestas, y el personal especializado es más indispensable (uno o varios responsables de cesión y de venta de derechos, *scouts* en varios países, etc.). En las entrevistas, el acento está puesto más en la venta de los textos que en los problemas de traducción o en la eventual demanda del mercado francés. Aunque un director literario pueda intentar justificar sus elecciones forzadas por la preocupación "democrática" de responder a las expectativas supuestas del público francés: "mientras que el pequeño editor (...) no publicará sino lo que le agrada, de una cierta manera, a él, sin preocuparse por lo que los otros buscaran o desearan, puede ocurrir que me decida a publicar un libro, incluso si yo no estoy de acuerdo con ese libro, en el fondo, en el plano literario, etc., cualquier cosa que, incluso, 'no es mi taza de té'. Pero yo digo: 'Esta no es mi taza de té', pero yo sé que es la taza de té de Fulano, Mengano, Zutano, en la prensa por ejemplo, o en el público. Por lo tanto, pienso que un editor generalista debe ser capaz (...) de tener un eclecticismo suficiente como para superar sus propios gustos, sus propias elecciones. Porque si usted quiere, hay dos tipos de editores: está el editor militante, es decir, que defiende una cierta idea de la literatura –¡Bueno! Es un poco mi caso, bien entendido, porque uno siempre tiene muchas cosas que defender–, pero está también el editor generalista que no sueña únicamente con agradarse a sí mismo, sino intenta agradar a otros también".

Ocurre que aquellas mismas que repiten que la editorial importa esencialmente textos (anglófonos) ya seleccionados por uno o varios editores extranjeros, hablan de sus compras en el lenguaje del "descubrimiento", de la "pasión" o de la "innovación". "Nos esforzamos también por descubrir nuevos talentos para alimentar esta colección (la colección 'Spécial Suspense' de Albin Michel) que es una colección que Francis Esménard (el actual PDG) había creado hace veinte años, lanzando el primer Mary Higgins Clark, que había sido un suceso muy grande, y sobre todo innovando, luego retomando, ese juego de manos de tener la cubierta ilustrada bajo la sobrecubierta blanca, que es lo contrario de lo que se hace habitualmente". Lo mismo para la colección "Grandes Traductions", publicada por la misma editorial: el responsable interrogado habla del "descubrimiento de nuevos talentos en los diferentes países, etc.". Otro ejemplo, un director literario de Plon ve en la Feria de Frankfurt una ocasión de hacer "descubrimientos" encontrando los cofrades "que tienen una pasión".

Los responsables de literatura extranjera de las grandes editoriales de los diferentes países forman redes de interconocimiento donde "todo el mundo habla inglés" (como dice este mismo director literario), donde uno se reconoce mutuamente y donde se rinden servicios con la frase casi mágica: "¡Hola! X, tengo allá un libro y que es absolutamente un libro para ti". Uno se remite sistemáticamente a esas redes de informantes confiables (agentes literarios, *scouts*, editores extranjeros y, a veces, traductores), lo que permite reducir los riesgos. Por la "concurrencia espantosa entre los editores [nacionales] por tener primero los manuscritos", que evoca una responsable de la literatura anglosajona, "la precocidad de la información es completamente determinante", como dice un responsable de otra gran editorial comercial. La búsqueda de la información bruta, que tiene poco que ver con el contenido (y, sobre todo, con la forma) de las obras referidas –y ello aún cuando se trata de un autor consagrado–, se relaciona más con una suerte de espionaje industrial, incluso entre los importadores "ilustrados" de productos supuestamente *chics* y modernos, que con una prospección literaria de descubridor: "Todo es establecer lazos tales con los agentes y los editores americanos que usted esté seguro de tener una información muy en la fase inicial". Para tomar ciertos mercados, uno hace incluso una *preemtive offer*, "de modo de que no haya puja" y es cada vez menos raro que los contratos más fructíferos estén firmados incluso antes de la publicación –por lo tanto de la lectura–, del original".

Pierre Belfond ha contado en sus memorias[50] cómo ha comprado, en 1988, los derechos de publicación de *Gone with the Wind 2*, continuación de la obra que él califica como "best-seller mítico", *Autant en emporte le vent*. La venta por subasta se ha efectuado "a ciegas", es decir, en la ausencia total no sólo del texto e incluso de extractos, sino –más todavía– de sinopsis, o incluso de título, ya que "ni una página estaba escrita" [el agente literario solamente podía precisar que "a) la novela sería publicada en los Estados Unidos por Warner Books; b) el escritor encargado de redactar esta continuación se llamaba Alexandra Ripley; c) la remisión del manuscrito definitivo estaba prevista para fines de 1989]". Luego de haber propuesto 200.000 dólares, después 650.000 (mientras que, según sus propias palabras, "ningún editor había comprometido jamás tal suma para adquirir los derechos de una traducción"), toma la subasta a un millón y un dólar. Y Pierre Belfond: "Yo contemplaba estos cálculos con pavor. ¿Y si el libro era malo? Por más que,

50. Pierre Belfond, *Les Pendus de Victor Hugo. Scènes de la vie d'un éditeur*, París, Fayard, 1994, p. 19.

para tranquilizarme, me repetía que la plana mayor de Warner Books rodeaba a Alexandra Ripley de una bandada de consejeros literarios unos más geniales que otros; que, mientras la novela no estuviera a punto, sería pulida, limada, vuelta a comenzar: estas consideraciones no reemplazaban un manuscrito del cual no tomaríamos conocimiento sino en dieciocho meses".

Interrogado sobre la especificidad de su colección, "Feux croisés", con relación a "Du monde entier" en Gallimard o a la "Bibliotèque cosmopolite" en Stock, el responsable de Plon responde: "¡Oh! creo que hacemos casi lo mismo". Y el director literario de Albin Michel confirma este punto de vista intercambiable: "¡Bah! Si usted me dice: 'Du monde entier', sí, o la producción extranjera de Le Seuil, etc., quiero decir que no hay una muy gran diferencia de naturaleza, si usted quiere".

La moral de la historia

Lo que ha sido establecido aquí, al precio de un enorme trabajo de recolección y de análisis, podrá, según una retórica muy conocida, ser descalificada a la vez, como falso y como trivial. Y, en todo caso, no se podría esperar que pueda por sí solo disipar la nube de discurso intelecto-mediático sobre el "retorno al relato" o a la "figuración", sobre la "crisis de la novela francesa" o sobre "el fin de la vanguardia" que impide al mundo literario mirarse cara a cara, sin complacencias. Y, sin embargo, podría ser que la sociología, a la que los fariseos del culto del arte hacen profesión de detestar o de desconfiar, porque destruye las representaciones ilusorias, sea la mejor aliada de todos los que quieren defender los logros más raros de la autonomía de los campos literario y artístico contra la subordinación de la producción y de la comercialización de los libros a fines estrictamente comerciales. Apuesta *política y literaria* capital para todos los que viven de la literatura (y, sobre todo, de aquellos que viven "para" la literatura) y también para todos los otros, que dependen de ellos y de la integridad de sus elecciones, para acceder a la literatura.

El proceso de concentración que afecta al mundo de la edición y que transforma profundamente las prácticas, subordinándolas cada vez más estrechamente a las normas comerciales, ¿es irreversible e irresistible? ¿La resistencia al dominio del comercio sobre el comercio del arte no es sino el combate desesperado de una forma de arcaísmo nacionalista? De hecho, mientras haya representantes para sostener a los pequeños editores, pequeños editores para publicar a jóvenes autores desconocidos, libreros para proponer y promover los libros de jóvenes escritores publicados por las pequeñas editoriales, críticos para descubrir y defender a unos y otros, todas o casi todas mujeres, el trabajo sin contrapartida económica, realizado "por amor al arte" y "para el amor del arte", quedará una *inversión realista,* segura de recibir un mínimo de reconocimiento material y simbólico.

Es claro que el bastión central de la resistencia a las fuerzas del mercado está constituido, hoy, por esos pequeños editores, que, enraizados en una tradición nacional de vanguardismo inseparablemente literario y político (manifiesto también en el dominio del cine), se constituyen en los defensores de los autores y de las literaturas de investigación de todos los países política y/o literariamente dominados –ello, paradójicamente, sin poder prácticamente contar con la ayuda del Estado, que va a las empresas editoriales más antiguas y más dotadas de capital económico y simbólico–. Sin duda, se puede ver en este *internacionalismo práctico*, completamente opuesto al cierre arrogante de las naciones aseguradas por la dominación comercial ("Los ingleses no compran nada, excepto la producción americana. En cuanto a los americanos, ellos se interesan por ellos, es todo", dice una directora literaria de una gran editorial), la supervivencia de una tradición de imperialismo de lo universal.[51] Pero, contra aquellos que, en este dominio como en otra parte, quieren encerrar el debate en la alternativa de la resignación a las necesidades de la economía abandonada a su propia ley –la de la búsqueda del máximo beneficio a corto plazo–, o de un cierre regresivo en la defensa de tradiciones nacionales sostenidas por arcaicos, se puede afirmar, sin demasiados escrúpulos éticos e inquietudes políticas, que defender la tradición francesa no es, en este caso, ceder al nacionalismo, sino defender las conquistas, intrínsecamente internacionales e internacionalistas, de toda la historia acumulativa de la literatura.

La declaración explícita de cosas que todo el mundo sospecha y que nadie sabe verdaderamente ¿podría romper las complicidades y las complacencias de buena sociedad o las perezas y los conformismos de la mundanidad o de la moda, que llevan a los críticos establecidos o, incluso, en vías de establecerse, a someterse a las demandas o a los encargos de los editores y a no reconocer sino una literatura preformada según sus categorías de conocimiento? ¿Podrá ella hacer más difíciles los golpes de bluff literario-mercantiles que se autorizan

51. Pierre Bourdieu, "Deux impérialismes de l'universel ", en: C. Fauré y T. Bishop [bajo la dir. de], *L'Amérique des français*, París, Fayard, François Bourin, 1992, pp. 149-155.

a veces desde un populismo demagógico para justificar la búsqueda del éxito comercial? Se puede esperar, al menos, que alentará, a todos aquellos que creen todavía en la posibilidad y en la necesidad de defender la libertad del arte –con relación al dinero–, a levantar acta de sus solidaridades y a afirmarlas conscientemente para organizar mejor la resistencia.

Anexo

Grupos editoriales y filiales comprendidas

Grupo de la Cité (CEP Publicaciones, devenido Havas Publicación en 1998)

Han sido comprendidas:

*Nouvelles Éditions Robert Laffont (Fixot-Seghers-Julliard-Berlitz). Esta unidad ha sido tratada por una parte, en el nivel de la filial en su conjunto (cifra de negocios, personal, difusión *inter forum*), y por otra parte, en el nivel de dos sub-unidades aisladas con fuerte autonomía, la marca Laffont y el departamento Julliard (cuyo capital pertenece a Plon, él mismo filial del Groupe de la Cité), tratadas como unidades editoriales independientes (la marca Fixot absorbida por Laffont en 1993, sin capital propio, ha sido tratada como elemento suplementario).

*Plon.

*Les Presses-Solar-Belfond, de las cuales Belfond y Les Presses han sido aisladas y tratadas como elementos suplementarios. Estas filiales tienen una real independencia editorial salvo en lo que concierne al administrador, la difusión y en una cierta medida la cesión de los derechos.

No se han incluido Berlitz (lenguas extranjeras, métodos de aprendizaje lingüístico); Seghers, simple departamento de Robert Laffont, para el cual casi no se encuentran datos individuales; Librairie académique Perrin que no hace literatura, sino esencialmente ensayos y documentos de juventud; Olivier Orban, verdadero anexo de Plon; Solar, que no hace literatura sino libros artísticos y prácticos; Nathan, Bordas, Larousse, Dalloz, Dunod y Masson (que no tienen literatura).

Grupo Hachette-Matra

Han sido comprendidas las filiales siguientes, verdaderas PyME con fuerte independencia editorial:

*Fayard (que ha retomado los fondos Mazarine, Pauvert y Sarment).

*Grasset y Fasquelle.

*Lattès.

*Calman-Lévy.

*Stock.

El capital de cada una de estas filiales pertenece en su casi totalidad a Hachette-Livre.

*Falois filial, con 33% de Hachette-Livre.

*Harlequin (como elemento suplementario).

Han sido descartadas:

*Librairie générale française (Librairie des Champs Élysées, Le Masque, Le Livre de Poche).

*Hachette Référence (que incluye Le Chêne y Pluriel), Le Sarment, Hachette Pratiques, Hachette Jeunesse, Marabout, Gérard de Villiers y Éditions Nº 1.

*Hachette Littératures (creado después de la fecha de la encuesta, en 1997).

Grupo Gallimard

Han sido comprendidas: Gallimard, Denoël, Mercure de France.

No se han considerado: Gallimard-Electa (libros de arte, simple departamento), Gallimard Jeunesse y Folio (reediciones, simple departamento), "Le Promeneur", "L'Arpenteur", simples colecciones.

Grupo Flammarion

Han sido comprendidas: Flammarion y J'ai lu (como elemento suplementario), filial con 35% del grupo, que publica ediciones de bolsillo y también ediciones originales que no provienen de otros fondos (por ejemplo, en Librio y en J'ai lu).

No se han considerado: Aubier (literaturas clásicas, filosofía, psicología, ciencias humanas), Arthaud (libros artísticos y prácticos), Le Père Castor y Delgrave (libros escolares y pedagógicos).

Grupo Albin-Michel

Se ha considerado: Albin Michel

No se han considerado los departamentos Jeunesse, BD o Éducation, ni Magnard (libros escolares y juveniles), Vuibert (libros para-escolares y universitarios), Le Grand Livre du mois y Canal Plus Éditions.

Grupo Le Seuil

Han sido comprendidas Le Seuil y L'Olivier que, aunque comprada por Le Seuil en 1995, ha conservado una gran autonomía editorial.

Con su departamento de difusión, Le Seuil reúne varios editores cuyas relaciones de dependencia son muy variables, yendo de la simple difusión comercial a las tomas de participación (no mayoritarias) en el capital.

Entre los editores difundidos por Le Seuil, se han considerado:

Autrement, Nil, Corti, Viviane Hamy, Métailié (participación de Le Seuil en el capital), L'Olivier (absorción a fines de 1995), Phébus (participación), Rivages, Bourgois, Minuit.

Se han descartado:

Arléa, Odile Jacob, Milan, Adam Biró (que no han publicado literatura en 1995-1996).

Postfacio

¿Era necesario reagrupar así, para la publicación, textos con temas tan dispares, y en apariencia tan alejados de la actualidad que los ha inspirado? De hecho, creo que estas palabras, incluso las más polémicas, por lo tanto las más ligadas a lo efímero de una actualidad, no son jamás completamente separables de un trabajo científico que, para romper con las prenociones y prejuicios de la visión dominante, debe construir sus propios instrumentos de análisis de la realidad social. Y, por otra parte, me parece que no se puede quebrar el encanto de la creencia sino poniendo las armas de la polémica al servicio de las verdades conquistadas por la polémica de la razón científica.

Pues bien, es tiempo de desarrollar nuevas formas de combate para contrarrestar con medios adecuados la violencia de la opresión simbólica que se ha instalado poco a poco en las democracias occidentales. Una censura larvada pesa cada vez más sobre la prensa crítica y, en los grandes periódicos semioficiales, sobre el pensamiento subversivo. La vida política, como la vida intelectual, están cada vez más sometidas a la influencia de los medios de comunicación y ellos mismos cada vez más sometidos a las presiones de los anunciantes. La internacional neoconservadora, que tiene como centro a los Estados Unidos, presiona sobre todos los espacios de expresión libre y reprime las investigaciones de vanguardia controlando el otorgamiento de las subvenciones públicas. Críticas mediocres y escritores insignificantes denuncian el arte contemporáneo como puro engaño y apelan a una reconciliación de la novela con las formas narrativas más tradicionales. Sin hablar de las ciencias sociales, sobre las cuales pesa constantemente la sospecha. Las corrientes individualistas y ultra-subjetivistas que dominan la economía y que se esfuerzan por conquistar el conjunto del campo de las ciencias sociales, tienden a socavar los fundamentos mismos de estas ciencias y han convertido a las matemáticas en instrumento principal de legitimación del orden establecido. Estamos en una *época de restauración.*

Es en la esfera intelectual donde los intelectuales deben llevar el combate, no solamente porque es sobre este terreno donde sus armas son más eficaces, sino también porque, la mayoría de las veces, es en nombre de una autoridad intelectual –en particular la de la ciencia– como las nuevas tecnocracias llegan a imponerse. Así, por ejemplo, la nueva demagogia política se apoya en los sondeos para legitimar la puesta en práctica de las políticas neo-liberales, las medidas represivas tomadas en contra de los extranjeros o las políticas culturales hostiles a la vanguardia. Ésta es la razón por la cual los intelectuales deben dotarse de medios de expresión autónomos, independientes de los requerimientos públicos o privados, y organizarse colectivamente para poner sus propias armas al servicio de los combates progresistas.

Pierre Bourdieu
6 de octubre de 1999